情绪

影响正确决策的变量

EMOTIONAL

〔美〕列纳德·蒙洛迪诺　著
(Leonard Mlodinow)

董敏　陈晓颖　译

中国出版集团
中译出版社

EMOTIONAL: How Feelings Shape Our Thinking
by Leonard Mlodinow
Copyright © 2022 by Leonard Mlodinow
Simplified Chinese translation copyright © 2022 by China Translation & Publishing House
Published by arrangement with Writers House, LLC through Bardon-Chinese Media Agency
ALL RIGHTS RESERVED

著作权合同登记号：图字 01-2022-1956 号

图书在版编目（CIP）数据

情绪：影响正确决策的变量 /（美） 列纳德·蒙洛迪诺著；董敏，陈晓颖译 -- 北京：中译出版社，2022.7（2025.3 重印）
书名原文：Emotional: How Feelings Shape Our Thinking
ISBN 978-7-5001-7077-8

Ⅰ.①情... Ⅱ.①列...②董...③陈... Ⅲ.①情绪－自我控制－通俗读物 Ⅳ.① B842.6-49

中国版本图书馆 CIP 数据核字（2022）第 093085 号

情绪：影响正确决策的变量
QINGXU: YINGXIANG ZHENGQUE JUECE DE BIANLIANG

出版发行 / 中译出版社
地　　址 / 北京市西城区新街口外大街 28 号普天德胜科技园主楼 4 层
电　　话 /（010）68005858
传　　真 /（010）68357870
邮　　编 / 100088
电子邮箱 / book@ctph.com.cn
网　　址 / www.ctph.com.cn

出 版 人 / 刘永淳
出版统筹 / 杨光捷
策划编辑 / 范　伟
责任编辑 / 范　伟　马雨晨
文字编辑 / 赵　青　马雨晨
封面设计 / 东合社－安宁
排　　版 / 万　聪

印　　刷 / 北京中科印刷有限公司
经　　销 / 新华书店
规　　格 / 880 毫米 ×1230 毫米　1/32
印　　张 / 10.75
字　　数 / 200 千字
版　　次 / 2022 年 7 月第 1 版
印　　次 / 2025 年 3 月第 4 次印刷

ISBN 978-7-5001-7077-8　　　　定价：89.00 元

版权所有　侵权必究
中 译 出 版 社

序一

沉浸：再次发现情绪的积极作用

前几年，不断反复的新冠肺炎疫情对于每个人的生活状态和心理状态都产生了深远的影响，各种高度的不确定性也不断考验着人们的心理承受力和精神韧性。经过前几年的疫情，人们的心理都需要经历一个康复的过程。列纳德·蒙洛迪诺（Leonard Mlodinow）先生的新书——《情绪：影响正确决策的变量》对于我们重新认识情绪的起源，了解情绪对于思考、决策的价值，以及发现积极、消极情绪对实现美好生活的影响颇具裨益。

情绪是人类与生俱来的天赋

人类在漫长的进化历史中，经历过无数次瘟疫、战争以及自然灾害后依然存活，并且活得越来越好，主要归功于人类社会的高韧性，而这种韧性很大一部分源于人类复杂的情绪。在面对复杂、多变的生存环境时，生物体需要拥有更多的灵活性。情绪作为人类决策过程中的一个复杂变量，赋予了思维高度的灵活性。"在理性思维的引导下，人们能够根据自身的目标和相关数据得出有逻辑的结论，而情绪会影响人们对目标和数据的重视程度"，在暗处改变人们对当前场景和未来前景的思考方式。因而面对相似的情境，人们可以先考虑各种应对方式，深思熟虑后再做出决定。

情绪的价值

在人类的进化过程中，无论是我们现今界定的"积极情绪"还是"消极情绪"，都有其特殊的价值。如本书所言，"不同的情绪代表着不同的思维模式，都会让你对自己的判断和推理做出相应的调整"。

关于情绪，科学家们已经成功探索出其对于人类进化的重要意义。2005 年，美国密歇根大学的芭芭拉·弗雷德里克森（Barbara Fredrickson）提出了"拓展—建构理论"，该理论合理解释了积极情绪的进化原因。面对风险，人类大脑必须保持一种微妙的平衡。一方面，大脑需要让我们对外界充满好奇，积极的情绪会鼓励我们拓宽见识、探索未知。例如，书中举例表明"快乐能够鼓励人们挑战自身极限，并以开放的心态对待一切。快乐能让人冲破原有的思维框架，积极探索、发明创造，而且还能变得幽默风趣"。而另一方面，大脑要帮助我们规避危险，注意可能面临的威胁，从而阻止我们的冒险探索。这就是消极情绪存在的意义。例如，人类在恐惧状态下所做的思考常会造成悲观的认知倾向。在徒步中听到蛇的声音并及时逃离后，出于惧怕再次遇到蛇的心理，对于树丛中更细微的声音也会持续保持警惕。可见，消极情绪也为人类的生存、进化立下过汗马功劳。尽管情绪的进化有助于大脑权衡我们的反应，但有些特性或许放在几十万年前适用，放在今天的社会中却找不到用武之地。我们的情绪机制会对很多只存在于现代社会的新情况产生过度反应，引发种种问题，尤以消极情绪为甚。

消极情绪：宜疏不宜堵

哈佛大学的著名心理学教授丹尼尔·魏格纳（Daniel Wagner）做了一个实验，要求参与者尝试想象一只白色的北极熊，然后再让受试者忘掉它，结果人们的思维出现强烈反弹，脑海中北极熊的形象越加鲜明，根本忘不掉。魏格纳教授以此为基础，通过一系列后续实验证明，用逃避、压抑的方式去控制疼痛、创伤和困扰都会导致这些症状以更负面的方式回归。那么该如何忘掉这只白色北极熊呢？积极心理学给出了一个方法：我不去想它，我去想什么？我可以去想孩子的笑脸、春天的鲜花、灿烂的阳光，用一些积极体验来转移、替代和升华我们的消极体验。

情绪沉浸：积极、进取地生活

美国著名心理学家、被誉为"积极心理学奠基人之一"的米哈伊·契克森米哈伊（Mihaly Csikszentmihalyi）教授，是第一个将这一概念提出来并以科学方法对其加以探讨的西方科学家。他的研究表明，人在做一件事情特别投入的时候，会有一种沉浸其中、物我两忘、酣畅淋漓、如痴如醉的心理体验，他用"Flow（流动）"这一概念来描绘这种状态，翻译成中文就是"心流"或"福流"，后者是我个人偏好的译法。

什么是福流呢？它是一种经由全神贯注所产生的积极心理体验，是以积极情绪为主的全身心投入而带来的一种状态，包括愉悦、兴趣、忘我，还包括兴奋、充实等情绪，所以说，福流是一种美妙的、复合型的情绪体验。处于情绪的福流中时，人们完全意识不到时间的流逝，常有"时间过得真快"的感慨，也察觉不到周围环境的变化。

现今，许多人将闲暇时间用于玩游戏、浏览娱乐新闻、看短视频等各种各样的娱乐活动，无法自拔，甚至废寝忘食。这种状态并不会让人获得真正的振奋或满足，反而会体验到更多的失落和空虚。这种被动吸引而非主动进入的情绪状态不能称为真正意义上的"情绪福流"。对此，心理学家布莱恩·萨顿-史密斯（Brian Sutton-Smith）提出了一个解决办法：你不需要改变你玩的游戏，你只需要专注于游戏让你进步的方式。任何人只要开始思考游戏让他们变得更好的方式，就能够学会在面对艰难挑战的时候，在精神上和情绪上变得更有适应力。这个观点与我正在开展的关于积极情绪的沉浸课题研究不谋而合。

要构建"情绪福流"的沉浸状态，有四种方式。首先，要改变认知，从日常工作中构建福流，可以将工作任务拆分，确定更明确的目标、更迅速的反馈、更匹配的难度，把挑战看成又一个获得高水平福流的机会。其次，在关系中构建福流，亲密关系、亲子关系和友谊处理得当也能带来满满的福流。

再次，发现自己感兴趣的事情，发掘自身在哪些活动中能产生福流的感觉，尽量多去做自己想做、喜欢做的事，而不是做自己不得不做的事情。最后，最为关键的是，我们要把那句"活在当下"通过科学的方式真正运用到我们的生活中去，用非刻意的方式充分享受当下此时的心流与体验，从中发现让我们的心灵更加崇高、更加干净、更加通透的超越感。

锻造心理韧性：应对高度不确定性的重要能力

根据蒙洛迪诺先生的论述，情绪是人类心理工具包的一部分，但因个体差异，有些人生来更容易陷入恐惧、焦虑等负面情绪。现今，我们的生活面对着高度的不确定性，而这种不确定性常常引发各种消极情绪。能否渡过难关的关键在于是否拥有"一颗坚韧的心"。

心理学和脑科学研究已经发现了大脑的"决心开关"。决心不仅能赋予我们行动的动力——主动做事、主动与某人打交道或开口说话，而且还能促使我们将自己的行动坚持到底，直到最终目标实现。就像我们跑长跑一样，一开始可以依靠我们天赋的体力跑起来，中期就要依靠我们的智慧、经验和战略，后期拼的则一定是我们的心理韧性。而关于提升个人的心理韧性，我曾分享过三个建议：第一，要韧性，不要任性。要刻意锻炼建立理性的防御机制，不要总是遇到事情就马上启动本能的防御机制。遇事要理性，不能太本能。第二，要强悍化，不要软体化。不要为困境所困，为难事所难。要主动选择跳出思维陷阱、超越即时快乐、提升自我效能、发现自我优势、保持身心健康、追求远大目标、建立积极的人际关系等。第三，要让坚韧成为一种生活习惯，而不是成为一种标语口号。在多年的教学与生活实践中，我总结了帮助普通人控制负面情绪困扰、培养心理韧性的八个具体的小方法，简称"八正法"，它包括：深呼吸，闻香（屈原曾言"扈江离与辟芷兮，纫秋兰以为佩"，君子佩香是传统文化中一项很高级的生活内容），抚摸身体（特别是膻中穴、腹部、掌心），幽默地会心一笑，倾诉，运动，专念（如"抱元守一"的觉察），写作（"文以载道，文亦可以养心"）。这些小小的行动，持之以恒，能培养我们的情绪调节能力和抗逆力。

世上的万事万物无所谓对错，关键在于我们喜欢不喜欢。人类所有的活动，其实都受情绪的影响。我们需要重新正确认识情绪存在的意义，理解自身的情绪感受，以高度的韧性面对生活中的不确定性，以乐观、积极的心态来消解负面的感受，探寻情绪的福流，感受积极、正面的人生价值。而这些，都是让我们面对当下生活——无论是确定的还是不确定的、挑战的或享受的、痛苦的或幸福的——最有力量的沉浸力量！

彭凯平

清华大学社会科学学院院长、心理学教授

2022 年 7 月

序二

现代人应该如何修身养性

列纳德·蒙洛迪诺（Leonard Mlodinow）是我喜欢的一位科学作家。他善于用两三年的时间彻底调研一个领域的最新进展，写成一本既通俗又前卫的书。这本新书说的是现在科学家对人类情绪的最新认识。理解这些认识最好的办法，也许是跟古人做个对比。

怎样成为一个做事有办法、生活有意思的人？过去中国那些士大夫都提倡"向内求"，讲究修身养性的功夫；而现代精英人物则倾向于"向外找"，寻求知识、资源和解决方案。

一个翰林学士面临重大决策拿不定主意或者刚刚经历了一场大风波，他很可能会找个没人的地方长时间地静坐，思前想后，自己跟自己较劲。不但有事儿的时候要想，没事儿时也要想，正所谓"吾日三省吾身"。像曾国藩更是给自己规定了功课，每天都要"枯坐"半个时辰。而现在一个公司高管是肯定坐不住的。他有事儿会向同行打探消息、找专家咨询、召开会议、搜集所有相关信息、寻求亲友帮忙；没事儿也要看看材料、聊聊天，时不时还要在社交网络发条动态。如果有人什么都不干就在那里坐着发呆，你可能会担心他是不是遭受了什么创伤。

我们容易理解现代人的逻辑。决策也好、评估也好，本来都是信息的输入和输出。你得有新信息进来，做一番计算——这一步通常花不了多少时间——才能有新的结论。每个人都是社会信息流中的一个节点，我们寻求信息还唯恐来不及，哪能主动断网，闭门造车呢？

这当然跟我们寻求信息的方便有关系，毕竟曾国藩可没有智能手机。事实上现代人已经几乎无法纯粹地"自己跟自己"相处了，随时随地都在跟外界交换信息，连坐车、走路、喝咖啡都得戴上耳机听个什么节目。另一方面，我们又把古人倡导的静坐和自省当作道德行为。我为啥总要反省我自己？遇事儿总找自己的错处，这算是对别人、对社会尽义务吗？做好人会不会削弱我的竞争力呢？为啥非得做出一副老气横秋的样子？我内心可还是个少年啊！

我要说的是，古代大人物的那些做法，不但没有过时，而且仍然很高级。

我也不打算提倡静坐，但古人的自省，并不是一种道德行为，而是一种认知行为。他们是在考察自己内心的信息。

苏格拉底说，"认识你自己"；柏拉图说，"学习就是回忆"；孟子说，"人之所不学而能者，其良能也；所不虑而知者，其良知也"；慧能说，"何期自性，本自具足"；陆九渊说，"宇宙便是吾心，吾心即是宇宙"；王阳明说，"心外无物，心外无理"……都是说每个人都有一个极为丰富的内心世界，值得好好开发。

他们中有些人认为人一出生就已经预装了这个世界的

一切信息,这我是坚决不信的。但是要说我们应该好好开发内心的信息,这个绝对没错,而且绝对有用。我举几个简单的例子。

王女士的儿子条件很好,大学毕业后想去大城市闯荡。王女士知道儿子能在北上广深这样的地方找到一个高薪职位,但是她总是忍不住想,万一失业了怎么办?万一遇到危险情况怎么办?她以脱离母子关系相威胁,要求儿子留在本地当个公务员或者中学老师。

这天下班后,张先生临时接到老婆电话,让他去超市买点儿菜。他到超市一看,有很多东西都是家里正好需要的,吃的、喝的、用的买了一大堆,结果回家后被老婆强烈批评。

周小姐的新工作不太顺利,不过更让她难受的是她这几个月常常感到肚子疼,最近更是发展到持续便秘的程度。

王女士应该去调研一下北上广深的失业率情况,张先生应该问问家里需要什么,周小姐应该去消化科看医生,对吗?不一定。

王女士从小在贫困和动荡的家庭环境中长大,这使她养成了焦虑的思维习惯。焦虑这种情绪会让人倾向于做出悲观的判断,总是认为事情会往坏的方向发展。张先生逛超市的时候,他已经很饿了。饥饿感不但会让人想要获取食物,而且会让人下意识地想要获取其他东西。周小姐肚子疼是因为她每次跟老板谈话都感到很害怕,工作压力和不安严重影响了她的消化系统。人的肠道神经系统号称是"第二大脑"，能直接跟情绪形成反馈。

他们必须学会观想自己的内心，仔细分辨各种情绪，才能知道正在发生什么。否则整天浑浑噩噩，出了事儿都不知道怎么出的，错误都不知道是错误。人不修身养性行吗？

你需要精准了解自己在那一刻到底在想什么、到底想要什么、到底为什么有这样的想法，才有可能改进身心。你现在最缺少的不是外面的信息，而是你内心的信息。庄子说："吾生也有涯，而知也无涯，以有涯随无涯，殆已。"意思就是从性价比角度来说，外部信息追逐得太多了，边际效用早已递减，现在你应该加强考察内心的信息。

"向内求"，自我认知，不但不是过时或者失传的技艺，而且是正在流行。而现在修身养性运动的潮流所在，是美国。远的有三十多年前史蒂芬·柯维（Stephen Covey）的《高效能人士的七个习惯》号召由内而外的自我造就，近的有佛学式冥想在知识分子和白领圈里的潮流，有古希腊斯多葛哲学在硅谷极客中的复兴，再结合科学家对人类情绪的最新实验研究，现在最像王阳明、曾国藩的，恐怕是一些美国人。

我们很幸运地生活在一个科学对像人类情绪这样古老的东西正在重新认识的时代。比如从古希腊一直到启蒙运动以后，人类中的智者都喜欢把人的思维分成"理性"和"情绪"

两个部分，并且认为让情绪服从于理性——像中国的朱熹甚至提出要"存天理去人欲"——而现在我们知道，绝大多数情况下，情绪不但无害而且有益，事实上人脑离开情绪根本就无法做出决策。直到三十年前，很多学者都相信——甚至连物理学家和科学作家卡尔·萨根（Carl Sagan）都讲过——人的思维可以分为"蜥蜴脑""情绪脑"和"新皮层"三个层次，并且用这个模型给生活提供指导，而现在这个说法也被否定了。

这是因为新一代科学家能用功能性核磁共振仪直接扫描大脑的活动，他们可以把电极插入大脑做实验，他们可以把脑神经科学、基因和肠道菌落结合起来研究情绪。结果是一大堆新成果和新观念。这些新成果和新观念又引发了一大堆新书、新说法和新的修身养性之道。蒙洛迪诺这本《情绪：影响正确决策的变量》，就是最新的报告。

我学习这些新成果的感想是，人比我们想象的要更接近于动物，人也比我们想象的更有办法让自己超越动物。

几年前罗伯特·萨波斯基（Robert Sapolsky）的《行为》一书把人的动物性说得非常明白。你要想理解人的母亲对孩子的关爱如何影响孩子成年以后的性格，用老鼠做实验就能得出很过硬的结论。

蒙洛迪诺这本书则是随着讲解各种情绪，介绍了几个有科学验证的、能掌控这些情绪的方法。其中像认知重新评估、冥想、同情、身体影响情绪、表达、斯多葛哲学这样的方法，学术界已经有相当过硬的研究，值得大力推广。这些是科学的修身养性法。

这里我想借用修仙小说的套路，把科学观点下修身养性的功夫分为五个层级。你看看身边的人都在第几层。

第一层是"无明"。这是最贴近一般哺乳动物的一层。这一层的人对自身情绪没有任何认知，遇事总"上头"，来情绪了不管不顾啥都干。无明可以是善意的，有一腔热血，甚至这种人还精通某项专业技能，但是情绪限制了他们的发展。他们总是被情绪绑架而不自知，是情绪的奴隶。他们不在乎自己的情绪给别人带来什么麻烦，因为他们根本就不认为情绪是个问题。

无明的一个显著特征是反射反应，也就是遇到相应的刺激立即就反应，如同打开开关。蒙洛迪诺描写一位女士，只要是她在专注工作的时候她丈夫走进她办公室，她马上就发火。过程中没有任何思考和停顿，就好像预装了程序一样一点就炸，这就是反射。从纳粹集中营幸存的心理学家维克多·弗兰克（Viktor Frankl）对此肯定有话可说，他有一个著名的告诫就是"在刺激和回应之间，我们还有选择如何回应的自由与能力"——但是无明者没有那个自由和能力。

正是因为世界上有太多这样的人，才让过去很多智者相信情绪本质上就是不好的。

第二层是"无助"。无助者"上头"的时候知道自己正在被情绪困扰，甚至知道自己可能有长期的情绪问题，但是他们没办法。如果因为自己情绪冲动而做错了什么事,他们会非常后悔和自责。他们希望有更好的情绪,而且可能会去寻求心理医生的帮助,但是常常不成功。

很多人不能理解无助者,说你为什么不振作一点儿?为什么不多往好处想?我数一二三你马上支棱起来!其实哪有那么容易。你要知道大脑是一台硬件,情绪出问题往往是硬件层面的损伤。可能这个人从小在不幸的环境中长大,可能他刚刚经历了强烈的惊吓和创伤,可能他的基因就有问题。你不能要求一个长期焦虑的人马上变乐观,正如你不能要求一个残疾人去打拳击。

有人说只有好人才会得抑郁症……这个印象其实是说无助的层次高于无明。

第三层是"积极"。这一层的人能调节自己的负面情绪,遇到事情会主动"想开点儿",比如失恋了找人喝一杯、倾诉一番。他们拥有乐观阳光的形象,充满正能量。如果还有性格外向的加分项,那就不管是活泼少女、社会大哥还是居委会大妈,都魅力无穷。

但是他们没有经历过大事。正如秦舞阳在街头好勇斗狠,到了秦王面前就抖如筛糠,积极者的正能量是个精神鸦片。他们调节情绪的小技巧,比如转移注意力、想象美好的场景、设定容易完成的短目标自我鼓励,在真正的考验面前不值一提。他们一旦担当重任就会发现自己的幼稚。

如果你认为炒股是个很好玩的事儿,你一定没调动过大钱。

第四层是"敏锐"。办大事不是胆大就行。胆大的人也许能做到"泰山崩于前而色不变",迟钝(有个说法好像叫"钝感力")的人也许能做到"麋鹿兴于左而目不瞬",可是要做到"卒然临之而不惊,无故加之而不怒"就不容易了。如果你的每个决定都左右重大利益变化,甚至他人的生死,如果你随时面对不公平的指责和无端的赞赏,如果各种信息流像潮水和利箭一样冲击着你的情绪,你怎么才能保持正常行事的能力?

这就是为什么做大事的人必须修身养性。现代科学认识跟古人思维的一个最大区别,就是认识到那些情绪并不是坏事。情绪是大脑做复杂计算的工具。如果你对某个数据感到害怕,你需要好好体会那个害怕感,那是大脑在提醒你考虑这个因素。你要做的不是屏蔽情绪,而是统领这些情绪。一个股票交易员刚刚损失了几百万,而他必须立即恢复正常状态迎接下一场交易,那么他平时就必须练习使用像重新评估、斯多葛哲学这样的调节情绪的高级方法。调节情绪的前提是识别情绪,而科学家对此有很多话可说,你需要学习关于情绪的知识。

高手会把自身当作一个系统,随时监测一丝一毫的情绪变化,动态调整到最佳的状态。

第五层是"大师"。大师不但能应对情绪,更能调动甚至制造自己和他人的情绪。他们不但知道每个情绪会如何起作用,而且知道这些情绪为什么会产生。他们甚至会设计一些场景和行为,去批量影响别人的情绪,乃至行为。

当我们感到暖和的时候,我们更愿意做出稳妥的选择,当我们感到寒冷的时候,会倾向于赌一把。低血糖可能会增加人的攻击性,而难闻的气味容易调动敌意。如果你想让一群人乐意为集体奉献,最好的办法不是给他们上道德课,而是用壮丽的景色之类的东西让他们产生敬畏的情绪……而所有这一切的背后还有个最高级的认知,那就是"制造情绪不是工程学而是艺术",因为情绪是人脑主观构建出来的东西。

但真正的大师不会用这些知识摆弄人,相反,他会对人充满同情。蒙洛迪诺在书中讲了个典故说,如果你看到一个人在虐待一只狗,你不仅应该可怜那只狗,还应该可怜那个人。是什么样的不幸经历,把这个人变成如此模样的?

萨波斯基也讲过一个故事。有一次他们一家在路上开车跟别人发生了冲突,对方非常无礼。萨波斯基的妻子对那人的惩罚是走下车,送给他一个棒棒糖。她说:"这种行为你都能做出来,你肯定需要这个!"那显然是一个从小缺爱的人。这就是同情之理解。那些被自己的情绪绑架的人不是坏人,而是弱者,他们需要成长。而我们需要知识。

这些关于情绪的新知,有的跟古人观点暗合,更多的则是古人不知道的。我们拥有曾国藩只能羡慕的优越条件。

我敢说王阳明要是能看到这本书,肯定会脑洞大开,甚至为之动情。

万维钢

科学作家,"得到"App《精英日课》专栏作者

2022 年 7 月

引言

有些家庭的父母很细心,当自家的孩子行为不当、逾规越矩时,他们会及时叫停,跟孩子一起坐下来讨论做人为什么要遵守规矩以及为什么不能做不当之事。而有些父母则不然,他们二话不说只会打孩子的屁股。我的母亲是纳粹大屠杀的幸存者,她的做法跟之前两种父母的做法都不同,她既不会与我沟通,也不会动手打我。每次我闯了祸,或没轻没重地差点把半导体收音机扔进马桶,母亲就会变得无比焦虑,甚至泪流满面,她会对我大声嚷嚷:"我受不了了!我真是不想活了!我活着还有什么意义!?当初还不如让希特勒把我杀了算了!?"

她的怒吼总是让我感觉十分难过。但奇怪的是,当时的我作为一个孩子,竟然觉得母亲的表现属于正常反应。人在成长过程中会学到很多东西,但最宝贵的教训就是千万不要觉得父母无论说什么都是对的,更不要觉得家里无论发生什么都属于正常现象。很多时候,要想改掉这种错误认识,往往要花费数年时间做心理疗愈。这些道理我小时候不懂,也因此以为母亲的焦虑和暴躁没有什么不正常。当然,我很多朋友的父母没有经历过纳粹大屠杀,所以我想他们的抱怨中应该不会出现关于希特勒的内容,但在我的想象中,他们也一定会以某种相似的方式咆哮:"我……活着还有什么意义？我出门怎么没被车撞死？怎么没被龙卷风刮走？怎么没心脏病发作死在大街上？"

我上高中时，记得一天吃晚饭时，我脑海中冒出了一个想法：母亲究竟是不是个异类，会不会并非所有母亲都跟她一样歇斯底里！原因是母亲提到了当天去看精神科医生的经历。母亲作为纳粹大屠杀的受害者，要想申请赔偿，必须按照德国政府的要求参加相关心理咨询。纳粹在战争开始时没收了母亲家的巨额财产，让她本来富足的家庭变得一贫如洗。显然，政府的赔偿款不仅仅针对给受害者带来的经济损失，还包括对他们的精神赔偿，所以需要受害者提供精神问题的证明。我母亲自认为精神状态很好，但为了赔偿也不得不去看精神科医生，她对此深感无语，并确信自己拿不到精神方面的赔偿金。当我和弟弟挑着盘子里寡淡无味的白煮鸡时，她愤愤不平地告诉我们，医生得出的结论竟然是她存在严重的情绪问题。

"你们能相信吗？"我母亲问我们，"他竟然觉得我是个疯子！很显然他才是疯子，我可不是。"接着，她冲我提高了嗓门大声说："谁也不许剩，赶紧把鸡肉吃完！"我拒绝了，抱怨说这个鸡肉没有味道，她听罢说道："赶紧吃！不要身在福中不知福！等有一天你醒来发现全家都被杀了，而你，什么吃的都没有，只能在烂泥中挣扎，喝泥潭里发臭、肮脏的水时，你就不会再浪费食物了！到那时，一切就太晚了。"

别的孩子的母亲一般会用"还有穷人在挨饿"这样的话

来教育子女不要浪费食物，可我的母亲告诉我，再继续浪费食物，我就会成为一个饥不择食的人。这已经不是母亲第一次跟我表达这样的观点了，只是这一次我觉得她的精神科医生很明智，对她的精神状态给出了准确的判断，我由此便开始怀疑她的精神是否正常。

我现在知道了，母亲一直因为过去的经历遭受折磨，她怕我也会沦落到与她同样的境地，所以才会对我发出严厉的警告。她总是不停地告诉我，别看现在生活得不错，但那很可能只是镜花水月，很快就会被噩梦取代。她并没有认识到自己对未来的灾难性预期完全源于内心的恐惧，并非基于现实的推测，她相信自己的恐惧有据可循，因此一直被焦虑和恐惧苦苦纠缠。

我的父亲以前是一名反法西斯战士，是布痕瓦尔德集中营的幸存者，他也曾经历过类似的创伤。战争结束后，他与我母亲相遇，两人同为难民，一起经历了人生的起起伏伏，然而，他们二人应对苦难的方式截然不同，父亲一直是一个乐观自信的人。为什么父母经历相似，反应却有如此巨大的差异？或者更宽泛地说，究竟什么是情绪？我们为什么会产生情绪，它们经历了怎样的过程并最终在大脑产生？情绪又会如何影响我们的想法、判断、动机和决定？我们如何才能对其加以控制？这些都是我们将在本书中讨论的问题。

我们经常把人脑比作电脑，这台电脑所做的信息处理与被我们称为感受的神秘现象密不可分。我们都感受过焦虑、恐惧、愤怒、绝望、尴尬、孤独、快乐、骄傲、兴奋、满足、欲望和关爱，以及其他诸如此类的情绪。我小时候，完全不明白这些情绪是如何形成的，更不知道该如何对其加以管理，包括发泄情绪的目的是什么。对于两个不同的人，或是一个人处于不同的时期，为什么相同的触发因素会引发截然不同的反应？那个时代的科学家认为，我们的行为都是受到理性想法的主导，情绪爆发会对我们的行为产生反作用。如今，我们对于情绪有了更加深入的了解，我们知道，尽管情绪和理性对我们产生影响的方式不同，但在指导我们的想法和决定时，二者发挥的作用同等重要。在理性思维的引导下，我们能够根据自身目标和相关数据得出有逻辑的结论，而情绪则是在一个更为抽象的层面发挥作用——它们会影响我们对目标和数据的重视程度。情绪会为我们提供一个评估参考，打造一个有建设性且必要的框架。情绪根植于我们的知识体系和过往经验，会改变我们对当前环境和未来前景的思考方式，而这种改变虽然不易察觉却颇具影响力。我们目前对这种方式的理解，真的要感谢过去十来年的研究进展。过去十年间，该领域的研究成果迎来了前所未有的革命式爆发，而本书要讲述的正是这一划时代的重要发现。

情绪研究的划时代革命

在人类对情绪进行大量深入研究之前，大多数科学家对人类感受的研究都深受查尔斯·达尔文（Charles Darwin）思想的影响。这种传统的情绪理论包含了一些表面上看似合理的原则：人类都有基本情绪——恐惧、愤怒、悲伤、厌恶、快乐和惊讶——这些情绪普遍存在于所有文化中，在功能上没有交叉重叠的部分，每种情绪都由外部世界的特定刺激触发而成，每种情绪都会导致某些特定行为，每种情绪都由大脑的某个特定区域专门负责。相关的理论还包括心智二分法，这一理论最早由古希腊人提出，即人类大脑由两种相互矛盾的力量共同构成，一种"冷静"、逻辑、富有理性，而另一种"燥热"、冲动、富有激情。

过去几千年来，从神学、哲学再到大脑科学等各个领域都认同这些观点，就连弗洛伊德（Freud）也将这一传统理论纳入其著作之中。约翰·梅尔（John Mayer）和彼得·萨洛维（Peter Salovey）的"情商"理论，在丹尼尔·戈尔曼（Daniel Goleman）1995年出版的同名著作中也得到了广泛推广，部分内容也是基于这一理论。我们对自身的感受与认识在很大程度上都受到了这一观点的限制，可我们必须清楚地知道，这一传统认识其实毫无道理。

随着科学的发展，人们终于掌握了揭示原子世界秘密的工具，牛顿的运动定律被量子理论取代，旧的情绪理论如今也让位给了新的观点，这在很大程度上要归功于神经影像学和其他技术所取得的卓越进步。这些技术不仅能让科学家准确地观察大脑，还可以对其进行实验。

过去几年，科技更是取得了飞跃性的发展和进步，使得科学家能够追踪神经元之间的联系，从而为大脑创建一种叫作"连结组"的脑回路图。有了连结组的图像，科学家就可以以一种前所未有的方式对大脑进行探索。他们可以将其与基本脑回路做对比，进入大脑的特定区域，探索此处细胞的组成，并破译产生想法、感受和行为的电信号。光遗传学的发展更是让科学家得以控制动物大脑中单个的神经元，通过有选择地刺激神经元，科学家终于搞清了人类出现恐惧、焦虑和抑郁等精神状态时大脑呈现出来的各种微模式。科学家还将另外一种科技运用到了大脑的研究中，那就是经颅刺激技术，即采用电磁场或电流来刺激或抑制人脑中精确位置的神经活动，以有效帮助科学家评估相关结构的功能，而且这种实验还不会对研究对象造成任何永久性的影响。诸如此类的科技成果让我们大开眼界，继而促发了新的研究成果，其中就包括一个全新的心理学领域——情感神经科学——的诞生。

情感神经科学将现代工具应用于对人类古老情感的研究，彻底改变了科学家看待情绪的方式。他们发现，虽然旧有的观点为有关感受的基本问题提供了看似合理的答案，但并不能准确展现人脑的运行方式。比方说，每一种"基本"情绪都不是真正意义上的单一情绪，都是一系列情感谱系或某类情绪的统称。不仅如此，这些类别之间也并不一定泾渭分明，例如，恐惧就可以细分成好多种，在有些情况下很难与焦虑准确区分开来。长期以来，我们一直认为杏仁体只是人类"恐惧"情绪的来源所在，但实际上，杏仁体在多种情绪中都起着十分关键的作用；同样，也不是所有类型的恐惧都一定会与杏仁体扯上关系。当今的科学家在五六种"基本"情绪的基础上拓展了研究对象，将人类情绪细分为几十种，如尴尬、骄傲及其他所谓的社会情绪，就连过去被认为是冲动的想法，如饥饿、性欲等也被纳入情绪的研究之中。

在研究情绪健康的相关领域，情感神经科学已经向我们证明，抑郁症并非一种单一紊乱疾病，而是由四种不同亚型紊乱共同构成的综合征，具体情况不同，神经特征表现不一样，治疗方式也自然各不相同。研究人员正是利用这些新发现，开发了一个手机应用程序，可以有效帮助四分之一的抑郁症患者缓解其抑郁症状。事实上，现在科学家通过大脑扫描已经可以部分提前确定抑郁症患者的病情能否仅凭心理治疗得到改善，是否无须药物的介入。针对例如肥胖、吸烟成瘾以及厌食症等与情绪相关的疾病，新的治疗理论研究也正在如火如荼地进行。

在这些研究成果的推动下，情感神经科学已经成为学术研究中最热门的一个领域，并已成为美国国立卫生研究院研究议程中的重要一项，就连许多不以精神研究为重点的机构也对其给予了高度重视，其中就包括美国国家癌症研究所。一些与心理学和医学没有什么关系的机构，如计算机科学中心、营销组织、商学院和哈佛大学肯尼迪政府管理学院等，也纷纷为这门新科学投入了大量资源。

情感神经科学受到如此重视充分说明了情绪在我们日常生活和人生体验中所占据的重要地位。一位顶尖科学家曾经说过:"我们关于情绪的传统'认知'从根本上就存在问题。"该领域的另一位顶尖学者也曾表示:"如果你跟大多数人一样,只是因为自己拥有情绪体验就敢确信自己对情绪的本质及其工作原理了如指掌,那你可就大错特错了。"还有一位科学家也提出了类似的观点,他说我们"正在经历一场对情绪、思维和大脑认识的革命——这场革命或许会迫使我们重新思考社会的核心理念,包括对精神和身体疾病的治疗方法、对人际关系的全新理解、对抚养下一代的正确态度,以及最最重要的是我们对自我的终极认知"。

我想在此严正说明一点:我们曾经认为情绪不利于产生有效的思考和决定,但现在我们知道,如果没有情绪的影响,我们根本无法做出决定,甚至无法思考。尽管现代社会环境与人类初始阶段发生了天翻地覆的变化,我们的情绪有时也会带来巨大的反作用,但更多情况下,情绪带给我们的都是正确方向的引导。事实已经证明,如果没有情绪,人类必定寸步难行。

阅读指南

鉴于我父母在纳粹大屠杀中的特殊经历,他们的例子或许并不具有代表性,但从根本上说,我们和他们并没有实质性的差异。我们大脑的生理结构与他们的一样,难以捉摸的无意识思维也在不断利用过往经验帮助我们预测当前境遇可能产生的后果。毫不夸张地说,我们的大脑就是一台预测机器。

生活在非洲大草原的远古智人需要不断做出有关食物、水和住所的各种决定：前方窸窣作响的动物究竟是我的囊中之物，还是要将我风卷残云地吃掉？那时候，只有善于分析周围环境的动物才更有可能繁衍生息。为了活下去，人类大脑在任何情况下都会充分利用感官输入和过往经验对各种可能行动加以判断，并预测每种行动带来的后果：哪种行动最不可能导致死亡或受伤，而且最有利于获得生存所需的营养、水或其他资源？我们将在接下来的篇幅中探讨情绪对此类判断所产生的影响。除此之外，我们还将研究情绪产生的过程、情绪在打造想法和做出决定的过程中所起到的作用，以及人类该如何利用情绪在现代社会中活出自我、取得成功。

本书的第一部分将介绍一些我们目前对情绪演变方式及原因的了解。情绪为人类的生存立下过汗马功劳，知道了这一点，很多问题都可以迎刃而解，包括：我们该如何应对各种情况；我们为何会有焦虑、愤怒、喜爱、憎恨、快乐、悲伤等各种反应；我们为什么有时会采取不当行为或失去对自身情绪的控制。

我们在本书中还将探讨"核心情绪"的概念，即身心状态对人类各种情绪体验潜移默化的影响，要知道，它们影响的不仅是你在特定情况下的情绪，还包括你对事件的判断和反应。这就是为什么即使发生了同样的情况，但身处不同的场合你会产生迥然不同的情绪反应。

本书的第二部分将研究情绪在人类快乐、动机、灵感和决心等反应中所发挥的核心作用。如果两项任务的吸引力、难易度和重要性都相当，你为什么会觉得其中一项似乎更难完成，而另一项则要容易很多？哪些因素会影响你对完成某件事情的渴望态度？为什么在类似的情况下，你有时会奋力坚持，而有时则会选择放弃呢？为什么有些人更容易坚持下去，而有些人则总是半途而废？

本书的第三部分将探讨情绪侧写和情绪管理。我们每个人都会对某些情绪做出反应而对其他情绪置之不理。科学家已经设计了一些调查问卷，你可以通过回答问卷来评估自己对特定情绪的倾向性，我们将在第8章具体介绍相关问卷。第9章，我们将研究"情绪调节"这一新兴领域，这些经历了时间考验的情绪管理策略都是通过了严格的科学研究，并得到了充分证实的。通过这一章的阅读，你将理解自身情绪的来源，以及一旦产生情绪该如何加以掌控。除此之外，你还将领悟到为什么有些人比其他人更难理解情绪，也更难掌控情绪。

我们都会花时间思考该去哪家餐厅或去看什么电影，却不一定会花时间认识自己、了解自己的感受及其产生的原因。事实上，我们中的许多人甚至从小到大都被教育要反其道而行之：我们被教导要压制情绪，不要有任何感受。但是我们要知道，情绪虽然可以被压制，却无法被抹杀。我们的感受是我们之所以为人的一部分，没有它，便没办法实现与其他人互动。如果我们不了解自身的感受，就不可能真正认识自己，自然也会妨碍与他人的相处。在没有充分了解思维起源的情况下，我们很可能做出灾难性的判断和决定。

在我写这篇文章时，我的母亲已经97岁高龄。按道理讲，她应该已经相当"成熟"了，可是她的"内核"并未发生过任何改变。我在研究了新的情绪理论之后，对她的行为有了更加深入的了解，更为重要的是，我对自己的行为也有了深入的认识。如果你想接受自己、做出改变，首先就要更好地了解自己。我希望这次探索情绪的科学之旅将彻底推翻你过去秉持的"情绪只会起到反作用"的错误认识，希望你会对人类大脑做出全新的解读，从而帮助你有效驾驭自身情绪，重新夺回对情绪的掌控权。

PART I：情绪的来源

第 1 章　情绪是什么 / 003

1.1　被误解的情绪 / 006
1.2　情绪的探索之旅 / 013
1.3　情绪与生物进化 / 018
1.4　传统的情绪观 / 024
1.5　拯救世界的情绪 / 028

第 2 章　情绪的目的 / 033

2.1　情绪的灵活性 / 040
2.2　失恋的果蝇 / 046
2.3　情绪的五大特性 / 049
2.4　生不逢时的情绪 / 053

第 3 章　核心情绪 / 057

3.1　什么是核心情绪 / 061
3.2　激进还是保守 / 067
3.3　第二大脑：肠脑轴 / 070
3.4　身心联系 / 076
3.5　核心情绪与大脑 / 081
3.6　核心情绪的暗藏影响 / 083

PART II：情绪的作用

第 4 章　情绪与思维　/ *093*

  4.1　被情绪左右的思维　/ 098

  4.2　情绪化的行为　/ 102

  4.3　社会情绪：复杂新变量　/ 107

  4.4　情绪的驱动力　/ 113

  4.5　积极情绪　/ 118

  4.6　消极情绪不消极　/ 125

第 5 章　脑中的情绪之谜　/ *127*

  5.1　情绪开关　/ 131

  5.2　情绪错觉　/ 135

  5.3　情绪图谱　/ 138

  5.4　情商研究　/ 142

第 6 章　动机：想要还是喜欢　/ *149*

  6.1　探索快乐之旅　/ 152

  6.2　快乐之源　/ 160

  6.3　奖励系统　/ 164

  6.4　想要还是喜欢　/ 168

  6.5　"想要"系统与"喜欢"系统　/ 175

6.6 被误导的奖励系统 / 179

6.7 被操控的奖励系统 / 184

第 7 章　决心：无坚不摧的意志 / 189

7.1 探索决心的科学之旅 / 195

7.2 提升决心的方法 / 201

7.3 机器人的冷漠 / 204

7.4 决心调查问卷 / 206

7.5 决心的天敌 / 210

PART III：情绪侧写与情绪管理

第 8 章　情绪侧写 / 219

8.1 先天还是后天 / 224

8.2 行为表观遗传学 / 228

8.3 你的情绪侧写 / 231

8.4 羞耻感和愧疚感调查问卷 / 235

8.5 焦虑调查问卷 / 239

8.6 愤怒和攻击性调查问卷 / 242

8.7 牛津幸福感调查问卷 / 246

8.8 爱情和依恋调查问卷 / 250

8.9 重新认识自己 / 253

第 9 章　情绪管理 / *255*

　　9.1　情绪管理的重要性　/　260

　　9.2　情绪管理方法一：接受　/　263

　　9.3　情绪管理方法二：重新评估　/　268

　　9.4　情绪管理方法三：表达　/　274

　　9.5　致敬情绪　/　278

临别寄语　/　281

致谢　/　287

附录　/　289

PART I

情绪的来源

第1章
情绪是什么

2014年万圣节的早晨,一架怪异的飞机在荒芜的莫哈韦沙漠上空高高升起。这是一架碳纤维材质特制而成的飞机,两架货机并排飞行,在机翼处连接成一体。在这个连体的大家伙下方还悬挂着一架名为"进取号"的小型太空飞船,说是要以此致敬《星际迷航》。此次的飞行任务是用货运飞机将"进取号"送到5万英尺[1]的高空,然后将其抛下,让"进取号"启动自身引擎,最终实现滑翔着陆。

这组飞机属于理查德·布兰森(Richard Branson)创建

1　1英尺约为0.3048米(译注,以下无特殊说明,皆为译注)。

的维珍银河公司,该公司一直致力于开发商业太空旅行,希望有朝一日能用飞船搭载"太空游客"进行亚轨道飞行。截至2014年,维珍银河已经以20万到25万美元不等的价格出售了700多张太空旅行体验票。本次已经是"进取号"的第35次试飞,但火箭点火功能测试只是第4次,科研人员对其进行了多次改良,希望增加其运行动力。

升空过程十分顺利。大飞机的飞行员大卫·麦凯(David Mackay)在指定时间将"进取号"从运载飞机底部发射出去。之后,他巡视天空,试图寻找"进取号"火箭发动机点火后产生的烟雾,然而,他什么也没看见。麦凯作为飞行员经验十分丰富,对任何意外都保持着高度警惕,他回忆说:"我记得自己往下看时心里就忍不住纳闷,这真是太奇怪了。"但实际上,"进取号"太空飞船成功点燃了火箭引擎,并在大约10秒后实现了超音速飞行,只是他没看见罢了。总而言之,任务的进展一切顺利。

驾驶"进取号"的试飞员名叫彼得·西博尔德(Peter Siebold),他拥有近30年的飞行经验。副驾驶是迈克尔·阿尔斯伯里(Michael Alsbury),此前也曾试驾过8架不同型号的实验飞机。从某些方面看,两人迥然不同:西博尔德可能会让同事们觉得很冷漠,不容易接近,而阿尔斯伯里则为人友善,还特别有幽默感。然而,他们同时被固定在"进取号"的驾驶舱内,形成一个有机的整体,各自的生命安危都取决于对方所采取的行动。

可是谁能想到，就在飞船提速到音速之前，阿尔斯伯里意外打开了飞船的空气制动装置。这个制动装置在飞船下降返回到地面的过程中对于控制飞船的方向和速度起着至关重要的作用。该装置本应在14秒后启动，阿尔斯伯里却在不该解锁时提前将其解锁。美国国家运输安全委员会后来严厉批评了为维珍银河公司设计飞船的诺斯罗普·格鲁曼公司，指责它没有设置一个防止过早解锁的故障报警系统，所以才导致了这种人为造成的失误。

政府资助的太空计划与维珍银河公司不同，政府项目要求必须设置"双重容错"机制，即建立有效保障措施，防止两个不相关的问题同时发生——包括两个人为错误、两个机械错误，或二者兼而有之。相比之下，维珍的团队似乎对此满不在乎，认为自己的试飞员都训练有素，绝不会犯这样的错误，因而取消了类似的保障措施。当然，他们还有另外一种考量，"我们不是美国国家宇航局那样的政府组织，不必受制于这样或那样的限制"，他们团队的一位成员这样告诉我，"所以，我们可以更快地完成相关工作"。然而，在这个万圣节的早晨，提前解锁空气制动装置的错误给他们带去了不容小觑的损失。

尽管阿尔斯伯里没有按动另一道开关，但由于提前解锁，空气制动装置还是在气压的作用下提前发挥了作用。因为启动了制动装置，仍然处于点火状态的火箭引擎对飞船的机身产生了巨大压力。仅仅 4 秒钟的工夫，时速高达 920 英里[1]的飞船便被撕扯成了碎片。从地面上看，那场面就像发生了一场严重的爆炸一般惨烈。

被固定在弹射座椅上的西博尔德当即被抛出飞船，飞入了温度只有 –72 ℉[2]、含氧量只有地面的十分之一的大气层。幸好他设法解开了自己的安全带，并及时打开了降落伞。获救时，他说自己大脑一片空白，完全不记得发生了什么。只可惜，阿尔斯伯里没有他那么幸运，飞船出事的同时自己也当场毙命。

1.1 被误解的情绪

当飞行员试驾一架新飞机时，通常都会非常娴熟地执行一连串预先设定好的程序，因此这让人感觉整个过程并没什么困

1　1 英里约为 1.6 千米。

2　1 华氏度（℉）约为 17.2 摄氏度（℃）。

难，只要死记硬背、机械地完成即可。然而，这是一种被严重误导的观点。当"进取号"按照计划从母舰上脱离并点燃其威力巨大的火箭引擎时，飞行员所处的物理环境会突然发生变化，我们作为普通人很难想象那是什么感觉。点燃火箭引擎虽然是一个预先设定好的引爆过程，但爆炸毕竟是爆炸，威力巨大，必定会对"进取号"相对脆弱的机身造成巨大冲击。通常情况下，航天飞船的重量高达 400 万磅[1]，而"进取号"的荷载重量仅有 2 万磅，驾驶员坐在其中的感觉与驾驶大飞机感觉完全不同。打个比方吧，如果说乘坐航天飞机就像开着凯迪拉克在高速公路上飞驰，那驾驶"进取号"就像开着卡丁车以每小时 150 英里的速度行驶。火箭引擎一旦点燃，"进取号"的飞行员即刻就会听到巨大的轰鸣声，同时还会感受到剧烈的摇晃、震动，并因此被巨大的压力笼罩。

阿尔斯伯里为何会在此时慌忙解锁空气制动装置？本来飞行正按计划顺利进行，他应该不太可能感到惊慌。我们无法知道他为什么会犯这样的错误，就连他自己恐怕也无法给出合理解释。但是有一点我们很清楚，那就是飞行模拟训练很难真正做到准确还原高度紧张的真实物理环境，而在真正的飞行中，飞行员很可能处于一种极度压力的状态，其行为自然存在很大的不确定性。

---

[1] 1 磅约为 0.454 千克。

而这也基本上是美国国家运输安全委员会对"进取号"事件所给出的结论。在美国国家运输安全委员会调查者看来，阿尔斯伯里因近期缺乏飞行经验，可能无法承受内心的巨大压力，而他之所以做出错误判断，很可能是由于时间紧迫外加飞船的强烈震动和加速力让他内心产生了焦虑，而他上一次面对同样压力的时候至少已经是一年半之前了。

　　"进取号"的事故充分表明人在焦虑的情绪下很可能做出错误决定。与人类远古祖先所生存的环境相比，我们现代人面临的真正危险要少得多，而正是这个原因导致我们在面临恐惧和焦虑时常常会反应过度。过去几百年来，类似"'进取号'飞行事故"的事件让人们把责任都推给了情绪，情绪也因此背负了许多骂名。

　　很多情绪导致严重问题的故事都跟上面这个故事一样骇人听闻，但情绪正常发挥作用对人类提供帮助的故事总是鲜为人知。人们每次分析情绪时，想到的总是它的失常表现，而对其正常运转的情况却选择视而不见。比方说，"进取号"在出事前，曾经有过34次成功试飞的经验，每一次成功试飞都要求人类大脑的理性与感性实现平稳互动，并与现代技术做到完美结合，飞机和飞行员都要做到按部就班、冷静操作才可能实现试飞的成功。只可惜，这些成功的案例从未成为媒体广为宣传的新闻素材。

　　其实我身边也有这样的例子。我的一个朋友不幸失业了，自然也就失去了医疗保险。他清楚地意识到没有医疗保险的严重性，因此开始对自身健康倍感焦虑。要是生病了怎么办？高额的医疗费用可能会让他一贫如洗。这种焦虑影响了他想问题的方式：如果嗓子疼，他不会像以前一样置之不理或只是把它当成一次小感冒；相反，他会把情况往最坏的方面想——自己得的会是喉癌吗？没想到，他对自身健康的焦虑竟然真的挽救了他的生命。他背部一直有一个肿块，之前他从来没有当回事，但现在他开始谨慎起来。他有生以来第一次去看了皮肤科医生，并对肿块做了相应的检查，结果发现竟然是早期的癌变肿瘤。就这样，肿块被切除了，而且再也没有复发。这个例子不正说明焦虑也能拯救人的生命嘛。

以上这两个故事告诉我们，情绪本身并不会帮助或阻碍有效的思考，但情绪的确会影响我们思考问题的方式：情绪状态不仅会影响大脑的计算功能，还会迫使我们对客观数据或外部环境加以判断。上述第二个例子充分说明这其实并非坏事。当然，我们也见到过情绪给我们造成的问题，但那些只是例外情况，而非普遍现象。我们在本章和后面几章都会探讨情绪的目的，到时候你就会发现，如果没有情绪，我们其实很难做出正常的行为，因为大脑会一直为规则所困，而我们也只能在规则的支配下做出一些简单的决定以应对日常的生活环境。这些都是后话，此刻我们需要关注的不是情绪究竟有益还是有害，而是情绪在我们大脑分析信息时究竟会发挥怎样的作用。

无论是哺乳动物还是昆虫，情绪状态在生物处理信息和做出反应的过程中都发挥着非常重要的作用。一个对照实验模拟了"进取号"灾难中飞行员出错的过程——研究人员将蜜蜂置于一个与"进取号"的情况极其相似的极端环境中，为了解这种简单生物处于混乱和危险中的反应，研究人员让蜜蜂经历了一分钟的高速摇晃。

研究人员又是如何做到所谓"高速摇晃"的呢？如果只是简单地将捕获的蜜蜂放在容器内摇晃它，蜜蜂完全可以做到在容器中盘旋飞舞，而你也只能看到蜜蜂是在摇晃的容器里飞行，而不是在经历摇晃状态。为了解决这一问题，研究人员将蜜蜂固定在微小的蜜蜂束带上，让它们处在与维珍飞行员相似的状态，当时维珍飞行员就是被牢牢绑在座椅上，因而在飞机剧烈摇晃时他们的身体根本无法自行移动。蜜蜂束带由一小段塑料吸管或其他管子特制而成，被从中劈成两半，然后再把蜜蜂放在劈开的管子里并用胶带将其固定，这样它就会短暂地失去活动能力。

经历过剧烈摇晃之后，科学家测试了蜜蜂的"决策能力"。他们让蜜蜂完成一项任务：对以前接触过的各种气味进行区分。经过之前的测试，已知蜜蜂喜欢蔗糖溶液，讨厌奎宁溶液。但是经历过摇晃之后呢？再让蜜蜂接触实验液体样本，它们还能根据之前闻到过的气味来选择是否吸取样本中的液体吗？

研究人员这次准备的实验样本不再纯粹是蜜蜂喜欢的蔗糖溶液或讨厌的奎宁溶液，每种都是二者的混合物，只是有的样本蔗糖的成分多一些，有的则是奎宁的成分多一些。对蜜蜂来说，蔗糖与奎宁浓度比为二比一的混合液体样本仍然比奎宁多于蔗糖的混合液体样本更具吸力，但现在混合液体样本的气味并不明显，蜜蜂在接触到混合液体样本时，必须仔细对模糊气味做出判断，决定该样本是否符合自己的喜好。在这个实验中，研究人员最感兴趣的是事先让蜜蜂经历的摇晃是否会影响它们对气味的判断，如果会，具体会是怎样的影响？

无论是蜜蜂的焦虑还是人类的焦虑，在情感神经科学家看来都属于对"惩罚性"环境所做出的反应。"进取号"事件和蜜蜂实验中的惩罚性环境已经不言而喻，但从更广义的角度上讲，所谓惩罚性环境指的就是会威胁到人类舒适甚至生存的环境。

科学家已经发现，人类在焦虑状态下所做的思考常会造成悲观的认知倾向；当焦虑的大脑处理模糊的信息时，它倾向于从多个可能的解释中选择更悲观的解释。大脑对威胁的感知会变得过度活跃，在面对不确定因素时总是倾向于预想出极其严重的后果。大脑为何会如此，其实不难理解：与处于安全愉快的环境中相比，人们在一个惩罚性环境中会认为模棱两可的数据更具威胁性或更不可取，这其实是一种非常明智的做法。

研究人员发现的也正是这种悲观的判断倾向。经历过摇晃的蜜蜂比没有经历摇晃的控制组明显更容易放弃蔗糖含量大于奎宁的溶液；这说明经历过摇晃的蜜蜂，更容易将模糊气味解读为不可取的信号。当然，有人或许会将研究结果解读为经历过摇晃的蜜蜂比控制组更容易"犯错"，这倒是符合"情绪妨碍人们做出正确决策"的认识，但这一对照实验的结果已经非常清楚，那就是蜜蜂在危险时所做的判断与在正常情况下相比发生了明显的转变。可想而知，摇晃引起的焦虑也必然会影响到"进取号"飞行员的判断。

人类和蜜蜂一样，在感受外部世界的动荡时必定会感到焦虑，人类处理信息的方式也会受到类似的影响，甚至会出现生理方面的反应：蜜蜂焦虑时，其血淋巴中的神经递质激素多巴胺和血清素水平都会降低，人类处于焦虑时亦是如此。

研究人员由此得出结论："与先前的认识不同，我们发现蜜蜂对负价值事件的反应与脊椎动物的反应其实有很多共同之处，这表明蜜蜂也可以表达情绪。"这些研究人员说蜜蜂的行为让他们联想到了人类的行为，但我更想说其实是飞行员经历的震动和摇晃让我联想到了蜜蜂。为了生存，人类和蜜蜂在处理信息的方式上有着惊人的共同点，这不禁让我们大受启发：信息处理绝不仅仅是一个"理性"行为，它与我们内心的情绪密不可分。

情感神经科学告诉我们，生物在做信息处理时不能脱离情绪，也不应该脱离情绪。对人类而言，这就意味着情绪与理性思考并不冲突，前者是后者的一个重要工具。在接下来的章节，我们会看到，不论是拳击训练还是物理学研究（抑或是华尔街的金融交易），不论是体力活动还是脑力活动，只要我们在做思考和决策，情绪都是取得成功的关键要素。

1.2 情绪的探索之旅

人类的思维过程非常神秘，即使在人类还没有认识到大脑是一个器官的时候，古代的思想家就已开始密切关注其本质。

柏拉图（Plato）就是其中最早且最有影响力的一位，他把灵魂想象为一辆战车，一名御者驾驭着两匹长着翅膀的马向前行进，其中一匹马"内心狡诈、动作迟缓……深色的皮毛，灰色的眼睛……鞭笞对它几乎起不到什么作用"。而另一匹马"内心正直、行动利落……崇尚荣誉……喜欢追求真正的荣耀；它从不需要鞭答，言语和训诫就可以对其进行有效引导"。

当我们谈到情绪如何激励行为时，我们的逻辑大多依据的就是柏拉图的战车理论。黑马代表人类的欲望，包括温饱和性，而白马则象征了人类的更高意志，是我们实现目标和完成伟大事业的情感动力。此外，战车的御者代表的正是人类理性的头脑，一直试图通过驾驭两匹马来实现自己的目标。

在柏拉图看来，一个有能力的御者会在白马的配合下管制黑马，从而训练两匹马持续向前行进。柏拉图甚至认为，老练的御者会倾听两匹马的意愿，对它们加以正确引导，从而实现二者的和谐。

柏拉图认为人类的理性思维要对我们的驱动力和意愿加以评估和控制，从而根据我们的目标选择出最佳的途径。

我们现在已经知道这种认识并不正确，但对思维所做的理性和非理性的划分长久以来一直是西方文明的主要内容。

柏拉图相信人类的情绪和理性可以和谐共处，而在其后的几个世纪里，人们却认为人类精神生活的这两个方面处于完全对立的状态。他们坚信理性高高在上，甚至神圣不可侵犯，而情绪则应尽量避免，甚至要遏制其出现。后来，基督教哲学家也部分地接受了这种观点，他们把人类的食欲、情欲和激情归为一种罪过，认为有德行的灵魂都应该避而远之，在他们看来，爱和同情才是人类的美德。

英文"情绪（Emotion）"一词最早出自托马斯·威利斯（Thomas Willis）的作品，他是17世纪伦敦的一位医生，非常热衷于解剖学，如果你在他的治疗中不幸逝去，很可能会成为他的解剖素材。事关生死，如果你知道自己的医生无论如何都会从你身上获益，你的内心肯定会感到不安。但其实，威利斯还有另外一个尸体来源：他获得了英国国王查理一世的许可，可以对已故的绞刑犯进行解剖。

威利斯在研究过程中甄别并定义了许多我们今天仍在研究的大脑结构。不仅如此，他还发现许多罪犯的反常行为都与其大脑的某些结构特征有关。后来的生理学家在威利斯的基础上，对动物的反射反应进行了研究，结果发现，诸如因惊恐而后退等表现其实是身体受神经和肌肉支配所做出的一个纯机械行为，必定还会引发某种后续动作。不久之后，英语和法语中就出现了"情绪"一词，其词源恰恰来自拉丁文"动作（Mover）"一词。

之后，足足过了好几百年，人们才把"动作"和"情绪"彻底区分开来。"情绪"一词的现代用法首次出现在1820年出版的爱丁堡哲学教授托马斯·布朗（Thomas Brown）的演讲集中，这本书广为流传，在后来数十年的时间里先后再版20余次。感谢沃尔特·斯科特（Walter Scott）爵士的女婿——约翰·吉布森·洛克哈特（John Gibson Lockhart）——所做的描述，我们对布朗做这些讲座时的具体场景有了更多的了解。洛克哈特所著的文章本来是要介绍爱丁堡的社会文化，不过他在其中提到了一次布朗教授讲座的场景。根据他的描述，我们可以想象当时的布朗教授，"他面带微笑，身披黑色的日内瓦斗篷，里面穿着一件褐色上衣和一件水蓝色的马甲"，他的言谈"独特而优雅"，观点因引用了大量诗句而显得愈加生动。

布朗在他的讲座中提出应该对情绪做系统的研究，这个观点虽然不错，却面临着巨大阻碍。有人认为奥古斯特·孔德（Auguste Comte）是史上第一位科学哲学家，他对六门"基础"科学，包括数学、天文学、物理学、化学、生物学和社会学都做过研究，唯独忽略了心理学，其理由也非常充分：当约翰·道尔顿（John Dalton）发现化学的基本规律，而迈克尔·法拉第（Michael Faraday）发现电和磁的原理时，并不存在一门关于心智的基础科学。布朗曾经想过要改变这种状况，并将情绪重新定义为"可以被理解的各种感受——各种情感状态，包括欢乐、激情、伤感、喜爱等"，他还将其做了具体分类，并提出应当对不同的情绪类型进行科学的研究。

作为一位哲学科学家，布朗具备许多伟大特质，但他的身体状况着实令人担忧。1819年12月，他在讲课时晕倒在讲台上。医生对他进行了检查，然后把他送去伦敦，让他在那儿"换换心情"。很不幸，他再也没能回来，于1820年4月2日在伦敦去世，享年42岁，甚至没来得及等到自己的书出版面世。

布朗虽不知道自己的思想对后世造成了怎样的影响，但他的讲座的确在很长一段时间引领了学者们对情绪的思考。只可惜，事到如今，他仍只是一位名不见经传的人物，就连坟墓也已经年久失修。好在在他死后的几十年里，他因对人类心智的独特洞察而受到了广泛的赞誉。

情绪研究的又一巨大飞跃来自查尔斯·达尔文（Charles Robert Darwin），自1836年从"贝格尔号"航行回来后，他便开始了对这个问题的思考。其实，达尔文并非一开始就对情绪研究感兴趣，但在他构建进化论时，仔细研究了生命的各个方面，希望对生命有个总体而深入的认识。情绪就是他遇到的其中一个难题。按照当时的观点来看，情绪只会产生负面作用，那么它们为什么还会不断进化呢？如今，我们知道情绪并非只会起到反作用，但对达尔文来说，这一困惑是对他提出自然选择理论的一大考验。如果说情绪只有害处，那它们是如何融入动物行为的呢？尽管之前相关领域的研究非常匮乏，但达尔文下定决心要找到其中的答案，最终，他足足花费了几十年的时间才找到了合理的解释。

1.3 情绪与生物进化

达尔文在其他动物身上进行了非常细致的实验，因为情绪功能往往在更简单的生物体上才会体现得更加清晰。比方说，焦虑在我们的现代生活中扮演着复杂而多变的角色，但是远古人类尚处于进化过程中，情绪所扮演的角色或许完全不同。在动物的世界中，焦虑的建设性作用显得更加直接，也更容易被解读。我们不妨就以北美红鸭[1]为例进行探讨。

进化的基础在于成功的交配，所以每个物种的生殖器都要适应各自面临的特殊条件。就拿北美红鸭来说，为了躲避不受欢迎的雄鸭，雌鸭的生殖器进化出了一种功能，即除非雌性采取某种特殊的姿势，否则雄性生殖器完全无法插入雌性的身体，因而无法实现受孕。雌鸭正是凭借该功能，才能有选择地确定交配对象。当然，为了应对雌鸭，雄鸭也产生了相应的进化。

---

[1] 北美红鸭（Ruddy Duck），学名"棕硬尾鸭"。

在夏季，雄性红鸭的羽毛颜色暗淡，与雌性红鸭的非常相似，很容易被捕食者忽略。但随着冬季交配季节的临近，雄鸭则会暂时穿戴上鸭界的"劳力士"和"金项链"，把自己狠狠地装点一番。它们的羽毛会变成浓郁的栗色，鸭嘴也会变成明亮的蓝色，这样才能向挑剔的雌鸭彰显自己的魅力。除了炫耀自己华丽的外表，雄鸭还会上演夸张的求爱表演，它们会把尾巴高高竖起，同时用鸭嘴向下不断敲击自己膨胀的颈部。当然，雄性红鸭鲜艳的羽毛和鸭嘴的颜色比起夏季来说很不适合在捕食者面前伪装，但这或许正是它们的用意：向雌鸭发出其身体强壮的信号，告诉对方自己足够健壮，甚至不担心被天敌锁定目标。

这套机制运行得颇为正常，但还是要做出一项必要的调整。由于雌性红鸭的生殖器难以靠近，为了成功交配，雄鸭生殖器越变越长——有时甚至和雄鸭的身体一样长短。这么长的生殖器很难拖动，因此，一旦交配季节结束，生殖器也会和雄鸭身上鲜艳的羽毛一样自然脱落，待到第二年再重新生长。

据我们所知，雄性红鸭对自己一年一次的生殖器脱落并不感到焦虑，真正令其焦虑的是暴力的威胁。雄性红鸭可能会欺辱同类，健壮的大鸭子总愿意欺负块头小的鸭子。由于担心被攻击，较弱的雄性红鸭会选择更快脱去身上的彩色羽毛，长出较小的生殖器，虽然这样会降低自己在交配季的竞争力，但至少能让它们不太容易成为同类攻击的对象，从而降低与鸭群发生身体冲突的可能性。这种社交动态在进化过程中扮演着非常重要的作用，该过程与灵长类动物和其他社会动物统治等级的建立过程十分类似：既可以解决族群之间的冲突，也可以避免各方付出惨痛的伤亡代价，从而有助于更好地维持群体成员之间的秩序。

鸭子能在多大程度上有意识地"感受"到焦虑的情绪，对此我们不得而知，但科学家可以针对情绪导致的体内的生化变化加以测量。《自然》杂志用一篇文章的标题对此做了总结："鸭子之间为争取性交所产生的性竞争着实对其生殖器的大小产生了影响。"弱小的鸭子为了生存，将配偶选择权让渡给更强大的同类，将产生无谓的暴力的可能性降到最低，类似的"影响"其实给整个物种的进化带来了巨大好处。由此，我们至少可以从这个例子中发现，焦虑在进化进程中显然起到了积极的作用。

情绪对人类进化所发挥的作用其实也相当明显。只要想一想我们对婴儿这种交配的副产品所抱有的感情，你就能略知一二。大约200万年前，我们直立行走的祖先进化出了更大的头骨，大脑的额叶、颞叶和顶叶也相应变大。进化后的大脑如同一个新的智能手机，极大提高了人类的计算能力。但它也随之带来了诸多问题，因为人脑毕竟不同于智能手机，人类降生前必须经过母亲的产道，且此前必须依靠母亲的新陈代谢来维持自己的生命。基于上述理由，相较于灵长类动物，人类婴儿离开母亲产道时大脑并没有发育好——若想让人类婴儿出生时的大脑与黑猩猩一样发达,那怀孕过程至少要持续18个月之久。可若真是如此,婴儿的身体就会因为变得过大而无法顺利通过母亲的产道。如此看来,提前生产的确解决了一些问题,但也造成了其他问题。由于人类大脑在出生时并不发达(只有成人大脑的25%,而黑猩猩刚出生时其大脑就已经相当于成年黑猩猩的40%—50%),所以人类父母必须要一刻也不能松懈地照顾弱小的孩子,而且要持续多年——至少是大猩猩照顾幼崽时间的两倍。

不用说也知道,照顾小孩绝对堪称人生一大难事。不久前,我与一位朋友共进午餐,他自一年前孩子出生后就成了全职爸爸。他曾是大学橄榄球队的主力,后来还担任过一家初创企业的首席执行官,再难的挑战都没有让他犯过难,但我们最近共进午餐时,他一直闷闷不乐,说自己实在太累了,整天腰酸背痛,就连走路都是一瘸一拐。换言之,对他来说,在家做全职爸爸给他身体上造成的伤害完全不亚于罹患了轻微的小儿麻痹。

其实,我朋友的经历颇具代表性。照顾小孩的确需要耗费大量的时间和精力。在西方社会,照顾孩子是最不讨喜的一项工作,但父母没得选,只要生了就得付出。很多人在第一个孩子出生前认为拥有一个孩子会像一场盛大的聚会,但他们没想到的是,伴随这场聚会而来的是宿醉的后遗症——他们的职责不仅是孩子的父母,还是孩子的清洁工、服务员和安全员。

我们为什么愿意每天晚上起来三次给孩子喂奶?为什么愿意不厌其烦地给孩子擦屁屁?为什么要反复提醒自己锁好柜

子，千万不要让孩子误食了小瓶子里银色的指甲油？理由就在于进化，进化促使我们完成所有相关的工作，进化激发了我们的情绪，即我们对孩子的关爱。

每一种情绪产生时，我们的思维方式都会发生改变，主要是为了满足某种进化的目的。人类对子女的关爱就像北美红鸭的交配焦虑一样，都是生命机器中的一个重要齿轮。我们之所以爱孩子，是因为进化操纵我们这样做，但即便如此，也丝毫不会贬低我们这份宝贵的情感，这一说法只是揭示了这份宝贵天赋的来源罢了。

达尔文虽然致力于挖掘出情绪的功能，但他所处的时代并不具备今天我们所拥有的知识储备和技术手段，再说他也没机会对红鸭做细致的研究（毕竟北美红鸭只产于北美）。不过话虽如此，达尔文的确详细研究过许多其他野鸭，包括它们的羽色、骨骼、喙、腿、翅膀和行为等，甚至还采访过鸽子和家畜的饲养员。此外，他还对伦敦动物园里的一只猿猴、一只红毛猩猩和许多猴子做过研究。

达尔文认为通过关注动物的外在表现——例如肌肉的运动和配置，特别是其面部肌肉的构成——可以深入了解情绪产生的目的。他记录了动物类似于人类的大量情绪表达，愈加确信动物"与人类一样，也会受到类似情绪的激励"，而情绪的外在表现则有助于感受的传达，即使动物缺乏语言能力，也能让我们看出它们的所思所想。狗狗看完《罗密欧与朱丽叶》可能不会哭泣，但达尔文相信，他在狗狗的目光中读到了爱的情感。

达尔文当然也对人类的情绪做了研究，主要关注的也是情绪的外在表现。他向世界各地的传教士和探险家发出了一份调查问卷，旨在了解不同种族群体的情绪表达是否有所差异。他研究了数百张记录演员和婴儿情绪的照片，本人也拍下了儿子威廉在婴儿时期微笑和皱眉的瞬间。基于大量的观察，达尔文确信，同一种情绪在所有人类文化中都会产生一致的特定表达——这与他在其他哺乳动物中观察到的结果并无二致。达尔文认为，微笑、皱眉、睁大眼睛、怒发冲冠，都属于身体表现，这些表现在物种进化的早期阶段对人类的生存繁衍起着不可或缺的作用。比方说，狒狒在面对一个具有攻击性的对手时，它们会发出咆哮、拉开战斗的架势。狼也是如此，也会大声咆哮，当然，它们也可能顺从地露出肚皮在地上打滚，以此传递相反的信息，表示自己愿意做出退让。

达尔文由此得出了以下结论，即人类的各种情绪是从古老的动物祖先传承而来，对远古人来说，生活中的每一种情绪都发挥着具体而必要的作用。这是一个具有划时代意义的革命性想法，彻底背离了几千年来普遍存在的观点——情绪就本质而言只会起到反作用。

不过，达尔文也相信，在人类进化过程中，突然在某个时刻，人类发展出一种更为优越的信息处理方法，即理性思维——一种可以压倒非理性情绪的"像神一样的高贵智慧"。于是他的认识也发生了错误的转变,他也开始认为从那一刻起情绪便丧失了任何建设性的功能。在达尔文看来,人类的情绪只不过是上一进化阶段的残余物,和我们的尾骨或阑尾一样毫无作用,只会给我们造成麻烦,甚至是危险。

1.4 传统的情绪观

达尔文最终在他1872年出版的《人和动物的情绪表达》一书中给出了他关于情绪的结论。这本书堪称自柏拉图以来关于情绪研究最具影响力的著作,在随后一个世纪激发了"传统"情绪理论的研究,直到最近我们才从相关的传统认识中走出来。

传统理论的基本观点是所有人类都拥有几种基本情绪,而这些情绪也都有固定的触发因素,并会导致人类做出特定的行为;不仅如此,每一种情绪都源于大脑的某些特定区域。传统的情绪理论最初就来源于达尔文提出的观点,与当时人类对大脑及其进化的认识密切相关,即所谓的"三位一体模型"。卡尔·萨根(Carl Sagan)在他的畅销书《伊甸园的飞龙》中向大众普及了这一理论模型,丹尼尔·戈尔曼(Daniel Goleman)1995年出版的畅销书《情商》的理论基础在很大程度上也仰仗于该模型。20世纪60年代到2010年出版的大多数教科书都认为人类的大脑由三个不断进化且越来越复杂的层次构成,事实上,即使到了现在,仍然有一些图书坚持这一看法。三个层次中,最深层次是爬行脑或蜥蜴脑,掌控的是最基本的生存本能;中间层次属于边缘脑,或称"情绪"脑,该部分源自史前哺乳动物;最外面一层即最复杂的一层是新皮层,据说该层次是人类理性思考能力的根源。三个层次的大脑基本上就相当于柏拉图情绪理论中的黑马、白马和御者。

从"三位一体"模型中不难看出来,爬行脑属于人类大脑最古老的结构,从爬行动物继承而来,具有脊椎动物的普遍特点。这些结构控制着我们身体的调节功能,例如,当你的血糖低时,正是这部分大脑让你产生饥饿感。

爬行动物饥饿时,如果它发现了猎物,便会上前捕食,但像猫这样的哺乳动物或许并不会急于捕食,反而会与猎物玩闹一番。人类看到食物时,也可能放慢节奏,我们喜欢津津有味地享受这一美好时刻。回归到"三位一体"的模型理论,哺乳动物这些更为复杂的行为主要归功于爬行动物并不具备的边缘脑。边缘脑控制着传统情绪理论中所列出的各种基本情绪，包括恐惧、愤怒、悲伤、厌恶、快乐和惊讶。

最后，我们再来看看位于最外层的新皮层，它是我们理性、抽象思维、语言和计划能力以及有意识经验的根源。它还可以继续分为两个部分，也可以说成是左右两个半球，左右半球又可以继续分为四个叶——额叶、顶叶、颞叶和枕叶，各自拥有不同功能：例如，枕叶是视觉中心，额叶包含的区域控制人类特有的强大能力，其中，前额皮层控制复杂的语言处理能力，而眶额皮层（额叶的一部分）控制社会情境处理能力。

"三位一体"的大脑层次结构与传统的情绪理论相辅相成，也认为新皮层作为智力中心与情绪生活几乎没有关系，其作用只是调节情绪产生的各种反作用冲击。基于这一模型所做的分析表明，情绪都来自大脑的较低层次，而每种情绪的产生都源于外部世界的特定刺激，如同一种条件反射。情绪一旦被触发，就会产生一种特有的身体变化，涉及不同的感觉和身体反应，如心率和呼吸及面部肌肉形态的改变。根据这种观点，某个特定的情境几乎必然会引发某种特定的情绪反应，只要大脑参与创造情绪的结构未受损伤，几乎每个人，无论来自何种社会文化，都会表现出同样的反应。

表面上看，"三位一体"的模型似乎可以很好地将情绪、大脑结构和进化融为一体，但它存在的唯一问题是缺乏准确性——毕竟它只是一个极度简化的模型。神经科学家有时为了简化仍然会使用这一模型，但如果稍有不慎，可能就会引起外界的误会。所以，我们有几点必须解释清楚：首先，该模型未能说明各层次之间发生的沟通与互动。比方说，如果食物气味在边缘脑中产生了厌恶感，它很可能会将这种厌恶感传递给爬行脑和新皮层，前者会导致呕吐的冲动，而后者则可能会使你跟该物体保持距离。其次，大脑中各种情绪的产生似乎并不像人们曾经认为的那样都集中在某个特定区域，而是分布得非常广泛。从解剖学上讲，各个层次之间也有重叠，使得爬行脑、边缘脑和新皮层的区分非常复杂，弄不好就会漏洞百出，比如眶额皮层就常被误认为属于边缘结构。最后，大脑的进化过程并不符合"三位一体"模型的描述。尽管三个层次中的各种结构可能源于不同的进化时代，但随着新结构的出现，旧结构及其功能也并未停止进化，它们在大脑组织中的作用还在继续发展。

美国加利福尼亚大学伯克利分校的神经人类学家特伦斯·迪肯（Terrence Deacon）曾经说过："我们十分确定，大脑的进化靠的绝不是层层叠加。"

对情绪的传统认识虽然在流行文化中依旧十分常见，但该认识本身就跟其理论基础"三位一体"模型一样，完全靠不住，也只不过是个模棱两可的粗略概念，常常对人造成误导。如同当初的牛顿运动定律一样，人类对情绪的传统认识迎合的只是我们粗浅而直观的理解。如果我们借用工具仔细观察就会发现其中的错误。20世纪初，新技术的出现使得科学家可以比牛顿更加深入地观察自然规律，从而揭示出牛顿的"经典力学"只是一种表象。同样道理，21世纪的技术也为科学家提供了超越情绪表征的观察手段，进而有力地证明传统的情绪理论根本站不住脚。

1.5 拯救世界的情绪

1983年8月30日午夜时分，大韩航空的007号班机从美国纽约肯尼迪国际机场起飞，飞往目的地韩国汉城（当今的首尔）。该航班载有23名机组人员和246名乘客，包括来自美国佐治亚州的极端保守派议员拉里·麦克唐纳（Larry McDonald），他此行的目的是要去参加《美韩共同防御条约》的周年庆祝仪式。据《纽约邮报》报道称，本来美国前总统理查德·尼克松（Richard Nixon）也要一同前往，后来因故取消了行程。

这架波音747在安克雷奇[1]加完油后再次起飞，一路朝着

1　安克雷奇，位于美国阿拉斯加州。

韩国西南方向飞去。大约10分钟后，飞机开始向北偏离航线。又过了半小时，位于美国阿拉斯加州金萨蒙的自动军事雷达系统探测到飞机已向北偏离预定航线约12英里，但相关军事人员并未收到通知。于是，该航班在接下来的5个半小时继续沿着错误方向在高空飞行。

终于，当地时间凌晨3点51分，飞机进入了苏联堪察加半岛的限制领空（此时，飞机已经穿越国际日期变更线，所以确切的时间应该是1983年9月1日）。苏联国防军在监测飞机一小时后派出了3架苏–15战斗机和一架米格–23战斗机对该班机进行观察。"这是一架波音飞机，我看到了两排窗户，"主驾驶员后来说，"但这也不能说明什么问题，要知道，把民用飞机改为军用飞机的情况并不少见。"

于是，他向飞机发射了警告导弹，希望飞行员能够意识到他们的军事拦截，并根据他们的指令将飞机安全降落。但导弹飞过时，波音飞机竟然没有发现。而航班机长当时正在向日本东京地区的空中交通管制部门发出无线电信号，希望对方同意飞机上升到海拔更高的飞行路线以节省燃料。东京方面批准了该请求。于是，波音飞机开始放慢速度向上爬升，这在苏联飞行员看来就是一种拒不合作的规避动作。苏联飞行员虽然担心这有可能是一架民用飞机，但依然按照军事条例向飞机发射了两枚空对空导弹。就这样，这架波音747不幸被击中，快速下降后坠入海洋，机上人员无一幸免。

后来，北约采取了一系列的军事演习来回应苏联的这次袭击，无疑加剧了美国和苏联之间的冷战局势，紧张程度达到了自20世纪60年代古巴导弹危机以来的最高水平。那段时间，美国时任总统罗纳德·里根（Ronald Reagan）不仅批准了在欧洲部署新的导弹系统，而且还经常抨击苏联，称其为"邪恶帝国"。基于种种情况，苏联军事高层对该航班的意图自然深表怀疑。

有些苏联高级官员甚至公开表示，他们十分担心美国正在计划对苏联进行先发制人的核打击。据说，苏联当时的领导人尤里·安德罗波夫（Yuri Andropov）对此感到非常担忧，甚至命令苏联军方秘密启动了一项情报收集计划，用于监测美国可能预谋的核进攻。不仅如此，他们还在全苏联范围内安装了大量地面雷达，目的就是帮助卫星系统探测导弹。

大韩航空007号航班的空难事件发生后不到一个月，有一天，正赶上44岁的斯坦尼斯拉夫·彼得罗夫（Stanislav Petrov）中校在苏联监控预警系统的秘密指挥所值夜班。他曾接受过非常严格的训练，工作职责十分明确：及时发现系统可能发出的任何警告，并第一时间向最高军事指挥部报告。他与其他同事的唯一区别在于他不是职业军人，而是一名工程师。

当天晚上，彼得罗夫已经坚守了几个小时，突然警报响起，屏幕上闪过一张电子地图，背光屏幕上显示出"发射"两个字。彼得罗夫极度震惊，心脏狂跳不止，肾上腺素一路飙升。很快，系统再次报告有导弹发射，随后是第三次、第四次、第五次。

系统显示，美国已经向苏联发射了 5 枚民兵洲际弹道导弹。

彼得罗夫再次确认计算机上显示的内容，警报可靠等级已经达到"最高级别"。触发警报的数据已经通过了多达 30 层的验证，摆在彼得罗夫面前的选择很简单，他可以直接联系苏联最高指挥官，只要拿起电话向其报告发射情况即可。但彼得罗夫知道，一旦报告，必定会引发大规模报复性打击，进而演化成一场核战争。彼得罗夫内心感受到巨大的恐惧。虽然可能性不大，但不可否认这一警报完全可能是一个错误。一旦向上级报告，人类文明将就此终结；但是若不报告，那便是他工作的失职。

彼得罗夫犹豫再三，计算机报告的数据十分明确，军方交代给他的命令也毫不含糊，但他内心深处仍然觉得这可能是一个错误的警报。他思前想后，始终想不通，如此精密的系统，怎么可能出现如此严重的错误。彼得罗夫深知留给他思考的时间已经不多了，无论是否报告，他都必须即刻采取行动。他感受到巨大的压力，因为他知道，依照军方的命令以及手头的数据，他必须立即报告此次攻击行为。可是他再三思考，尽管没有明显证据表明警报有误，他还是决定暂时不向上级报告。相反，出于对引发第三次世界大战的抵触情绪，他给苏军总部的值班人员拨打了电话，报告称系统出现了严重故障。

彼得罗夫知道，他的军人同事一定不会违抗军令，他却冒了天下之大不韪。他焦急地等待，如果他错了，他将成为苏联有史以来最大的叛徒，正是他的一意孤行才导致国家遭到无情打击。不过，如果真是那样，世界都毁灭了，他是不是叛徒又有什么关系？随着时间一分一秒地过去，他慢慢觉得自己有一半的概率是对的。他后来表示，过了整整20分钟，他才终于松了一口气。后来的调查显示，造成这一错误警报的原因是美国北达科他州高空云层阳光反射出现了异常，而苏联卫星则将阳光的反射误认成了多枚导弹的连续发射。

情绪可以帮助我们厘清自身遭遇的真实情况，特别是在错综复杂和亟须决定的情况下，情绪作为我们内心世界的指南，会为我们指明正确的方向。虽然彼得罗夫的决定看起来似乎没什么理由，只是情绪在作祟，但在那一瞬间，他凭借以往经验，快速做出了决定，超越了理性分析所能实现的效果。彼得罗夫真正做到了听从情绪的指引，相较之下，击落大韩航空007航班的专业战斗机飞行员却没有做到听从本心。

内心的感受至关重要，但内心的确也很难参透。好在，新的情绪科学已经扩展了我们的自我认知：我们知道，情绪与大脑的神经回路浑然一体，与我们的"理性"思维回路也密不可分。没有推理能力，生活依然可以继续；但如果失去"感觉"，我们就会完全丧失生活能力。我们与所有高等动物都有着类似的精神系统，情绪便是其中重要的一部分。情绪在我们的行为中所发挥的作用甚至比理性更加重要，这也正是我们区别于其他动物的特别之处。

第 2 章
情绪的目的

有一次我出远门,晚上住在一家酒店,突然想喝啤酒,于是便打电话叫了夜间客房服务。前台告诉我说啤酒将在 45 分钟内送到,我可不想等那么久,毕竟我要的只是几瓶啤酒,准备起来又不麻烦,于是我对他说:"你能不能先帮我送?"他回答说:"很抱歉,我没办法。"过了几天,又出现了相同的情况。这次我尝试了一种截然不同的策略。我问对方:"你们能帮我加个急吗?我想早点儿喝上美味的啤酒。"这一次对方的回复竟然是:"当然,我会给您做加急处理,马上就让人给您送过去。"

这本来是件小事,当然不能说明什么问题,但这一经历足以证明一个被科学验证了的事实,那就是面对一些常规请求,如果请求者能够提供理由,即便这个理由很普通,甚至微不足道,人们也更有可能接受,为什么会这样?原因在于被请求的人很少会对理由进行认真思考,往往都是不假思索地回应。这也就是说,双方之所以达成一致,并不是因为请求者给出的理由有多充分,而仅仅是因为其给出了理由而已。心理学家把这种"完全没经过大脑"的反应称为"反射反应"。根据反射反应的定义,从发出刺激到做出反应必须满足三个条件:必须有某一特定事件或情况作为触发诱因,必须引发某种特定行为,必须每次遇到该刺激时都会出现同样的反应。

人类反射反应中,最有名的要数膝跳反射,当你的膝盖肌腱处于放松状态时,医生轻敲此处你就会发生膝跳反射。你的反应完全取决于那个精确的触发诱因:当你看着医生挥舞锤子的视频时或被关门声惊吓到,你都不会产生膝跳反射,你只会对敲击膝部相应位置这个特定情形做出这一特定反应。当然,膝盖遭到敲击时,你不会摇头或从椅子上跳起来,只有膝盖会发生弹起的动作,这就是特定的反应。最后,你的反应可以被预见:膝盖只要遭遇类似的敲击,几乎每次都会弹起,要想遏制非常困难。这种反射对我们人类来说非常重要,如果不思考就没办法做出动作,那你将无法完成任何动作。想想走路吧:这个动作其实受到了各种无意识反射(包括膝跳反射)的支配,你的大脑只需要给脊髓皮层下达一个大体指令，所有肌肉组织就会共同完成这一任务。

我们知道，像膝跳反射这样的身体反射根本不需要思考；只要生物体的脊髓保持完整，即使我们切掉其整个大脑，它仍然可以实现膝跳反射。其实，除了膝跳反射，我们还可以完成很多更加复杂的反射反应。其中一种就是固定的行动模式，也可以称其为"脚本"模式，即大脑遇到熟悉的情况时就会遵循的小程序。当你开车上班或边吃东西边思考问题时，使用的可能就是"自动运行"模式。

许多动物的行为也是如此，甚至连一些看起来充满爱意或体贴的行为，也都可能是固定行动模式。例如，小鸟张开嘴，它的母亲就会把虫子喂给它。但事实上，母鸟的这种行为与幼鸟是否是自己的后代，又或者只是随便一只幼鸟，哪怕根本不是鸟都没有关系。这个行为就像一个设计好了的脚本程序，任何类似张大嘴巴的场景都会启动母鸟的"喂食"脚本；油管（YouTube）网站上甚至有一个类似的视频，内容就是一只红雀跳过去喂一条张着嘴的金鱼。

我们将另外一种更加复杂的心理反射称为心理"开关"，即在我们遇到某些社交冲突时可能产生相应的反应，而这些反应通常都很强烈。如同膝盖肌腱遭到敲打时你会产生膝跳反射一样，当某个情境刺激到你的心灵，把你拉回到过去某些未能治愈的问题时，你的心理"开关"就会被开启。日常生活中，如果有人忽视你、批评你或对你撒谎，又或是对你说些暗含负面评价的话,比方说"你从来不怎样怎样"或"你总是怎样怎样",这类行为或言语就会成为诱导因素。无论在"诱因—反应"这一过程中是否产生了相应的情绪,只要某个事件即时激发了下意识反应,就相当于你在心理层面出现了"膝跳反射"。

　　临床心理学家经常遇到类似的情况:如果启动按钮的是我们的同事、朋友和家人,那恐怕就会给我们造成巨大的伤害。即使平时你与他们的关系非常和谐,但"开关"一旦按下,冲突就会持续发生,甚至会多次重复触发。因此,但凡我们了解到朋友和家人的心理"开关",一定要避免按下它们,这才是真正的明智之举。当然,一旦我们意识到自己的心理"开关",也要想办法不让它起作用,这才是上上之策。比方说,我有一个朋友,常年居家办公,她跟我说,每次她专注做某事时,如果她丈夫走进她的办公室,她就会感到怒不可遏。她从小就没什么隐私,个人空间几乎从未得到过尊重,不过,一旦她意识到这是自己的心理"开关",那么偶尔闯入她的私人空间似乎便不再会对她造成太大困扰了,她反而可以心平气和地与丈夫进行交流和沟通,从而有效地减少了双方发生的冲突。其实,有时找到补救措施也很简单,只要仔细留意自己的心理"开关"即可,然后再用我们的意志改变自身的反应。我们开车时也经常如此,为了改变路线,我们需要从"自动巡航"模式切换到有意识的控制模式,这样才能避开前方糟糕的路况。

人们很容易将反射反应误认成不太重要的本能反应，可是要知道，反射反应很可能发挥巨大威力。不管是对其他动物，还是我们人类，这种反应都是一种重要的心理操作模式。在简单的生命体中，反射反应更是发挥着不可替代的主导作用。

细菌，作为最简单的生命体之一，它的存在就是反射行为威力巨大的最好例证。我们人类总是追求无须长时间工作就能够维持生计，细菌也是如此，它们总能在单位觅食时间内获得最大的食物能量，原因就在于细菌能够实现脚本"行为"，它们可以通过复杂但自动的化学手段接近并吞噬营养物质，遇到有毒物质时，也能做到自动避让。细菌甚至能通过释放某些分子而相互示意，以最终实现集体合作。

神经科学家安东尼奥·达马西奥（Antonio Damasio）曾经写过："细菌'行为'种类之繁多可能远超人类的想象。"细菌之间会相互合作，也会排斥(有些研究人员称之为"抵制")不合作的群体。达马西奥介绍过一个实验，实验中几个不同细菌种群被放置在同一烧瓶中竞争资源。有些细菌的反应看起来很有侵略性，相互争斗后造成了重大损失；而有些细菌则选择和平共处，由此保证所有细菌得以存活下来。这些行为在细菌中代代相传，就如我们人类社会存在斯巴达式国家、纳粹德国式国家以及和平主义国家，大肠杆菌的菌群社会亦是如此：争斗与和平也可能同时存在。

尽管人类的生活已经超越了简单的反射反应，但不可否认，反射反应对于我们行为的支配程度远超大多数人的想象。比方说，研究人员分别在旧金山的商区和圣克鲁兹的码头做过相同的实验，研究内容很简单，就是让志愿者向路人索要零钱。两次参与研究的志愿者都是学生，衣着也是典型的学生打扮，T恤、牛仔裤之类的。他们向路人索取零钱时，会与对方至少保持3英尺的距离。学生们需要向途经此地的半数路人开口，向对方索要25美分或50美分。被分在不同区域的两组学生的成功率基本相当，17%的概率能要到钱，当然偶尔也会招致拒绝之辞，如"你自己去找份工作"或"此处严禁乞讨，难道你想进监狱吗"。绝大多数人面对学生的态度是无视，甚至不会放慢脚步，因为乞丐在这些地区十分常见。研究人员猜想很少会有路人认真思考学生的请求，大多数人只是自动地做出了反应，利用的就是类似"如果遇到乞丐乞讨，千万不要理会"的心理规则。

研究人员提出假设，如果他们能够打乱路人的这个脚本，让他们慎重考虑这个请求，或许就能提高乞讨的成功率。于是，他们让志愿者对另一半路人采用新的索要方式："嘿，兄弟，你能给我37美分吗？"这一数字是原来那组人要求的25美分和50美分的中间值。研究人员想通过这个特别的数字引起路人的注意，以便他们能放弃既有的心理规则，认真考虑学生的请求。这个方法果然有效，在旧金山的实验中，成功乞讨的比例从 17% 增加到了 73%。这种能够提高路人就范概率的策略可以被称为"激发技巧"，在人们很少会加以关注的情况下，这种办法十分有效：你可能偶尔也会遇到类似情况，比如我就曾经见过一两次非常罕见的限速数值，如时速不得超过 33 英里，类似的例子还包括一些商店的促销折扣赫然写着 8.25 折。

我们还是言归正传，继续探讨情绪的问题：反射行为是人类经过进化传承下来的重要能力，只是不知道在哪个阶段，自然界对其进行了升级改造，创造出了一个新的系统来应对环境的挑战——这个系统更加灵活，也因此更加强大，这个新的系统就是情绪系统。

情绪是我们大脑进行信息处理的更高层次。我们在后文中将对其有更加深入的了解，它大大优于严格的、基于规则的反射反应，就连只具有原始大脑的生物体都能基于情绪来根据情况调整自身的心理状态。因为有了情绪，生物体接受刺激和做出反应的对应关系不再一成不变，它们可以根据环境中存在的特定元素做出改变，甚至可能延迟给出反应。对于人类而言，情绪固有的灵活性也能帮助我们实现理性思维的输入，从而做出更为有效的决定或者采取更为复杂的行动。

2.1 情绪的灵活性

现代科学之前并未认识到情绪的必要性，也不认为情绪与反射行为相比有什么明显优势。事实上，就在不到半个世纪以前，认知心理学家艾伦·纽维尔（Allen Newell）及（因其他研究而获得诺贝尔奖的）经济学家赫伯特·西蒙（Herbert Simon）等人还认为人类的思维从根本上讲就是反射性思维。1972年，纽维尔和西蒙做了一系列有关逻辑、国际象棋和代数的测试，要求志愿者在解决这些难题时把自己的思考过程说出来。纽维尔和西蒙认真记录下这些内容，并对其进行了仔细分析，希望能够从中找出规律。该研究的最终目的是通过找到受试者思维过程的规则而构建出一个人类思维的数学模型。他们希望能通过这种方式深入认识人类思维，进而找到方法创建超越逻辑线性步骤极限的"人工智能"程序。

纽维尔和西蒙认为，人类的推理、思考等行为不过是反射反应的复杂表现，因此可以用所谓的产出规则系统为思想建模，这个系统将集合各种严格的"如果—那么"规则，而正是这些规则的合力导致了反射反应。例如，国际象棋中有这样一个规则："如果国王被将杀，就得移动它。"事实上，产出规则可以让我们更加了解自己做决定的方式，同时也能揭示出我们实施某些行为的方式，例如，人们面对乞丐时，或多或少都会采用"面对乞讨，不要理他"之类的规则。如果人类的思维真的只是一个庞大的产出规则系统，那人类和依靠算法程序的计算机又有什么区别？纽维尔和西蒙最初的想法最终被证明有误，真可惜他们花了那么多时间和精力。

不过话说回来，如果我们能够搞清楚他们失败的原因，就能更好地了解人类情绪系统的目的和功能。我们不妨思考一下，一整套产出规则究竟是如何为一个简单系统构建出完整的行动策略的呢？假设室外的温度低于冰点，你想为恒温器编程，确保室内温度始终保持在一定范围内，比方说 70 ℉—72 ℉，这一操作并不难，完全可以通过制定规则实现：

规则 1：如果温度低于 70 ℉，暖气自动开启。

规则 2：如果温度高于 72 ℉，暖气自动关闭。

你的暖气或许很老旧，也可能很智能，怎样都无所谓，其内核处理器遵循的都是上述两个规则。这样的条件性指令构成了初级的产出规则系统，而更大的规则集合则能够应对更为复杂的任务。小学生的减法算式可能需要十几条规则加以限制，例如"如果被减数某一位上的数不够减时，就从前一位退 1 作 10"就是这样的一种规则。一些复杂的应用可能需要成千上万条规则，计算机科学家正是因为这些规则才能打造出所谓的"专家系统"，模拟人类在特定应用中的决策过程，帮助人类完成医疗诊断或抵押贷款等事宜。可以说，在这些应用中，他们的方法的确取得了（有限的）成功，但事实依旧证明，产出规则并不能构建出人类思维的模型。

纽维尔和西蒙的研究之所以会失败，根本原因在于他们忽略了人类生活的丰富性。如果是像大肠杆菌这样的简单生物体，的确可以通过一套反射规则维持生命，但对于生活方式更为复杂的生物，只有反射规则根本做不到。

我们不妨一起思考一个看似简单的任务，比方说如何避开有害的食物，看看这一任务将涉及多少环节和内容。没错，这类食物可以通过气味识别，但"坏"气味也有很多种。当然，不宜食用的食物还有很多特点，外观、味道或质感上都会有所呈现，不过同样都会涉及多种不同类型。牛奶酸了，其外观和气味与发霉面包的完全不同。其实不仅是表面特征，指标所处的程度也很重要。有些食物看起来像是坏了，闻起来却没有问题，那你吃还是不吃呢？答案取决于你能否找到替代食物。如果食物看起来有问题，即使闻起来没问题，你可能也不会吃它。又或者，如果你的身体已缺乏营养，或许你就顾不上食物的外观了，填饱肚子才是硬道理。如果大脑对于每种可能情况或反应都要采用一套具体、狭义、严格的规则，那它肯定会不堪重负，因此它必须找到更可行的方法。

情绪就是有效的良方。在反射系统中，某个特定的触发因素(如：牛奶闻起来有点酸，但我已经好几天没吃东西了，而且附近没有其他食物和水)会产生既定的自动反应(如：喝下去)。但情绪的作用方式并非如此，情绪的触发因素相对来说更加笼统(牛奶看起来或闻起来很奇怪)，其直接产物不是行动，而是某种程度的情绪反应(轻微的厌恶)。然后，大脑会对这种情绪及其他相关因素(我已经好几天没吃东西了，附近可能没有其他食物和水)做出考量，然后再去计算你的反应。这样一来，大脑便无须遵循大量"触发—反应"的既定规则，而是被赋予了更大的灵活性：你可以考虑各种应对方式(包括什么都不做)，深思熟虑后再做出决定。

大脑决定对情绪做出何种反应时，会考虑多种因素，包括：你的饥饿程度，你对冒风险寻找其他食物的恐惧等。这时候，你其实已经开始了理性思维：情绪一旦被触发，我们的行为就会受到事实、目标、理性及情绪因素等心理计算的影响。面对复杂情况时，正是这种情感和理性的结合为我们提供了更加有效的途径，让我们可以找到更加可行的答案。

对高等动物来说，情绪还发挥着另一个重要作用：可以延迟对触发情绪的事件做出反应。如此一来，我们便能运用理性思维对自己的本能反应做出战略性的调整，又或者索性推迟反应等待合适的时机。假设你的身体需要补充营养，然后你看到一包薯片，反射反应一定是无意识地将它们吞下去，但人类的进化过程在刺激和反应之间插入了新的环节，即当你的身体需要营养时，看到食物你的第一反应不是直接拿来吃，而是会先感到饥饿的情绪[1]，其实是这种情绪促使你去吃东西。这样一来，你对该情况的反应便不再是自动的反射反应了，因为你可能会先考虑自身情况而后再做出决策：为了晚餐时能吃下双份的培根奶酪汉堡，你决定先放弃这包薯片。

你也可以思考一下这个例子：当你给有线电视公司的工作人员打电话询问服务相关问题时，对方一直不合作，你会怎么做呢？如果人类只能靠反射反应行事，你肯定会大发雷霆，说一些"去死吧，你这个白痴"之类的话。可是有了情绪就不同了，对方的行为首先会令你感受到一种情绪，如愤怒或沮丧。虽然情绪会影响你处理问题的方式，但也能让你实现理性的自我输入。你依旧可能跟对方发火，但这并非大脑的自动反应。当然，你也可能按捺住自己的冲动，调整呼吸后对他说："我理解你们的政策，但我的情况不属于政策规定的范畴。"

情绪在其他动物中也能发挥重要作用，尤其是在灵长类

---

[1] 现代研究中，饥饿连同口渴和疼痛一起，都被称为内稳态或原始情绪（作者注）。

动物身上。你可以读一下动物学家弗朗斯·德瓦尔（Frans de Waal）撰写的《黑猩猩的政治：猿类社会中的权力与性》。如果你是黑猩猩的话，这绝对算得上一本淫秽读物了。德瓦尔在书中描述了一只年轻的雄性黑猩猩，当它被某只有备而来的雌性黑猩猩激起性欲后，它会选择等待，待到确定没有比它更强壮的雄性黑猩猩在场时，它才会在雌性的配合下完成交配，这样做能让它避免受到其他雄性黑猩猩的惩罚。书中还写到，当一只雄性黑猩猩首领在巡视领地、确认自己的追随者时，如果受到年轻雄性的挑战，它可能会暂时无视其存在，等到第二天再发起报复性攻击。另外，如果黑猩猩母亲发现自己的宝宝被一只年轻的黑猩猩带走，它会一直跟踪对方，找到合适的时机后再在不伤害孩子的情况下把自己的宝贝抢回来。

美国加州理工学院教授、美国国家科学院院士大卫·安德森（David Anderson）说过："在反射行为中，一个具体的刺激往往会导致你当即产生一个具体反应。如果你遇到的刺激只有那几样，那你做出相似的反应也没什么不好，但在人类进化的某个阶段，生物体需要拥有更多的灵活性，而情绪的构成要素刚好提供了这种灵活性。"

2.2 失恋的果蝇

———

安德森非常热衷于研究情绪的作用，不仅是人类的情绪，还有那些相对原始的生物的情绪。之所以如此，可能是因为他平生参加的第一个项目研究的是扇贝与其克星海星发生冲突时会释放怎样的分子信号，当时是 20 世纪 70 年代，他还是个大学生。在他看来，类似的研究对于我们更好地理解情绪非常重要，他希望能够解释生物信息处理器（即生命体）为什么会进化出情绪这种能力，以及情绪如何影响生命体处理问题的方式（即思维）。

很多人都注意到小猫、小狗似乎也有情绪，那更加简单的动物呢？安德森说："当我告诉别人我在研究简单动物的情绪时，他们都认为我疯了。"他说这话时扬了扬眉毛，好像在请我对此做出评价。我自然不会认为他疯了，但他的工作着实谈不上理智，因为他研究的竟然是果蝇的情绪。

我问他，通过研究这种常常自杀式跳入我酒杯的小生物，究竟能够获取多少关于人类情绪的信息？安德森笑着回答说——当然可以，果蝇和许多人类一样，也喜欢喝酒，甚至不惜付出生命的代价。我们不知怎的，就聊到了酒吧，我告诉他说，最近一天夜里，我在曼哈顿的街道上散步，突然听到酒吧里播放的音乐，于是心血来潮随便进了一家。走进去时，我发现里面人很多，差不多都是大学生。在外面听他们播放的音乐声已经很大了，进到里面简直让人受不了。"这对你的耳朵不好！"我对身材高大的保镖说，他却冷笑着回答我道："如果你早晚得聋，现在聋了多好，就不会觉得我们的音乐吵了。"

我离开了酒吧，事后把这一幕讲给了儿子尼古拉。他告诉我这很正常：你和一两个朋友一起去酒吧，点了杯酒，一边聊天一边巡视四周。一旦锁定目标，你就会走过去和她或他搭讪。聊几句后如果隐约觉得聊得来，你们就会去舞池跳舞，尝试一些身体接触。如果一切顺利，你们就会一起离开，找个地方进行交配（当然，这不是他的原话）。不过，你的搭讪也可能会失败，比如发现对方已经有了另一半。"那会怎样？"我问儿子。"那你就会觉得自己遭到了拒绝，只好回去继续喝酒咯。"他这样告诉我。

这种追求方式其实也不算什么绝对的新鲜事，一直以来都受到人类诸如欲望和爱等情绪驱动。我问安德森，通过研究果蝇，我们真能对如此复杂的人类激情有所体悟吗？显然，我的问题对他来说正中下怀：事实证明，果蝇遵循的交配仪式与尼古拉和他朋友们的交配仪式确实有着惊人的相似之处。

在果蝇的世界里，雄性也是通过接近雌性来启动求偶仪式。当然，它们不会搭讪，只是用自己的前腿拍打对方。果蝇的世界甚至也有音乐：雄性果蝇会振动翅膀自己创造音乐。如果雌性对此表示接受，那它什么也不需要做，因为雄性果蝇可以自己掌控局面。然而，并不是所有雌性果蝇都会接受异性的追求：如果一只雌性果蝇已经有了男朋友，也就是说已经与其他雄性果蝇完成交配，它就会选择拒绝对方。拒绝的方式要么是用翅膀或腿将其推走，要么是选择自己逃跑。

接下来就是重头戏了：我之前就说过，果蝇喜欢喝酒，如果雄性果蝇遭到拒绝，而同时自己又能够接触到酒精，它就很可能会像尼古拉一样，用喝酒的方式应付当下的情况。这样看来，果蝇与尼古拉的确有很多共同之处，但果蝇是否也像尼古拉一样，所作所为都是因为受到情绪的驱动呢？还是说，果蝇的反应不过是按照固定脚本所做出的反射行为？

如何验证它们的做法究竟属于哪一种呢？安德森的目标自然不是要弄清楚是否所有动物都能表现出情绪，也不是要证明动物的行为并非反射行为（我前面说过，即便是人类，有时也会做出反射行为）。他真正感兴趣的是情绪是否会发挥作用，哪怕只是"低等"动物，它们的所作所为是否也会受到情绪的影响。

搞明白这些问题并不容易，因为科学家对"情绪"并没有一个完整的定义，甚至连一个被普遍接受的定义都没有。虽然曾有一个研究团队写过一篇相关文章，但也只是对情绪专家采用的不同定义进行了分类。鉴于此种情况，安德森与加州理工学院的同事拉尔夫·阿道夫（Ralph Adolphs）一致决定对动物情绪的典型特征进行探究——这可以看作现代科学家对达尔文开创性工作的一种延伸。他们认为情绪有五个最突出的特性：价值性、持续性、概括性、可变性和自动性。

2.3 情绪的五大特性

想象一下，人类祖先正在非洲草原上行走，突然听到蛇的动静，于是选择迅速绕开危险路段。人类的生活如果完全受制于反射反应，那么这位祖先接下来就会继续行走，而不会去考虑一条蛇的出现是否意味着附近可能还有其他蛇。

好在人类具有情绪反应，所以应对的方式也会相对复杂。其实，不仅是人类，其他动物甚至果蝇、蜜蜂都有类似的情绪反应。如果你徒步旅行时听到蛇的动静,及时逃离后你的心脏肯定会狂跳不止。这段时间,灌木丛中即使是老鼠之类的啮齿动物发出的沙沙声,也可能把你吓一跳,这个现象就是安德森和阿道夫指出的情绪的前两个特性:价值性和持续性。

情绪总会具有某种价值:或正面或负面,二者导致的反应分别为趋近或规避,也可能是感觉良好或感觉糟糕。上述例子中,你的逃开就是一种规避反应,具有负面价值。情绪的第二个特性是持续性,是指在你逃离后,恐惧反应并不会立即消失,而是会持续存在,让你继续处于高度警惕的状态。错把啮齿动物误认为蛇并不会有什么负面影响,但若是对其他潜伏的蛇反应太慢,则可能造成致命的伤害。所以情绪的持续性可以有效帮助我们的祖先发现和避免环境中存在的危险。再举一个现代的例子:我的一个朋友琼的电脑出现了故障,她花了一个小时在网上找办法,结果害得自己相当懊恼、抓狂。问题刚刚解决,她10岁的孩子在室内玩篮球时又不小心撞碎了一个花瓶。若是放在平时,她或许只会轻声责怪孩子两句,但是由于之前的负面情绪作祟,这次她提高了音量,轻声责怪变成了厉声训斥。

安德森和阿道夫认为情绪的第三个突出特性是概括性。如果是反射反应,某种特定的刺激就一定会导致特定的反应。但情绪与之不同,具有概括性,即不同的刺激也可能导致相同的反应,而同一刺激,如果发生在不同时间,反应也可能存在差异。

有一种常被用来做实验的水母，每次被戳中时，总会皱缩起身体沉到器皿的底部，这就是反射行为。水母在做出反应之前不会停下来思考是谁戳了它、为什么戳它，以及待在盘子底部究竟是福是祸。我们再来看一个非反射反应的例子，朱莉被老板冤枉，她可能做出不同的反应，有可能退缩，也可能"反击"。她的具体表现不仅取决于触发事件本身，还取决于大脑权衡反应时将要考虑的各种其他因素，比如她最近的工作表现如何？老板今天的心情如何？他们的关系如何？

可变性是区分情绪状态和反射行为的第四个特性。在反射反应中，只要发生的是同样的刺激，你做出的反应也会是一种固定行为。情绪状态及其产生的反应则不同，而且在程度上也会有明显差异。

生活的整体状态或具体状况都不一样，某个特定事件可能会让你感到有点难过，令你皱眉撇嘴；但也可能让你非常悲恸，伤心流泪。即使面对同一种刺激，情绪状态也会令反应强度呈现差异，大多会在某个梯度内变化，具体取决于其他相关因素的影响。比如，你以为家里只有你一个人，突然楼下传来奇怪的声音，如果这件事发生在中午，你可能只会有一点害怕，但如果发生在午夜，你就会非常恐惧。之所以会有这种反应上的差异，本质在于，基于你对世界的了解，这属于你能做出的有效判断（因为你清楚入室盗窃大多发生在夜里）。这就是情绪的可变性，"一刀切"的反射反应根本做不到这些。

最后，安德森和阿道夫还认为情绪具有自动性。这并不是说你无法控制自己的情绪，只是说情绪和条件反射一样，其产生不需要仰仗你的意图或主观努力。不过情绪也与条件反射不同，尽管它能够自动产生，却不会引发人类的自动反应。比方说，你排队时前面突然有人插队，愤怒的情绪就会自动产生，但因为你不想跟人吵架（很可能是因为对方比你块头大很多），你会努力压制自己的怒火。再比如，你去参加晚宴，其间突然意识到自己吃的是动物内脏，而你非常讨厌吃动物脏器，此时你会自动产生厌恶的情绪，但是为了不冒犯主人，你还是会努力忍住恶心的反应。这种对情绪的控制力在成年人中最为明显，儿童对情绪的控制力相比之下要弱得多，因为这种能力与大脑的成熟度密切相关。这就是为什么儿童都要经过一段时间的训练才能做到不当众把自己不喜欢的东西从嘴里吐出来。

2.4 生不逢时的情绪

安德森和阿道夫给情绪总结出的特性很有用，而且他们界定的每一个特性都可以在实验室中得到验证，哪怕实验对象是最原始的动物。我们不妨再回到果蝇的实验上：通过一系列巧妙的实验，安德森及同事终于证明原来果蝇在各种情况下做出的反应不仅仅是基于反射，也基于情绪状态——具有价值性、持续性、概括性、可变性和自动性五个特性。

比方说，果蝇会因某些事件而受到惊吓，如突然出现的阴影或突然涌来的气流，这两种情况都可能说明附近存在果蝇的捕食者。这种惊吓反应究竟只是一种条件反射，还是说果蝇真的处于恐惧状态？为了进一步调查清楚，科学家创设了一个实验环境，在果蝇进食时对其进行惊扰，如此一来，果蝇便有了两个选择：第一，跑开或飞走，结果却没发现任何捕食者，因而白白浪费了时间和体力，之后还得回来吃掉更多食物以补偿所消耗的能量；第二，不跑开继续进食，结果真的有捕食者存在，那果蝇就得面临被吃掉的风险。

安德森发现，当阴影第一次出现时，果蝇会立刻飞离食物，几秒钟之后再返回原处。但是，当阴影第二次出现时，它们的反应会有所改变：它们也会跳走，但这次离开的时间会更长一些。在两种情况下，触发因素（即阴影）没有差别，果蝇的反应却有所不同，这说明其反应并非反射反应。

不仅如此，果蝇的反应明显表现出了价值性，因为它在尝试避开阴影。同样，其反应还表现出持续性和可变性：第一次的事件使果蝇处于一种恐惧状态，这种状态会持续存在，后来在遭遇同样的威胁时，果蝇的反应就会发生程度上的改变。这种基于情绪的差异化反应要比简单的反射行为更为有效，如果只是简单的反射反应，果蝇看到阴影时只会跳开特定的时间，而不会考虑阴影的反复出现可能意味着危险概率的增加。

我们之前提到过，果蝇在经历了性拒绝后会表现出对酒精的偏好，这似乎也与情绪状态的持续性有关——因为遭到了拒绝，所有果蝇试图通过摄取乙醇来改变消极的情绪状态，而实验表明乙醇对它们来说的确是一种奖励（它们为了获得乙醇愿意执行相应的任务）。果蝇和人类一样，个体在表现情绪状态的上述五种特性时，程度都不尽相同。一个关于情商的研究也已经证实，对情绪状态的动态认识是取得成功的重要助力，有助于我们实现自我激励、控制冲动和调节情绪，从而对他人的表现做出适当的反应。

果蝇的大脑有10万个神经元（一半在视觉系统），而人类大脑则约有1000亿个神经元。虽然果蝇大脑神经元的数量只有人类的百万分之一，但令人惊讶的是它竟然可以完成复杂的空气动力学动作，也可以行走、学习，还懂得遵循求偶的仪式；最令人惊讶的是它竟然还具有恐惧情绪和攻击性——这些都充分表明情绪在所有动物进行信息处理时都发挥了重要的作用。

人类在大约4000万年前出现了情绪思维，虽然比果蝇晚得多，但那时人类还没有实现城市群居。这也就是说，尽管情绪的进化有助于大脑权衡我们的反应，但有些特性或许放在几十万年前适用，放在今天的文明社会则已经找不到用武之地了。比如，很久以前，情绪的概括性可能帮助人类抵御野兽侵袭，放到现在却不适合帮你处理开车时被前车强行并线的情况。还有，情绪的可变性能让你提高反应的灵敏度，但有时也会导致你的"小题大做"。再有，持续性可能会让你一直处于高度警惕的状态，即使忘记了最初引起警觉的事件，还是会忍不住对身边发生的事做出过度反应。

小时候，我在《国家地理》节目中看到过科学家对动物的研究。那时候，我还没有过性行为，因此一对螳螂交配的录像让我记忆深刻，至今清楚记得交配过程中母螳螂咬掉了其伴侣的头。我那时还没到青春期，这对我来说很难理解，很想知道这其中是否带有一些暗含之意。事实上,那一时期,学界对人类性行为的研究非常少,对人类情绪的研究更是罕见。我们对动物行为的了解程度似乎远远超过对人类自身行为的了解。那时,就连心理学家都普遍认为我们应该尽量避免情绪的出现,甚至包括母爱的情绪状态。曾经有一本育儿手册就写过,"母亲对子女的关爱是人类的本性,这无可厚非,但如果母亲天性使然就能用理智控制对子女的关爱,那就更好了"。

情感神经科学对此提出了截然不同的观点,它认为情绪是一种天赋,能够帮助我们快速有效地了解所处环境,并因此做出必要的反应;情绪可以为我们的理性思考提供信息,使得我们在大多数情况下都能做出更好的决定;情绪还帮助我们与他人建立和保持联系。了解情绪的目的和功能并不会削弱它们为充实人类生活所发挥的作用,相反还会帮助我们更好地理解人类生存的意义。

第 3 章
核心情绪

西蒙（Simon）是波兰琴斯托霍瓦反纳粹地下组织的一位领导人，他所在的犹太人聚居区周围环绕着高墙和栅栏，不仅封闭了整个社区，而且锁住了居民的命运。尽管身处如此险境，西蒙这样的战士还是尽其所能与纳粹进行勇敢的抗争。

有时夜幕降临后，他们中有些人会在偷偷溜出去采购一些必需品的同时搞搞破坏，或从纳粹那里偷拿些物资。一个夜深人静的夜晚，在一处偏僻的地区，西蒙和三个同伴匍匐前进到一个倒刺铁丝网跟前，他们挖地三尺终于把铁丝网底部卷了起来，这样就能从下面爬到外面的世界了。

西蒙紧紧拽着铁丝网，让其他人先爬过去，最后才轮到自己。100米外，一名德国士兵正坐在小卡车上等他们。西蒙一伙人收买了他，当晚德国士兵的任务就是把他们送到目的地。西蒙的同伴陆续钻过铁丝网，朝着卡车方向匍匐前进。其他人都已上了车，正当西蒙准备钻过铁丝网与他们会合时，他的衣服却被铁丝网钩住了。他好不容易挣脱开来，可那位德国士兵已经不耐烦地启动了车子。

西蒙面临两难选择，留给他的时间已经不多了：他可以快速跑向卡车，或许还能追上同伴，但很可能因动静太大引起其他德军的注意，那样的话，他们一伙人将没有一个能够离开；西蒙也可以选择留下，让他的同伴自行前往目的地，那就意味着同伴们得在人手不足的情况下完成任务，结果同样非常危险。两个选择对他来说没什么实质性的差异，看着卡车越开越远，西蒙知道再犹豫就等于选择了留下。于是，他迅速权衡利弊，决定跟上车子与同伴们会合。

谁知道，西蒙刚迈出第一步，却突然停了下来。他也不知道是什么阻止了自己前进的脚步。后来他告诉我说，让他停住的不是恐惧，他曾多次执行类似任务，危险对他来说早已是家常便饭，相比以前经历过的混乱局面，这次只是小场面。可是这次，他的身体似乎对某些东西产生了反应。在德国人的迫害下，他们不得不像动物一样生活，难道是动物本能自动接管了他的身体？他的眼睛和耳朵是否已经发现了可疑情况，只是不够清晰还没有引起他的注意？他不知道身体想告诉自己什么，但这个突如其来的念头最终还是阻止了他的行动，他跪在地上，看着卡车渐行渐远。

谁能想到，卡车刚开出去没多远，不知从哪里冒出来一辆载满了"党卫军"的汽车，朝着小卡车横冲直撞地驶过来。党卫军军官拦截住卡车，后果可想而知，须臾间车上的所有人都被击毙。如果西蒙没有被他原始本能的反应阻止，他也已经和其他人一样一命呜呼了。如果真是那样，我也就没机会写这本书了。要不是那次死里逃生，十几年后作为战争难民移居到芝加哥的他就不会生下第二个宝贝儿子，而那个孩子就是我。

几十年后，父亲向我讲述这个故事时依然很激动。他曾经如此接近死亡，一直想搞清楚自己究竟因何停下脚步而赢得了一线生机。他说他不觉得害怕，但还是心生犹豫，究竟是什么拯救了他的生命？他遭遇过无数次类似的情况，每次都是毫无顾忌地往前冲，这一次是什么让他选择了退缩呢？这绝非基于观察所做出的一个有意识的决定。对父亲来说，这种情况司空见惯，当时，理智告诉他要追上卡车跟同伴们会合，然而身体做出了不同的反应，驱使他停住了脚步。

如果你也曾经纠结于某个挑战、困惑或难题，发现答案往往会在慢跑、洗澡或在做其他不相关的事情时突然出现，那你就能明白这样一个事实：无意识思维可以在大脑"后端"处理信息，你甚至完全意识不到。今天我们都知道，当你的身体处于高度警戒状态时，无意识思维也会参与处理问题，目的是保护你的安全。你的大脑会下意识地对身体状态及周围环境中的威胁保持高度敏感，然后再开始工作，权衡你的生存是否受到了威胁，它还会思考如果真的受到威胁，你具体该怎么做。这种思维、身体和感觉的互动会让你产生一种直觉或冲动，以最终实现自我保护的目的。

正是这种无意识思维推翻了我父亲想要追上同伴的主观意愿：当他的有意识思维对事实和目标进行权衡时，无意识思维也对额外信息做了分析，包括有关他所处的环境和身体状态等细微线索，而这些活动都没有进入他的意识。这种对危险的原始意识源于人类大脑内置的一种传感器，该传感器负责监测我们的身体状况以及来自外部环境的威胁。为了准确描述这种传感器系统，心理学家詹姆斯·罗素（James Russell）特意创造了"核心情绪"这一术语。

3.1 什么是核心情绪

核心情绪反映了你的身体机能，它就像一个温度计，可以依据你身体系统的相关数据、外部事件的相关信息和你对世界状况的想法，读取你总体的幸福感。与情绪一样，核心情绪也是一种心理状态，但它比情绪要更原始，就进化时间而言，核心情绪出现得更早，它不仅会影响你的情绪体验变化，还会帮助你实现情绪和身体状态的互动。虽然目前我们尚不清楚核心情绪和情绪之间的联系，但科学家相信，核心情绪是构建情绪最重要的一种因素或成分。

我们前面说过，情绪具有安德森和阿道夫所列举的五个关键特性，又包括悲伤、快乐、愤怒、恐惧、厌恶和骄傲等具体形式。但核心情绪有所不同，它只具备两个特性：一个是价值性，可以是积极价值，也可以是消极价值，主要用来衡量人的幸福感；另一个是唤醒度，指的是价值性的程度，即具体有多积极或多消极。积极的核心情绪意味着你一切都好,而消极的核心情绪则会为我们敲响警钟。如果唤醒度很高,意味着情绪出现问题亟须解决,当事人也很难做到视而不见。

虽然核心情绪主要反映你的内心状态,但它也会受到外部物理环境的影响,而且对艺术、娱乐、电影中有趣或悲惨的场景都会有所反应。药物和化学品会直接作用在核心情绪上,包括兴奋剂、镇静剂以及其他改善情绪的药物。事实上,许多药物都可以改变核心情绪的特性,这也正是许多人服用此类药物的原因——兴奋剂可以提高唤醒度,镇静剂可以降低唤醒度,无论是酒精还是摇头丸等其他药物,其作用原理都是因为它们有利于诱发内心的积极感受。

你的核心情绪一直存在,就像有生命的身体总是有温度一样。但是,你只有关注它时才会意识到它的存在,比方说有人问你感觉如何或你自己放下手中的事情认真思考时,你才会对其有所察觉。核心情绪有时会发生明显变化,但也可以在很长一段时间内基本保持不变。在心理学家看来,价值性就是一种有意识的内心体验,可以衡量出你在某一特定时间内感觉到的愉快或不愉快的程度。当你因为身体健康、诸事顺利、大快朵颐而感到愉快时,或者因为患了重感冒和饥肠辘辘而感到痛苦时,你就会产生这种体验。

所谓唤醒,其实是一种有自主意识的体验,取决于你感受到的能量程度:跨度一端显示出你精力充沛,也许是因为你在听让你激动的音乐或参加让你兴奋的政治游行；跨度的另一端则说明你困倦疲惫，也许是因为你在听一堂无聊的课（我的课堂上应该不会出现这种情况）。

关于情绪的起源，人们认为核心情绪可以代表一种身体的输入，结合你所处的场合、状况以及相关背景知识，核心情绪就会催生出你所能体验到的情绪。我们可以把核心情绪视为一种基准状态，它不仅可以影响你在任何特定情况下的情绪，还可以左右你最终做出的决定，而这种决定往往来自人的直觉，比如之前我父亲冥冥中所做出的决定就是如此。因此，我们可以看出，核心情绪是身体和思维之间的重要联系，正是它将你的身体状况与想法、感受和决定联系在了一起。

如果你买彩票中了1万美元，可能接下来的许多天都会感到很高兴。其间，你的核心情绪会产生更多的积极情绪并提高唤醒度；毕竟，这笔钱对你的生存来说绝对是个利好消息。但是，比起经济状况，核心情绪其实更在乎你的身体状况，这也就是为什么尽管你中了彩票，但如果因错过午餐正在挨饿，核心情绪依旧会变得消极；同样，如果你感到疲惫，它的唤醒度也会降低；如果你不小心撞到头，它甚至会急剧下降，不过，几分钟后就会恢复正常。

为了理解核心情绪的工作方式以及身心联系的重要性，我们不妨回顾一下诺贝尔物理学奖得主埃尔温·薛定谔（Erwin Schrödinger）的理论。薛定谔在其发表于20世纪

40年代的著作中将生命定义为"一场与熵定律的斗争"。

所谓熵定律，指的是自然界中物理系统随着时间推移有变得更加无序的趋势。例如，如果你将一滴墨水滴到一杯水中，它不会一直保持这种完美的水滴形态，而是会很快变成无规则的形态，扩散到整杯水中。自然界中大多数高度有序的物体最终都会走向相同的命运。但是，所谓的熵或无序趋势描述的只是孤立系统的状态；对于与周围环境发生作用的物体，熵定律不一定成立。生命形式就是这样一个系统：生物会通过摄取食物和吸收阳光与外界发生互动，正是这些互动行为使得它们可以克服熵的规律。一块结晶盐如果放在外面，最终一定会分解或在雨中溶化。但是，如果是一个生命体，它就会采取行动防止自身毁灭。薛定谔说过，这就是生命最重要的属性：所谓生命，就是一种能够积极对抗自然界熵增趋势的物质。

生命不息，战斗不止，为了维持生命而参与的战斗涉及方方面面。生命"原子"就是构成身体的细胞，每个细胞都在参与阻止熵增的努力，但它们不可能永远成功，遭遇过热或过冷的温度，或是接触到有害的化学物质，都会对细胞造成破坏，使其短暂的生命就此结束，或者如《圣经》所说，最终实现"尘归尘，土归土"。

如果这个生命体是多细胞生物，那它与无序的斗争所涉及的范围则会更大。大脑或神经系统的作用是调节器官和身体代谢，将它们的功能保持在一定的参数范围内，以保证它们能够通力合作，共同维持生命状态。"内稳态"一词来源于希腊语，就是"相同""稳定"之意，具体指的就是有机体或单个细胞在面对有威胁的环境变化时，也能保持稳定的内部秩序的能力。医生沃尔特·坎农（Walter Cannon）在其1932年出版的《身体的智慧》一书中提到了"内稳态"一词，从那以后这一概念便广为流传。他在书中详细讲述了人体的重要功能，包括如何保持体温，如何将其他重要生命物质保持在合理范围内，如血液中水、盐、糖、蛋白质、脂肪、钙和氧气的含量等。

要想有效抵御外界对内稳态造成的威胁，就要不断对身体进行监测和调整。如果我们以微观尺度观察，就会知道，细胞可以感知自身的内部状态和外部条件，并会根据经由漫长岁月演化出来的固定程序做出相应的反应。随着多细胞生物的进化，生物体的每个细胞都可以实现这样的过程，像核心情绪这种更高层次的机制也从未停止进化的脚步。

如此一来，核心情绪就成了高等动物的神经状态，它会像哨兵一样监控内稳态可能面临的威胁，并控制有机体做出相应的反应。我们前面说过，核心情绪只有两个维度——价值性和唤醒度，这与我们对情绪的传统认识有微妙差异。诸如恐惧这样的情绪体验来自大脑很多区域的节点网络，但核心情绪仅与大脑两个特定区域的活动有关。

价值性衡量的是你的状态——愉快或不悦，积极或消极，好或坏（又或者是介于二者之间）——它对应的是"一切似乎安好"或"有点不对劲"等信息。价值性从眼窝前额皮层产生，属于前额皮层的一部分，就在你的眼窝上方。前额皮层与做出决定、控制冲动和压抑行为等反应都息息相关，正是这三个过程决定了我父亲那晚在铁丝网前犹豫不决的反应。

核心情绪的唤醒度代表的是神经生理学上的警觉性，即人类对感官刺激的反应状态。唤醒度衡量了这种反应能力的大小——或强或弱，或精力充沛或萎靡不振。唤醒度与大脑中杏仁体的活动相关，而杏仁体则是大脑中一个杏仁大小的结构，各种情绪的产生都与其有关。

核心情绪的确与眼窝前额皮层的活动有关，但杏仁体的作用也不容小觑。所有这些结构在决策中都会发挥重要作用，与大脑中的感觉区域及涉及情感和记忆的区域均有广泛联系。它们可以持续获取有关你身体和周围环境状态的所有信息，然后核心情绪再将其进行整合处理，以此反映你身体的内稳态，并判断当前外部环境是否有利于生存，最终再通过脑流影响你的内心体验和行动反应。

3.2 激进还是保守

托马斯·卡拉科（Thomas Caraco）是美国罗切斯特大学的一位生物学家，早在 20 世纪 80 年代就对核心情绪进行了研究，那时核心情绪还没有被纳入心理学的研究范畴，甚至连这个专业术语都还没有出现，可他当时的一个实验很好地说明了核心情绪的力量。为了实验，卡拉科在纽约州北部捕获了 4 只暗眼灯草鹀[1]，他把这种小型鸣禽分别养在不同的鸟舍里，并对它们进行了多达 84 次的实验。

在其中一项实验中，研究人员让这些鸟儿在两盘喜欢的小米种子中做出选择。这些鸟儿通过训练已经知道其中一个盘子里的种子数量固定不变，而另一个盘子里的种子数量每次都会有变化，但平均下来的种子数量与第一个盘子里的种子数量基本相当。实验中，研究人员把两个盘子同时放在鸟

---

[1] 暗眼灯草鹀（Junco Hyemalis），北美的一种小型鸣禽。

舍两端，两个盘子与已经饥肠辘辘的鸟儿之间的距离相等，所以鸟儿必须在两个盘子中做出选择。这一实验其实也准确模拟了我们在自然界和生活中经常遇到的抉择：究竟是选择一个稳赢的选项，还是为了获得更好的结果赌上一把，收益越高风险自然也会越大。

实验的重点是这些鸟儿所处的环境温度会发生变化，而身体状态则会直接影响它们的选择：身体暖和时（核心情绪也会更积极），它们会倾向于做更稳妥的选择；但寒冷时（核心情绪也会变得消极），它们就会选择赌上一把。想想也不难理解，灯草鹀暖和时，固定数量的种子就足够养活它们，为什么还要选择冒险？但是，如果它们感到寒冷，就会需要更多热量维持内稳态，虽然结果也说不准，但第二盘毕竟有可能有更多种子，也就意味着有可能为它们提供更多的热量。

我们在人类社会中也会一直面临类似的选择。想象一下，工作 A 的工资比工作 B 的工资高，但不像后者那么稳定。如果这两份工作都能满足你的收入需求，你可能会倾向于选择更有保障的那份工作，反之你可能就会倾向于收入更高的工作。现在还不好说灯草鹀是否和我们一样，也是通过有意识的思考做出了这样的决定，但我们至少可以确定一点，那就是它们一定对自己的身体状态进行了监测，并将其纳入本能的心理计算之中，最后才得出了结论。这也就是说，灯草鹀在自己核心情绪的影响下所得出的结论与专业人士采用风险分析等数学方法得出的结论并无二致。

我们人类虽然拥有逻辑思维能力，但也同灯草鸦一样会受到核心情绪的影响，它会改变我们的思考、行为和体验方式。我们在不同时间面对同样的情况也会做出不同的反应，之所以如此就是因为受到了核心情绪的暗藏影响。我们一定要理解核心情绪的力量，因为它决定了我们对他人做出的反应，继而也会影响他人对我们的态度。

试想一下，星期六的早上，你吃了一顿丰盛的早餐，喝了美味的咖啡，突然接到一个推销员的电话，你的态度很可能会是非常礼貌的回应。为何如此？因为你所处的舒适环境让你对一个被迫做这种工作的不幸之人产生了同情，并因此做出了上述反应。但也存在另外一种可能：你早上醒来时喉咙发痛，一直咳嗽不停，如果是那样，你很可能咒骂打电话的人，甚至还会恶狠狠地挂掉电话，心中充满了在周末早上被骚扰电话吵醒的怨气。不论是哪一种情况，你的行为都是对电话事件做出的反应，也是对你自身心理状态的反映。越是在敏感的情况下，你越应该记住，他人对你的言行所做的反应很可能是受到了他当下核心情绪的影响，与你的所作所为并无直接关系。

3.3 第二大脑：肠脑轴

核心情绪与大脑的交流是通过神经元进行的，但循环于血液中的分子和分布在器官中的分子同时也在起作用，比如神经递质 5－羟色胺和多巴胺就功不可没。核心情绪是实现身心连接的核心要素，短短一二十年的时间，科学家对其重要性有了更为深刻的认识。

谁能想到，过去很多被认为是"疯子般"的边缘想法现在都已成为主流思想，类似的例子比比皆是：学术界最近对冥想和正念的倡导就是其中之一，虽然练习冥想和正念的人不会运用核心情绪这一概念，但其实两个训练都是在帮助我们随时留意自己的核心情绪。

人类的身心连接由来已久，其根源可以追溯到生命诞生的最初阶段。早在动物出现之前，也可以说早在动物进化出眼睛、耳朵和鼻子之前，像细菌这样的原始生物就可以感知到其他生物和附近的分子，不仅如此，它们还可以监测自己的内部状态。要知道，那时根本没有进化出什么思想，但即便如此，那些早期的生物体在"选择"执行程序时，也会对相关信息做出反应。

1624年，约翰·多恩（John Donne）曾经写过："没有人是一座孤岛；每个人都是大陆的一部分，是主体的一部分。"细胞也是如此，我之前就提到过，即便是细菌，也无法做到独立生存，它们也是以群体的形式存在，并通过释放某些分子相互传递信号。正是因为相互交流，每个细胞在与熵的斗争中都可以获得同伴的经验。也就是说，正是这种分子间信号的传递使得细菌能够建立起抵抗力，从而确保自己在抗生素的压制下继续生存。许多抗生素类药物都是通过溶解细菌的膜壁而发挥效用，但在细菌死亡之前，它们可能会发出分子求救信号，告诉其他细菌采取保护性行为，通过改变其生物化学性质而保护自己。如果使用抗生素的剂量不足，那细菌就会在全军覆没之前"学会"自救，这样一来疾病也就无法得到根治。这也就是为什么医生总是告诉你不要停止服用抗生素，一定要吃完整个疗程，即便你认为自己已经好了也不能擅自停药，因为疾病很可能会卷土重来，而且还会变得更加强大。

细菌是自然界最早的一种生命形式，起源于近40亿年前。它们感知自身和环境状态的能力以及发出信号帮助其他细胞做出调整的能力都是核心情绪的基础所在。这样一种适合单个细胞生存的情绪机制又是如何演变成了人体的重要机能呢？

继细菌出现之后,生命第一次向高等动物跃进大约发生在6亿年前,正是那时,自然界进化出了大量的多细胞生物。这些多细胞生物将细菌群落的生存逻辑发挥到了极致。相互作用的菌落最终构成了单个的多细胞生物,之前独立细胞之间的交流变成了生物体内细胞间的交流。最终,一个生物体内又演化出不同类型的细胞,类似于人体的不同组织。此后不久,生命体又进化出了神经细胞,并形成了科学家所说的网络简单的神经元网,它们并非集中在单个器官中,而是分散在整个生物体内,发挥着重要的连接作用。

新进化出来的神经元网络有很多功能,其中一个主要功能就是促进消化,这一点在水螅这种古老生物体上得到了充分印证。水螅就是一种游动的管状虫子,生存状态就是张嘴、蠕动、消化水中的食物,再从另一端排出。神经科学家安东尼奥·达马西奥(Antonio Damasio)甚至将水螅称为"终极浮动胃肠系统"。我们可以通过观察它们类似生物体的感觉和反应,寻找到核心情绪的起源。人类虽然比水螅复杂得多,但就本质而言,我们的核心情绪系统正是在它们的基础上进化出来的具备身体监视能力的"升级"版。事实上,当解剖学家研究肠道神经系统时,他们发现肠道神经系统与那些古老的神经网络有着惊人的相似之处。

肠道神经系统是一个复杂的神经系统,有时被称为我们的"第二大脑",它遍布我们的肠道,对其起到重要的调节作用。

只可惜，直到最近，才有人仔细研究该系统，但"第二大脑"的称号它绝对当之无愧，因为肠道神经系统可以独立于我们的大脑自己做出"决定"。它甚至采用了和大脑相同的神经递质，要知道，95%的血清素存在于我们的胃肠道，而不在我们的大脑。但是话说回来，尽管我们的肠道神经系统可以独立工作，但整个胃肠都与大脑和中枢神经系统紧密相连。因此，流行文化中所谓"我们的肠道与精神状态密切相关"的观点绝对具备科学证据的支持。

肠道和大脑之间的联系对生命来说非常重要，科学界甚至为其发明了一个专业术语，即肠脑轴。我们的胃肠系统正是通过肠脑轴对核心情绪产生了巨大的影响。

比方说，我们对于自身健康状况的感受很少来自脾脏，而多来自消化系统的状态感受，而我们的核心情绪又会影响我们的肠道，继而形成一个反馈回路：如果你处于突如其来的危险之中，核心情绪就会被唤醒并转向消极，而这时候你的肠胃就会有所反应，比方说感到烧心憋闷、消化不良等。最近一项有趣的研究表明，肠道紊乱和心理障碍（如慢性焦虑和抑郁）之间似乎也有一定的关系。我们长久以来一直都知道精神痛苦会扰乱结肠功能，新的研究更加说明二者确有因果关系：肠道出现问题也可能导致精神方面的疾病，具体涉及复杂的生物化学过程，比方说，细菌环境的改变会导致肠道屏障的退化，进而造成不良神经活性化合物进入中枢神经系统。

从进化的角度来看，相当于我们第二大脑的神经网络比真正大脑的进化早了大约 4000 万年，大脑的神经处理和感知与其他细胞功能并无直接关联。涡虫是一种能够再生身体部位的扁形虫子，它的历史由来已久，可以追溯到 5.6 亿年前，正是从它们开始，大脑才首次进化为独立的器官。虽然涡虫有真正的大脑，但其大脑和身体之间的区别并不大，如果将其大脑切除，新生的大脑还可以从身体其他系统中检索出旧的记忆。

另一个关于身心连接的典型例证——尤其是与消化系统的连接——来自一个让人意想不到的老鼠实验。实验中，科学家将两组老鼠分开，一组老鼠胆子较小，另外一组胆子较大。他们从各组老鼠的肠道中提取出微生物，并将其移植到另外一组老鼠身上，饲养过程中，研究人员尽量做到无菌状态。这一操作可能让你感觉有点奇怪，但近期的研究已经说明，肠道内的微生物对肠道的作用影响很大，其实移植肠道微生物的意义不亚于移植肠道本身。没想到，实验中的"肠道微生物移植"产生了惊人的效果：微生物一旦繁殖并寄居在新的宿主上，接受移植的老鼠就会获得另一组老鼠的性格特征——变得像对方那般胆小，或是充满了冒险精神。另一项研究更能说明问题，其结果显示：将焦虑患者的粪便细菌移植到老鼠体内后，老鼠也会出现类似焦虑的行为，但如果移植的是情绪稳定人群的细菌，老鼠则不会发生相应变化。

如果老鼠如此，那人类呢？科学家已经对数千名志愿者的大脑进行了核磁扫描，并将其大脑结构与生活在他们肠道中的细菌组合进行比较，结果发现，大脑内部区域之间的联系在人与人之间存在差异，而具体情况则取决于主导地位的细菌种类。所有这些研究都表明，人类与老鼠一样，肠道中微生物的特定组合也可能影响大脑回路的发育以及彼此间的连接方式。当然，为了保险起见，我们还需对此进行更多研究，但目前看来，细菌对受试者核心情绪的影响的确不容忽视。

听到这些，但凡是有想法的医学研究者都会琢磨，如果先给某人用上一个疗程的强力抗生素杀死其体内所有细菌，然后再从另一个人身上摄取肠道液体，注入此人体内，那是不是就能改变该人身上一些负面的性格特征呢？如果让忧郁的艾达姨妈吃上一个星期的青霉素，然后再让她吃下快乐之人的呕吐物，那会不会把她也变成《欢乐满人间》里的玛丽·波平斯（Mary Poppins）呢？也许会吧。过去的几年，科学家已经对如何利用粪便移植治疗慢性焦虑症、抑郁症和精神分裂症等疾病做过研究，但该领域仍处于起步阶段，或许有一天我们真的能够大范围地使用这样的治疗方法。至于说当下，这些研究至少可以说明不该将大脑和身体割裂开来对待，因为它们同属于一个大一统的有机生命体，而核心情绪正是该系统的重要组成部分。

3.4 身心联系

早在 20 世纪 60 年代，西方文化普遍尚未承认身心相连的重要性。如果你在谷歌上用带引号的方式搜索过去 10 年"身心相连"一词的使用情况，你会发现几十万条相关信息。但是如果你把搜索时期改为 1961—1970 年这 10 年，则只会搜到 5 个结果，其中还有 2 条是外语信息，另外 3 条搜索结果中，1 篇关于犹太教精神，还有 1 篇是一起谋杀案的法庭记录。

尽管对当时来讲换头的想法非常超前，但一些有远见的科学家进行过相关的研究，其中一位就是乔治·霍曼（George W. Hohmann）。霍曼是加州长滩退伍军人管理局医院的一名心理学家，本人高位截瘫，"二战"期间脊髓受到过严重损伤，导致其控制和活动肌肉的能力受损。我们知道，脊髓也携带着大量感觉信号，所以脊髓损伤者很可能感觉不到冷热、压力、疼痛、四肢的位置，甚至是自己的心跳。在退伍军人事务部，霍曼每天都能接触到和他一样脊髓受损的人，他想知道，如果身体状态是情绪感受的一个重要参考指标，那缺乏身体反馈是否会降低病人的情绪强度，其他人是否跟自己有一样的感受？为了找到答案，他与26名男性患者进行了访谈，让他们对比受伤前后的某些情绪感受，由此展开了深入研究。他针对该研究所撰写的文章已经成了该领域的经典之作，论文得出的结论就是截瘫病人身上似乎确实存在情绪变化，他们对愤怒、性冲动和恐惧情绪的"体验感受明显减少"。近年来业界对截瘫患者的情绪研究也对当初的这一发现做出了印证。

今天我们已经知道，人类的身心联系非常重要，如果有人能够切断脊髓和其他神经以及连接头部和颈部的血管，然后再将这个人的头部小心地缝到另一个无头的身体上，重新组合的身体很难存活，主要原因就在于大脑和身体的反馈回路发生了中断。你或许觉得这个奇怪的例子根本不现实，但多年来人们已经对此做出过大量的尝试。正是基于这个原因，哈佛医学院的一位外科医生近期才在一本外科期刊上发表了题为"回顾头部移植历史"的文章。文章开篇就介绍了一个多世纪前的首例头部移植手术，主刀的是外科医生亚历克西斯·卡雷尔（Alexis Carrel）和查尔斯·格思里（Charles Guthrie），手术对象是一只狗。重新组合的狗能看见东西、能发出声音，也能移动，可惜只活了几小时就死了。即便如此，卡雷尔还是因为他在移植方面的成就于 1912 年获得了诺贝尔生理学或医学奖。1954 年，苏联外科医生弗拉基米尔·德米霍夫（Vladimir Demikhov）再次实现这一壮举，经他重新组合的狗存活了 29 天之久，只可惜他的成功并没赢得诺贝尔奖的青睐。随后几年，类似的手术先后出现在老鼠甚至是灵长类动物身上。1970 年，一只移植了头部的恒河猴存活了整整 8 天，据称，"无论用什么指标衡量，重组猴子的生命体征都很正常"。

当然，我们对所谓的"正常"有着不同的定义，作为一个接受过几次手术的人来说，我很清楚当你的外科医生向你承诺手术后你会很快恢复"正常"时，你最好问清楚对方对"正常"的具体定义。我希望他们不会以为手术后病床上仅留下一颗断头还属于"正常"情况吧。不管怎样，我想那位拿猴子做实验的外科医生的意思是，重组后的猴子能够正常咬噬、咀嚼、吞咽，也可以用眼睛看清东西，就连脑电图也呈现出了清醒状态的典型模式。不过，我想他所说的正常也就仅此而已。他们得不断给猴子注射药物，而且还得间歇性辅助其呼吸，否则它就随时可能窒息而亡。无论如何，这只"无论怎么看都正常的"猴子不可能在枝条间来回悠荡，更不可能自己摘取树上的香蕉。

基于这些前车之鉴，我想应该没有人考虑在人身上进行这样的手术吧。结果事实恰恰相反，2017 年，意大利的塞尔吉奥·卡纳维罗（Sergio Canavero）和他的中国同事任晓平宣布将实施一项关于人头移植的相关研究。根据医生的说法，该手术之所以能够实现，是因为医学在免疫疗法方面取得了巨大进展，可以有效防止身体对新头颅产生的排异反应；同样，深度低温技术也至关重要，可以保证头部连接到目标身体之前有效存活。他们的研究计划是先夹紧并切断颈部动脉和静脉，再切断第四和第六脑椎之间的脊柱及其神经，过程中人为保持血液流动，最后在 84 ℉的温度下将身体和头部连接起来。

谁会自愿参与这样一个可怕的实验呢？两位外科医生似乎十分自信，觉得自己一定能在绝症患者中找到愿意尝试的志愿者，或许吧。

当然，即使不考虑伦理因素，很多其他理由也能证明卡纳维罗提议的手术并非良策。首先，该手术在低等动物身上的实验尚未取得圆满成功；其次，手术费用高昂，预计将花费约 1 亿美元；最后，接受手术的病人必定会面临快速死亡的结果，而且还可能经受极大痛苦。除此之外，生命体的心身之间有着极其重要的联系，这种手术即使在身体上能够取得成功，在核心情绪、情绪健康及总体心理状态上又会对病人造成什么样的影响呢？

卡纳维罗和任晓平也认识到了这个问题，于是转而开始研究另一项移植技术——手部移植，只可惜该研究也以失败告终，他们将失败原因归咎于移植体未能很好地融入病人的身体意象。他们写道："我们发现，病人要想接受外来移植体成为自己身体的一部分，需要拥有心理上的适应力。"

保罗·鲁特·沃尔普（Paul Root Wolpe）是《美国生物伦理学神经科学》杂志的编辑，他曾经说过："我们的大脑在不断监测、回应并调节我们的身体，全新的身体需要大脑对所有新的输入进行大规模的重新定位，随着时间的推移，可能会改变大脑的基本性质和连接路径（科学家称之为'连结组'），这样一来，你的大脑便不再是曾经的那个大脑了。"事实上，另外还有批评者猜测说，头部移植的接受者必定会经历严重的身心失调，甚至可能出现"精神错乱甚至是死亡"。人类身体的运行离不开大脑的支持，这一点不言而喻；同理，大脑也离不开身体的支持，后者对前者的作用不仅仅是泵送氧气这么简单。无论移植技术多么成熟，将大脑连接到陌生的移植体上都可能导致死亡，因为二者之间丧失了曾有的身心联系，这也许就是身心联系的亲密性和重要性的最大体现。

3.5 核心情绪与大脑

———

人类从单细胞生物一路进化而来,在某个阶段基本摒弃了对环境做出反射性、程序性反应的选择,进化出了根据具体环境进行权衡的能力。人类之所以能够做到具体问题具体分析,就是因为我们的大脑能够预测出某些情况及行为的后果。

我们的大脑始终在预测未来,这一点从人类惊讶的情绪中可见一斑。我们每个人都有一套知识和信念体系,无意识思维在分析当前环境信息时,会利用这些知识和信念来预测接下来会发生什么。当你遇到与大脑预测不一致的事件时就会感到惊讶,这种惊讶其实是在向你的无意识思维发出信号,告诉它运行模式可能存在问题,需要做出修改,它可能还会打断你有意识的思维过程,让你把注意力转移到意外的事件上,因为意料之外的事件很有可能对你构成威胁。

人们常常会预测股票市场的波动,也会预测下一位因滥用竞选资金而被起诉的国会议员,但这些预测的过程与我们接下来要探讨的预测不是一回事。我们要说的"预测未来"更像是以下这种情况：比如，我听到灌木丛中传来沙沙声，上次听到这种声音时从里面跑出来一只熊，差点儿把我吃掉，所以这次我最好早点儿脱身；再比如，我看到地上长了一颗蘑菇，上次吃了那样的蘑菇后我胃痛了很久，所以这次我还是别吃了。

我们能够对身边下一刻即将发生的事情做出更保守、更直接、更个人化的预测，这种预测能力是我们生存的关键，而且几乎不会随着年龄的增长而丧失。例如，在我写这篇文章时，我的母亲已经 98 岁高龄，头脑已经不大清醒，出门时甚至无法预见到晚上天气可能会变冷，也不会想着带上一件外套，但她仍然能够对当下的情况做出即时反应。一旦感觉到天气变冷，她就会让我给她拿一件暖和的衣服。再比如，如果我把她的咖啡杯放在桌子边上，她就会变得十分激动，让我赶紧把杯子移开以免不小心碰到地上。

生活中，你的大脑会不断进行这类的即时预测，让你时刻准备好采取必要的行动，而核心情绪则在大脑的预测过程中发挥着非常关键的作用。虽然感官为你提供了关于外界的信息，但关于身体状态的信息则主要来源于你的核心情绪。

核心情绪的影响如此重大，而我们却常常对其毫无意识。如果我们心里有事，很可能好久都注意不到自己冷、饿或是得了流感。要想有效控制我们的思想和感觉，就要努力扭转这种情况，尽早建立对核心情绪的认识。其实，我们凭借本能就可以做到这一点，就可以改变身体状态，进而改变精神状态。比方说，伤心失意时，我们会用美酒佳肴宽慰自己；比赛前焦虑紧张时，我们会听音乐来提振精神；疲劳厌倦时，我们会通过跑步让自己放松心情。我们一旦理解了核心情绪的重要性，并且学会通过检查自己的核心情绪"状态"加强对它的认识，就可以有意识地主动对其进行调节和改变，从而更好地理解它对我们的感受和行为所产生的影响。

3.6 核心情绪的暗藏影响

当今的科技社会要求我们对生活的方方面面做出复杂的判断和决定，这些决定远远超出了当下的时空范围，涉及人际关系、工作职责、投资理财、官员选举、医疗保障等多种与社会和财务相关的情况。核心情绪依然会对这些预测和决定产生影响，但它由来已久，而且进化过程非常缓慢，这也就是说，核心情绪在50万年前可能对人类非常有用，但在近500年的现代社会却不见得是解决问题的最佳手段，即核心情绪带给我们的并不一定总是好的影响。

举个例子：卡迈勒·阿巴西（Kamal Abbasi）入狱5年后，终于迎来在假释委员会面前申请假释的机会。5年前，他因购买用于制造强力炸药的化学品而被指控有罪，那些化学品购于一个虚拟的钓鱼网站。当时年仅19岁的卡迈勒并没有密谋任何恐怖活动，购买材料的是他的一个朋友，借用了他家的电脑，而且并未如实说明其购买目的。当时对卡迈勒的审判时间非常短，法官并没有因为他的辩解而改变对他的看法，最终卡迈勒被判有罪。5年后的今天，狱中的卡迈勒成了服刑的劳模，于是他决定向有关部门申请提前假释。

假释委员会面对的假释申请很多，罪行各不相同，从小偷小摸到严重的谋杀，各种都有。听证会的官员只有两个选择：一是根据其过去的良好表现预测其未来也会改邪归正，因此批准其假释请求，让其重获自由；二是直接拒绝。

听证会上，卡迈勒没有再次解释他被骗的情况，因为他被定罪已成事实，再纠结也于事无补。相反，他着重说明了自己在狱中的良好表现。服刑期间，他从未招惹过任何麻烦，还曾在监狱外做过志愿者，在线参加了大学课程。现在他已经订婚，准备近期与青梅竹马的女友完成婚礼。

5年来，卡迈勒每天都在期待这场听证会。他非常认真地准备，将自己对未来的希望全部寄托在这场听证会上。他发誓要与自己五年前的糊涂事彻底一刀两断，重新过上体面的生活。而现在，他的誓言似乎就要在午餐前的这11分钟的听证会上实现了。可是没想到，判决结果给了卡迈勒当头一棒：他的申请被拒绝了。

听证会结束后，卡迈勒后悔不已，不断反思自己漏掉了哪些<u>重要内容</u>，究竟怎样做才能说动那些假释官呢？

卡迈勒无论如何也想不到，他获得假释的概率并不取决于他过去5年的表现，更大程度上取决于一个看似无关紧要的条件——案件的审理时间。因为他是听证会上午审理的最后一个案件，这也就意味着他获得假释的概率几乎为零。

这种解释虽令人震惊，但事实确实如此。假释官员每天要审理几十个案件，每个案件的判定结果不仅决定了囚犯本人的未来，还决定了该囚犯假释后可能影响到的其他人的未来。拒绝假释不需要提供任何说明，但批准假释则非常费事，需要提供详细的理由：听证官员须仔细斟酌囚犯提供的证据，确保犯人已经改过自新，释放后不会对社会造成危害。任何一个错误决定都可能导致谋杀或其他暴力犯罪的发生。如此一来你就会发现，听证会刚开始时或是在每次休息后，假释官都会表现得精力充沛，但随着时间的推移，他们需要思考的案件越来越多，因而会变得疲惫不堪。每次茶歇前、午餐前及一天的工作快要结束的时候，官员们都会感到饥饿和疲惫，消极的身体状态会对他们的决定产生极大的影响。

这样的结果的确令人不安。在最近的一项研究中，科学家收集了 1112 个案件的统计数据，涉及 8 名听证官员，平均每人有 22 年半的工作经验。研究发现，对于每天开工后、休息后或午餐后的第一个案件，60% 的情况下官员们都批准了假释请求，但是随着案子一个又一个地累积，假释获批的比例则会稳步下降，至于说休息前的最后一个案件，官员们几乎没有批准过假释的申请，具体情况可以参照图 3.1。

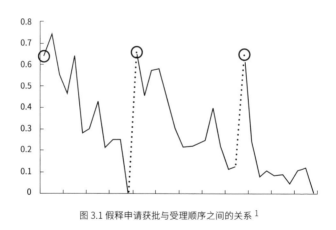

图 3.1 假释申请获批与受理顺序之间的关系[1]

核心情绪能够反映我们的身体状态，所以当我们越来越饥饿或疲倦时，核心情绪也会变得越来越消极。这往往会影

---

[1] 圈出来的三个点分别表示三个工作时段的第一个案件的受理情况，横轴标注的是每个假释申请，虚线标注的是茶歇时间。

响我们的决策，让我们变得更加多疑、挑剔和悲观，但自己常常意识不到。当听证会官员就自己的决定进行阐述时，每个人都能为自己的每一项决定给出合理理由。他们从来没有意识到核心情绪可能带给自身的影响，也不会承认核心情绪引发的具体情绪或导致的决定。要知道，听证会官员的决定可能会完全改变囚犯的一生，如果他们根本不了解核心情绪对自身决定的影响，就意味着不公的判决还会继续下去。

许多其他研究也在不同领域得出了类似的结论，其中有这样一项是针对医生开具抗生素处方所做的研究。研究对象为200名临床医生及其21000名患者。患有病毒性疾病的病人经常要求医生为其使用抗生素，但事实上，很多时候抗生素对病毒起不到真正的作用。在这种情况下，医生的最佳做法是拒绝病人的要求，但拒绝并不容易，需要强大的精神力量。研究人员发现，医生一天刚开始工作的时候，大约会为四分之一的病人开出抗生素。随后，这一比例会稳步上升，直到一天结束，比例会提高到三分之一。医生们在从业前都经过多年的严格培训，但即便如此，他们也难免像假释官一样，在做决定时受到疲劳的影响。

如果事关金钱，那类似的影响更是不可避免。例如，有一项研究针对的是大型公司的季度盈利电话会议，涉及多方参与，包括上市公司的管理层、分析师、投资者和媒体，会议旨在讨论公司过去一个季度的业绩表现。研究人员发现，一般而言，会上的分析师和投资者都会变得越来越消极，因为留给他们在股市上操作的时间越来越少了，而且临近收盘的问答讨论环节会加剧对他们的消极影响，甚至导致整体股价的下跌。看来人类与前面提到的灯草鹀一样，行为和决定也会受到饥饿的影响。研究发现，在家庭暴力中，施暴者若因低血糖而引起负面核心情绪，就会明显更具攻击性。哪怕只是闻到气味不太好闻的食物，也会对其造成负面影响。在一项实验中，研究人员让实验组喝下一种苦味液体，结果证明他们比没有喝过该液体的对照组更具攻击性和敌对性。

在大部分动物进化史上，核心情绪一直都是动物决策的主导力量，能够帮助生命体保持身体的正常运转，确保生物在野外的恶劣环境下也能生存。今天我们的生活环境已经相对安全，但核心情绪在指导我们关注身体需求方面仍然起着至关重要的作用。正是因为有了它的指导，我们才会在困倦或生病时及时休息，才会避免过热或过冷的温度对自己造成伤害，才会做到及时充饥解渴。但是，正如上面的例子所示，负面的核心情绪也会产生不必要的副作用。比如，你上午收到了停车罚单，下午丢失了信用卡，到了晚上，你本来试图忘记白天的糟心事，结果却又开始头痛。这一切烦心事让你的核心情绪简直消极到了极点。就在这时，你婆婆打来电话说下周末想要过来看你。一想到她要来，你满脑子都是她可能会对你的生活指手画脚，或对你家里掉了漆的墙壁说三道四,至于她对你的关心,可能不太会在你的考虑范围之内。

几年前,我家里发生了火灾。房子维修期间,我们不得不在别处住了半年。当时,我们一家人挤在一个狭窄的公寓里,床铺也很不舒服,日子过得缺东少西,东西即使没被大火烧毁,也没办法派上用场。在那种情况下,每当我的女儿奥利维亚提出合理请求时,我总是选择拒绝,我想是因为我心里想的都是那些烦心事,本能的反应比正常情况下要消极得多。因为生活的不适和混乱影响了我的核心情绪,造成我无意中拒绝了很多本可以同意的请求。我作为一名科学家,很想找到一种方法验证自己的这种猜测,后来第二年4月报税时,我发现了一个实打实的证据。全家临时借住在别处的那半年,我的慈善捐款比平时少了很多。虽然我们遭受了火灾,但保险公司会承担一切费用,所以捐款减少的原因并不在于火灾造成的资金紧张。究其真正原因,就是我的核心情绪长期处于低迷状态,影响了我捐款的心情和决策。

这个观察结果虽然没有对照组做比对,但也着实引发了我的思考。即使我们没有经历火灾、死亡或离婚等重大生活危机,我们和身边人的互动和决定也都会受到核心情绪的极大影响,我们必须牢记这一点。关键是我们和身边的人一般都意识不到核心情绪对我们的影响,这才是问题的症结。要想掌握核心情绪,最好的办法就是对其加以监测,这样你才能认识到寒冷、疲惫、饥饿或痛苦可能对你及他人产生的影响。一旦意识到这一点，你就可以人为地避免类似于假释官的情况，即避免因核心情绪做出错误决定或破坏人际关系。

人类有意识的体验不单纯来自大脑，还取决于身体感受及我们对待身体的态度。核心情绪将我们的精神状态与身体状态联系在一起，形成了我们生活在这个世界的基本体验，而核心情绪本身也是情绪的构成要素。比起柏拉图式的理性认识，核心情绪才是人性最极致的表达。我们在下一部分将回到情绪本身，主要研究情绪和理性之间的相互作用——情绪对想法和推理的引导作用。

PART II

情绪的作用

第 4 章
情绪与思维

保罗·狄拉克（Paul Dirac）是 20 世纪非常伟大的一位物理学家，被誉为量子理论的先驱，也是反粒子理论的开创者。当代电子、计算机、通信和互联网的主要技术都基于狄拉克的量子论，可以说他对塑造现代社会发挥了关键性的作用。同样，狄拉克在逻辑和理性思维方面的天赋令其成为 20 世纪极伟大的思想家之一，最令人感到不可思议的是，他年轻时并不善于与人交往。狄拉克曾经说过，他对人和人之间的情感毫无兴趣。他告诉朋友说："我小时候根本不理解什么是情，什么是爱。"成年后的他，对于情爱也是无欲无求。

他说:"我只关注事实,不在乎感受。"

狄拉克于 1902 年出生于英国布里斯托,母亲是英国人,父亲是瑞士人。他的父亲是一名老师,但待人非常苛刻。狄拉克和他的兄弟姐妹,甚至包括他们的母亲,都长期遭受父亲的家庭暴力,父亲坚持要三个孩子用他的母语法语和他对话,坚决不允许使用英语。一家人就连吃饭都不坐在一起:狄拉克的母亲和兄弟姐妹窝在厨房,彼此之间用英语交流,而狄拉克和父亲则在餐厅用餐,说话只能讲法语。狄拉克根本说不好法语,每次说错话都会遭到父亲的惩罚,所以他学会尽可能地少说话,缄默的习惯一直持续到他成年以后。

尽管狄拉克的智商数一数二,但在应对日常生活环境和问题时,高智商其实起不到什么作用。人类的进化靠的不单是理性思维,情绪的引导和激励也至关重要。然而,狄拉克长期生活在冷酷的理性思维主导下,从未体会过一丝一毫的快乐、希望和爱。1934 年 9 月,狄拉克前往普林斯顿高等研究院访学,到那儿后的第二天,他到一家名为"巴尔的摩甜品店"的餐馆用餐。刚走进去,他就看到同事物理学家尤金·维格纳(Eugene Wigner)和一位衣着光鲜、抽着烟的女子坐在一起。那女子是维格纳的妹妹玛吉特,她的朋友都叫她曼西,她性格活泼,但对科学没什么兴趣,离异后独自带着两个小孩生活。玛吉特后来回忆说,狄拉克身材瘦削、面容憔悴,看起来一副失落、悲伤、不安的模样,而且似乎还很脆弱。她替狄拉克感到难过,所以让她的哥哥邀请狄拉克过来跟他们一起用餐。

曼西跟狄拉克截然相反：她健谈、感性、有艺术气息、容易冲动，简直与狄拉克的安静、客观、适度形成了鲜明对比。不过，继那次午餐之后，狄拉克和曼西还会偶尔相约一起吃饭。最终，如狄拉克传记的作者格雷姆·法米罗（Graham Farmelo）所写，无数次的"冷饮和龙虾晚餐"终于加深了他们的友谊。只可惜，几个月后曼西回到她的家乡布达佩斯，而狄拉克也回到了伦敦。

回家后，曼西每隔几天就给狄拉克写封信，长长的信中写满了各种新闻和八卦，当然还有最重要的思念。狄拉克每隔几周才回一次信，每次也只写几句话而已。他甚至在信中直言不讳道："或许因为我的感情没那么丰富，所以恐怕没办法给你写很多浪漫的信。"

缺乏沟通让曼西感到十分沮丧，但狄拉克根本不明白对方在难过什么。他们始终维持着柏拉图式的关系，继续书信往来，偶尔还会见个面。随着时间的推移，他们的感情愈加深厚。有一次，狄拉克从布达佩斯拜访曼西回来后在信中写道："离开你我非常难过，现在对你甚是想念。我也不明白自己为何会这样，以前的我与人分离后根本不会有什么思念。"之后没多久，二人在 1937 年 1 月举办了婚礼。婚后，狄拉克毫无怨言地帮助曼西抚养她的两个孩子，婚姻生活让狄拉克收获了他从未感受过的幸福，夫妻二人成了彼此生活的中心。1984年，在他们相识50周年后不久，保罗·狄拉克永远地离开了这个世界。狄拉克在给曼西的信中写道："亲爱的曼西，你对我来说弥足珍贵。我的生活因你而发生了奇妙的变化，是你让我变成了真正的人。"狄拉克对曼西的感情唤醒了他的人生，由于根本不了解自己的真实感受，狄拉克之前的生活一直很不完整。自从遇到曼西找到充满真情实感的自己后，他才开始用不同的方式看待世界，才开始用不同的方式与人相处，也才开始做出人生不同的选择。用他同事的话说就是，他完全变成了另外一个人。

狄拉克自从发现了自己情绪的变化，便逐渐喜欢上了别人的陪伴，更为关键的是，他意识到情绪竟然对他的专业思考产生了正面影响，这也是狄拉克在精神世界的顿悟。几十年来，当他那一代最有名的一批物理学家向这位大师请教物理学的成功秘诀时，你猜他是怎么回答的？法米罗的《量子怪杰：保罗·狄拉克传》专门引用了这一话题作为全书的收尾，他写道，狄拉克给出的建议是："你必须听从自己的情绪。"

狄拉克这么说究竟是什么意思？为什么理论物理学的冰冷逻辑会从情绪中受益呢？如果说这世上哪个职业最不需要情绪的投入，大家的投票结果肯定会让理论物理学排到榜首。逻辑和精确性确实是理论物理学成功的关键，但情绪也起着同等重要的作用。

如果说仅靠逻辑分析技能便足以在物理学上获得成功，

那物理学科索性用计算机取代物理学家算了。人们大多认为物理学是由 A+B=C 这样的公式构成，但当你做研究时，一定会遇到 A+B 可能是 C 或 D 或 E 等不同情况，具体取决于你选择的假设或选取的近似值，就连探索 A+B 等于什么这种问题也需要你做出选择，或许你更该研究 A+C 或 A+D，而不是 A+B 呢。又或者，这几个项目你哪个都不用理，直接找一个更容易的也不错。

我们在第 2 章描述了人类思维在最基本层面如何受到固定脚本的支配，也探讨了情绪成为我们应对新环境的一种更灵活的方式。在物理学中也是一样，情绪基于有意识和无意识的过程，可以用你或许没意识到的方式对你的目标和过去的经验进行编码，并以此来指导你关于数学的路径选择。正如古代的探险家结合知识和直觉来寻找穿越荒野的道路一样，物理学家也同样需要同时根据理论的数学运算和情绪帮自己做决定。伟大的探险家经常毫无理由地选择继续探险，物理学家很多时候也是在"非理性"激情的推动下坚持枯燥的数学计算。

即使是最为精准的分析性思维也必须与情绪相融合才能取得成功，这样看来，情绪会对我们日常的想法和决定产生巨大影响也就不足为奇了。我们在生活中做决定时很少会有十分清楚、准确的路径，大多需要将复杂的环境和现实、概率、风险以及不完整的信息纳入思考范畴。然后，我们再把所有数据交由大脑处理，让它计算出我们的精神和身体该做何反应。还记得我父亲在铁丝网边的莫名决定吗？我们大多数人在做决定时都会受到情绪的强烈影响，得出的结论可能很难用单纯的逻辑进行解释。在接下来的内容中，我们将着重分析情绪在我们的思维过程中发挥的强大作用——无论是好的作用（如狄拉克的例子）还是坏的作用（如下面我要讲述的故事）——以及对我们造成的巨大影响。

4.1 被情绪左右的思维

20岁的乔丹·卡德拉（Jordan Cardella）在女友与他分手时大受打击。在这种情况下，有些人会承诺做出改变，或是送上鲜花以挽回女方。但卡德拉想了一个与众不同的方法，看到他的方法，你或许就会明白当初女方为什么选择离开他了。卡德拉糊涂地认为，如果女友知道他受伤躺在医院，就一定会回到他身边。但是，要想方法奏效，绝不能是让人一眼就识破的小伤小病。

卡德拉要让对方为自己牵肠挂肚，为自己的伤感到愧疚。人们对遭受虐待的小狗都会施以同情，尽管那样的感情并不是卡德拉理想中的爱情，但他没办法，只能先赚取对方的同情，其他的以后再说。

卡德拉构思了一个计划。他让并不太熟悉的迈克尔·韦日克（Michael Wezyk）朝自己背部或胸部开几枪，作为回报，他答应给韦日克一些钱和毒品。当然，他还交代自己的朋友安东尼·伍德尔（Anthony Woodall）事后给他的前女友打电话，告诉她自己遭到了一群人的袭击。

谁能想到，事情并不像他预先设想的那么顺利，真的是计划赶不上变化。第一，韦日克并未按照原计划向卡德拉的身上开枪，而是射中了他的手臂，而且也只打了一枪而已；第二，警察根本不相信他们编造的故事，认定卡德拉撒了谎，而且还以过失使用枪支罪向韦日克和伍德尔提出了指控，这可是一项重罪；第三，也是最糟糕的一点，卡德拉的前女友似乎并不在意卡德拉是死是活，根本没有出现在医院，甚至连问都没问一句。显然，她不觉得卡德拉身上的弹孔可以弥补二人关系所存在的缺陷。

检察官在谈到这一事件时说道："这无疑是我见过的最愚蠢的案件。"卡德拉的辩护律师桑福德·珀利斯（Sanford Perliss）也说，他的当事人"最大的罪过就是蠢"，后来连卡德拉本人也认识到了这一点。他在做计划时并不觉得这计划有多么愚蠢，这充分证明了情绪对我们心理计算造成的影响。卡德拉对女友强烈的爱使他愿意不惜一切代价赢回对方的心，这严重影响了他的思维过程，以至于在做计划时丧失了最基本的理智。

神经科学家拉尔夫·阿道夫说过:"情绪是一种心灵的功能状态,可以让你的大脑处于一种特殊的运行模式,它不仅会调整你的目标,还会引导你的注意力,并在你进行心理计算时修改你对各种因素分配的权重。"他告诉我说,即使当下你认为自己在做冷静的逻辑推理,但事实并非如此:人们的思维过程往往都会或多或少受到当时内心感受的影响,只是自己通常意识不到罢了。

阿道夫提议说:"我们不妨想想苹果手机。"在正常操作模式下,手机的功能是随时为你服务。为了实现这一目标,苹果手机会一直处于工作状态,随时等着"听"你对它说"嘿,Siri(苹果智能语音助手)";它还会检查是否接收到了新邮件;即使你暂时用不到,它也会在后台帮你下载好新的数据包更新应用程序。但是,一旦出现电量偏低的情况,手机工作的优先级就会发生变化,省电成了它最重要的目标。为了省电,它会减少后台运行的程序,甚至会完全停止后台的工作。手机依然会基于逻辑计算完成相关工作,但在低电量模式下它所执行的是一个完全不同的程序。

人脑自然要比苹果手机复杂得多,但它和苹果手机一样,也是一个时刻进行计算的物理系统,进化的目的就是为了计算出怎样行动最有可能促进你的健康,最有可能防止你过早死亡,并同时增加你繁衍后代的可能性。我们的大脑和苹果手机一样,也拥有许多程序,每个程序解决的都是不同的问题。一些程序适用于解决实际问题，如觅食、择偶、面部识别、睡眠管理、能量分配和生理反应；有些程序则擅长处理认知问题，如学习、记忆、目标选择和优先权、行为决策规则和概率评估。

大脑在低电量的模式下也会对程序做出调整。事实上，我们的大脑可以在各种模式下运行，每一种模式都有各自不同的特点。情绪就是心理活动的一种模式，相当于一种功能背景，会根据现实情况协调大脑的许多程序，并使这些程序彼此间不会发生冲突。

记得有一次，我和 8 岁大的儿子尼古拉在南加州广袤的沙漠中徒步旅行。当时天色已晚，我很饿，正在考虑去哪里吃晚饭。可是直到那时，我才意识到，自己已经找不到来时的路了。每个方向看起来都一样，视线被附近的沙丘遮挡，我什么也看不清。我们喝光了水，辨不清方向，周围也没有人烟。很快就要入夜了，天气越来越冷。我突然害怕起来，饥饿感瞬间消失。我并非刻意无视饥饿感，真的是一点饿的感觉也没有了。当你处于恐惧状态时，感官灵敏度会提高，而饥饿感这类会分散注意力的感受都会遭到抑制。

我设法让自己冷静下来，认真思考该怎么做。虽然我没看到什么地标，也不记得自己来时的方向，但内心有一种莫名的直觉：就该朝着那个方向前进。于是，我遵从内心感受带着儿子上路了。

事实证明，我的选择是正确的。这就是大脑的运行方式，感官会给大脑提供环境的信息，记忆会提供过往的信息，知识储备和信念又会让你了解世界的运行方式。当你面临挑战、威胁或其他需要解决的问题时，你完全可以运用所有这些信息来计算自己该如何应对。其中对于有些要素你或许会有清楚的意识，有些则不然，但其实你的心理计算能够以多种方式进行。你的注意力集中在哪里？你对一个潜在行动的成本和收益赋予多大的权重？你对风险关注到了多大的程度？你如何解读模棱两可的信息？所有这些心理层面的计算，之所以能够完成，都离不开情绪的引导。

虽然乔丹·卡德拉失恋的心理状态让他对自己的计划产生了严重误判，但就总体而言，我们的情绪——无论是爱、恐惧、厌恶、骄傲，还是其他一些情绪——在漫长的进化历程中都会帮助我们调整大脑对上述问题的应对方式，从而提高我们适应生存环境的能力。

4.2 情绪化的行为

当你晚上走在幽暗无人的街道时，你总觉得身后有晃动的人影，会不会是歹徒在跟踪你？你的大脑瞬间进入了"恐惧模式"。你突然听到更清晰的沙沙声或嘎吱声，这些声音你平时根本不会察觉或在意。你的想法全都转移到了当下，目标和优先等级也随之发生了变化。你的饥饿感消失了，头痛也感觉不到了，就连你一直期待的晚上的音乐会也突然变得不再重要。

我们在第 1 章已经提到过，焦虑状态会导致悲观的认知倾向。当焦虑的大脑处理模糊信息时，它倾向于从可能的解释中做出更悲观的选择。回想一下，恐惧与焦虑其实很相似，它之所以产生，就是为了应对当下发生的具体威胁，而非对未来危险所做的预期。如此想来，恐惧对我们的心理计算产生类似的影响也就理所应当了：当你分析感觉输入的信息时，对于可能的危险，你会比平时更容易给出令人恐惧的解释。走在黑暗的街道上，你会想："身后是有人跟着我吗？"这样的问题主导了你的思维。

在一项关于演示恐惧的研究中，研究人员为了诱发受试者的恐惧会让他们看一些关于命案的可怕照片，然后再让他们估算一下各种灾难发生的概率，可以是暴力行为发生的概率，也可以是自然灾害发生的概率。结果发现，与没有受到恐惧刺激的受试者相比，受到惊吓的受试者对不幸事件发生概率的预期显著提高——不仅是与照片相关的事件，如谋杀，还包括很多完全不相关的事件，如龙卷风和洪水等。为什么会这样？原因就是那些可怕的照片从根本上影响了受试者的心理计算，使他们对环境中的威胁普遍提高了警惕。

不过，假设你是一个孔武有力且懂得防身术的人，那如果有人跟在你身后突然冲过来抢你的钱包，你可能感到的是愤怒而不是恐惧。进化心理学家告诉我们，动物之所以会演化出愤怒的情绪，就是"为了更好地讨价还价，冲突的解决往往会利于愤怒一方"。当你感到愤怒时，你的心理计算会提高自己对利益和目标的重视程度，进而有可能牺牲他人利益。事实上，你可以在自己身上做一个有趣且颇具启发性的实验，这也是一种久经考验的排解愤怒的方法。下次你生气时，你什么都不要做，只要走开就可以。脱离当下场景后，愤怒很快就会消散。待到事后重新思考该冲突时，你会发现自己其实可以换一种方式来看待争论，这样一来，你也会对他人的观点报以更多的理解和宽容。

人类的进化都是在小群体中进行的，所以不得不在合作和对立中保持互动。在这种情况下，一个人的愤怒往往会刺激他人对其进行安抚。就拿我们祖先来说，愤怒发作的背后永远存在实施侵略的威胁。强者比弱者在战斗中更容易获得利益，这样又会带来更加切实的威胁。可以想见，我们的祖先中，总是强壮者比弱者更容易发怒。研究表明，即使在今天，情况也是如此，只不过对女性来说，愤怒与获利的相关性要弱得多，因为她们通常不怎么擅长战斗。

不同的情绪代表着不同的思维模式，但无论如何都会让你对自己的判断和推理做出相应的调整。想象一下，如果你想同某人增进感情，却无法从他身上体验到温暖或感情。你就会想：为何如此？是因为他真心想要拒绝你，还是因为某些与你无关的原因，比如他暂时怀揣心事？你对于这类问题的思考会受到不同情绪状态的影响。如果你处于焦虑的情绪状态，遇到这种模棱两可的情况，你会倾向于选择更令人不安的解释，你会怀疑是自己做错了什么：上次你们在一起的时候，你是不是说了什么不礼貌的话？你是否忘了做一些该做的事？与所有情绪一样，太过于焦虑必定会招致很多问题，会让你的担忧战胜理性；但话说回来，焦虑也有好处，因为有时消极的解释往往就是正确的解释。如果你没有处于焦虑状态，没有反思自己做错了什么才导致问题的出现；如果你没有思考该如何补救，你很可能会错过正确的答案。

20世纪90年代初，美国蒙大拿州波兹曼附近发生了一次悲惨的狩猎事故，这个事故充分说明了情绪状态对我们心理计算造成的影响。故事的主人公是两个二十多岁的年轻人，他们当天早上出发去猎熊，一天下来却一无所获。

最后，他们决定返回时，已经是午夜时分，乌云遮盖了月光，走在密林深处的小路上，他们内心感到无比的疲惫、紧张和害怕。虽然他们并没有完全放弃猎熊的想法，但天色已晚，视野很差，在这种情况下遇到熊的确非常危险。后来，两人绕过小路的转弯处，突然发现前方大约 75 英尺的地方有一个大家伙，还在不断发出声响。他们既害怕又兴奋，血液中的肾上腺素和应激激素（皮质醇）水平一路飙升。

  我们的感官检测到的景象和声音与我们的主观意识接收到的内容并不完全一致。感官接收到的信息会先进入大脑接收原始信息的区域，在我们意识到它之前已然经过了好几道处理和诠释。这些处理和诠释往往会受到多种因素的影响，比如我们先前的知识、信念和期望，以及我们的情绪状态。如果他们并非处于恐惧和激动的状态，如果他们没有把心思放在熊身上，或许会将噪声和远处的动作理解成没有威胁的东西。但那个致命的夜晚，两人得出了同一个结论——他们终于遇到了一只熊。二人同时举起手中的步枪，双双朝目标扣动了扳机。猎人之所以有这样的心理计算，与内心的恐惧不无关系。只可惜，本来是为了自我保护激发出来的情绪却酿成了一场悲剧。事实证明并没有什么所谓的危险，那只"熊"原来只是一顶黄色帐篷，里面是一对露营的夫妇。历史上，人类对熊的恐惧无疑挽救了无数的生命，如果没有恐惧，很多人可能早就遭到了熊的攻击和杀害，而这次却不然。帐篷之所以晃动，之所以会发出声音，只是因为那对夫妇在里面做爱。猎人射出的子弹不幸击中了帐篷里的妻子，害她永远离开了人世，而造成此次误杀的年轻猎人也被判了过失杀人罪。两年后，因无法承受内心的压力，猎人选择了自杀。

陪审团无法理解一个人怎么会把摇晃的帐篷误认为熊，即便当时天色很暗也不应该。但是，坐在法庭里的陪审员并没有处于兴奋和恐惧的状态。我们总是通过思维的计算对世界和我们的选择做出解释，然而情绪作为一种进化得来的辅助手段会根据特定环境对我们的心理做出调整。情绪已经是一个发展了数百万年的系统，大多数情况下都运行得很好。但即使是对于生活在非洲草原上的人类祖先，情绪也无法做到万无一失，它除了会带给我们诸多好处外，也会带来一些负面影响。一旦情绪出现问题，很可能引发巨大的灾难。

4.3 社会情绪：复杂新变量

这世上，没有哪个物种会一成不变，随着时间的推移，人类的祖先变得更加社会化，这样一来，情绪的构成也要不断进化，才能更好地适应和服务于与之关联度越来越大的生存问题。我们的情绪本能地加入更为复杂的新层次，这一新的层次与人类的互动和忠诚、诚实和互惠等社会规范关系密切。这些就是所谓的社会情绪，具体包括内疚、羞愧、嫉妒、愤慨、感激、钦佩、同情和骄傲等。

人们如果发现某人违反了社会规范，往往都会产生愤慨的情绪；但若是留意其遵守或升华了社会规范时，就会心生感激和钦佩之情。至于说嫉妒和羞愧情绪的产生，主要在于随着人类社会的发展，一个人捍卫自我利益的能力成了其维持地位和生殖潜力的核心。如果雄性的配偶在性方面对其不忠，且被公之于众，雄性本人就会在生殖领域或其他领域更容易受到他人的挑战。雄性之所以会衍生出性嫉妒和羞耻的情绪系统，主要就是为了控制这类情况的发生；而雌性之所以更需要强烈的情感依赖，主要也是由其社会角色所决定，她们在乎的重点就是找到一个能够帮助照顾后代的忠实配偶。

乔纳森·海特（Jonathan Haidt）现为美国纽约大学伦理领导力领域的教授，他的工作就是研究人类道德推理和情绪之间的关系。他最有名的一篇论文在学术文献中被引用了7000多次，文章题目是《情绪化的狗和它理性的尾巴》。我们在这一章前面部分已经讲过，人类很多看似理性的想法、计算和决定其实与我们的情绪都密不可分，情绪通常是在幕后发挥作用，暗中改变我们的心理计算。

海特提出的理论比这个观点更加前卫，他认为情绪，尤其是社会情绪，根本就是道德推理及其他各种思维过程的主要驱动力。海特对"厌恶"这种情绪在我们的生活中扮演的角色进行了重点研究，结果发现，在物质世界中支配厌恶感的基本神经结构已经适应了社会环境，最初防止我们吃变质食物的情绪在进化过程中不断扩大，已经成为社会和道德秩序的守护者。因此，现在我们不仅对腐烂的食物感到厌恶，而且对"腐烂的"人也会产生同样的情绪。在许多文化中，人们拒绝厌恶东西的语言和面部表情同样也会被用来拒绝社会上那些举止不当的人和行为。

海特在一篇研究文章中写道，他和同事用糖果作为奖励组织了一批大学生志愿者，请他们对各种场景中的道德问题进行评估。对照组的评估环境是一个普通的实验室，实验组的评估环境则是一个被"设置得相当恶心"的空间。海特事先做出的假设是受试者会把对周围环境产生的生理厌恶误认成阅读相关情景而导致的社交厌恶。如果身体上的厌恶可以渗入社会领域（反之亦然），就能够充分证明两种情绪的确密切相关。

在海特的实验中，对照组的房间井然有序，而实验组恶心的房间里除了一把椅子和椅子上一个破烂的脏垫子外，只有一个塞满比萨饼盒和脏纸巾的垃圾桶，对了，还有一张满是污渍的桌子，上面放着一支被咬坏了的笔和一个透明的杯子，里面是已经凝结成块儿的剩奶昔。读到这里，你可能会想，"听起来这跟普通宿舍似乎也没什么区别"，如果你真这么想，你的确要比海特更了解大学生。海特在文章中承认，他们试图恶心学生的做法并未得逞。（根据问卷调查的结果）那些被分配在"厌恶"组的学生根本不觉得这个房间有多令人恶心。

幸好，海特和同事在另一项实验中取得了巨大成功。实验使用了一种更为可靠的方法来引起受试者的厌恶情绪，这次就连学生也难幸免——方法是"放屁喷雾"（你也能在网上买到这个东西）。实验中，研究人员在一组受试者进入实验室前在里面释放了"放屁喷雾"，然后让受试者进来并交给他们一份调查问卷，询问他们对道德问题的态度，比如"嫡亲表兄妹发生性关系或结婚，你是否能够接受"这类问题。结果发现，受试者的答案与没有臭味的房间的对照组相比，的确表现出了更为严格的道德评判标准。尽管前一次实验有点失误，但海特的研究结果总体上经得起重复验证。

例如，在另一个小组的实验中，研究人员让受试者饮用苦味液体从而引发他们的厌恶体验，结果证明的确增加了他们对违反道德行为的反感。不过反过来说也成立，道德上的厌恶感也更容易让受试者产生对糟糕饮料的反感。还有一点更为重要：科学家发现，一个容易得传染病的人往往会对那些看似不太健康或年迈的人，或哪怕只是长相特别的外国人，都更容易产生消极反应。类似研究在孕妇这个脆弱群体中也发现了同样的倾向，即孕妇特别容易受到厌恶情绪的影响。

如果海特关于"社会情绪是我们道德感的基础"的说法正确，那这些情绪对我们在社会中获得合作和共同生活的能力的确会产生重要影响。想要阐明大脑结构的功能，我们可以对大脑结构受损的人进行研究，同理，想要说明社会情绪在维持社会正常运转的过程中所发挥的重要性，就应当研究缺乏此类感受时会出现怎样的状况，精神病人就是很好的研究对象。2017 年，一位名叫斯蒂芬·帕多克（Stephen Paddock）的 64 岁前审计师、房地产商和赌徒住进了拉斯维加斯曼德勒海湾酒店 32 层的套房。他在服务员不知情的情况下偷偷携带了 5 箱武器和弹药。10 月 1 日的晚上，他向楼下正在欣赏音乐会的观众发射了 1100 多发子弹，造成了 58 人死亡，851 人受伤，很多不幸都是受害者在慌乱逃跑中造成的次生伤害。警方经过多年调查仍未找到杀人犯的犯罪动机。事实上，帕多克策划这起事件的态度就像去杂货店买东西那般随意，对他来说根本不是什么大事。

大约一年后，另一名枪手走进了加州千橡市的一家乡村音乐酒吧，许多大学生都会经常光顾那里，包括一些参加过拉斯维加斯音乐会的人。杀手在自杀前开枪打死了 12 个人，他甚至在枪击过程中抽空在照片墙（Instagram）上发了几张照片——我们普通人大概只有在看喜欢的乐队演出时才会这样做。他在其中一个帖子中说："可惜了，我得走了，没办法知道人们会把怎样毫无逻辑的可悲理由强加给我，假门假事地分析我这么做的目的。"杀手本人对此给出了解释，或许他也能洞悉之前的杀人犯帕多克的动机。他写道："其实我这么做没有什么特别的理由，只是觉得无聊，生活很无聊，为什么不能这么做呢？"

人们在谈论精神变态时，总是把他们当成"疯子"看待，但"疯子"的内涵是"不理智"，而精神变态并不是不理智，他们觉得杀人很容易，完全没有移情、内疚、悔恨和羞耻等社会情绪。他们的心理计算完全合乎理智逻辑，只是缺少了情绪的引导。对精神变态者来说，把人当猎物并不会引发更多的情绪，就与你打飞碟时的心态没什么两样。

在《精神障碍诊断与统计手册（第5版）》中，精神变态被列为一种"反社会人格障碍"，这种疾病似乎与杏仁体及部分前额叶皮层出现的异常有关，估计全球有0.02%到3.3%的人口有此类问题。如果发病率为0.1%，那就意味着美国将有25万成年人会出现此类精神问题。

虽然大规模枪击事件已经变得越来越普遍，但幸运的是，即使对那些精神变态者来说，杀人的冲动也极其罕见。但是，这些人缺乏社会情绪，确实会经常无视社会规范，表现出反社会、不道德和破坏性的行为模式。其实，如果没有社会情绪，我们每个人都会做出这样的行为，由此看来，进化赋予我们情绪是多么明智的决定。

4.4 情绪的驱动力

继达尔文之后的一个多世纪,绝大多数科学家都把注意力集中在他们所认为的"基本"情绪上,真是想不到,竟然没有人愿意扩大"基本"情绪的研究范畴。当时,对于挫折、敬畏、满足甚至爱等情绪的研究都少得可怜,性冲动、口渴、饥饿和疼痛等都被归类为驱动或激励的力量,而没有人将其视为某种情绪。这种情况在最近几年才有所改变,许多科学家提出说情绪是一种"功能状态",意思就是所谓的情绪,应该由其服务的功能来定义,而不该由产生情绪的解剖结构或身体机制来定义。

当今社会,大多数情绪科学家都扩大了情绪的理解范畴,承认口渴、饥饿、疼痛和性欲等即使称不上是典型的情绪,至少也与情绪有很多共同之处。例如,饥饿这种情绪模式的进化最初只是为了增加我们赋予食物的价值,但它的实际作用其实非常广泛,放大了我们为很多事物赋予的价值:很多实验和实地研究都能说明,身体上的饥饿感不仅增加了人类获取食物的想法,也增加了我们获取其他物质的意图。我们都知道，当我们在饥饿状态下走进食品杂货店时，常常会过度购物，然而，我们或许并没意识到，如果我们饿着肚子去逛梅西百货，也会购买更多东西。

在这方面，饥饿感的影响与厌恶感正好相反：研究表明，饥饿感会驱使人们获取食物，而厌恶感则会促使人们摒弃食物或其他物品。例如，在美国卡内基梅隆大学的一项研究中，科学家分别向志愿者展示了一个普通的电影片段及《猜火车》中的一段（即一个角色把手伸进肮脏马桶的片段）。之后，研究人员让志愿者卖掉他们在研究开始时得到的一套钢笔。那些看过中性片段的人卖掉钢笔的平均价格为 4.58 美元；而那些看过恶心片段的人报出的价格明显低得多，平均售价只有 2.74 美元。事后，当受试者被问及他们的想法时，那些被恶心到了的受试者并不承认是受到了《猜火车》片段的影响，而是用更理性的理由解释自己低价出售的行为。

性冲动是另一种"驱动力"，现在也常被视为一种情绪，还常被拿来研究其对心理信息处理所造成的影响。性冲动跟恐惧一样，也会影响你对潜在危险的感官信息的敏感度，但是二者也有不同，性冲动对你的敏感度的影响不是加强，而是减弱。通常情况下，你可能会被晚上门外的奇怪声音惊扰，但如果声音出现在你做爱的时候，你就不太可能意识到它的存在。同样，性冲动还会降低一个人对与性无关的目标的关注，一旦你有了性冲动，很多事情你都不会太在意，包括渴望已久的芝士蛋糕或避免染病的想法。

最近的一项研究引起了一些争议，研究关注的是性冲动对男性心理计算的影响。科学家安排伯克利大学的年轻男性学生分别在非性冲动状态和性兴奋状态下回答一系列问题。通过在校园附近张贴广告，说明了研究过程需要男学生手淫，每人每次将获得10美元报酬。最终，几十名学生参加了该研究，被分为对照组（非性冲动状态）和实验组（性冲动状态）两个小组。对照组的人只需要回答一些问题，而实验组的人在回答问题之外还要在家中用研究人员提供的色情照片对自己进行刺激。下面的表格记录了实验的结果，标记出了受试者在兴奋和非兴奋状态下的判断有什么不同。在此提供的数据为每组的平均数，0代表完全不认同，100则表示完全认同（见表4.1）。

表 4.1 实验对照结果

问题	非性唤醒状态	性唤醒状态
女人的鞋子色情吗？	42	65
女人出汗的时候性感吗？	56	72
把你的性伴侣绑起来会不会很有趣？	47	75
你能享受和你讨厌的人做爱吗？	53	77
你能享受与一个极其肥胖的人做爱吗？	13	24
你能想象和一个60岁的女人做爱吗？	7	23

相关的研究报告指出，正如许多电影中描述的那样，男性

和性伴侣的亲密程度及其被吸引的水平会随着性冲动的产生而迅速上升，高潮过后又会急剧下降。尽管这些研究人员只研究了与性有关的问题，但也有其他研究发现，处于性兴奋状态的男性思维过程针对其他领域也与没有性刺激时存在差别。比方说，受到性刺激时，他们容易缺乏耐心，比平时更看重即时回报，很难接受延时满足。

那性冲动对女性又有什么样的影响呢？从进化的角度来看，人们可能觉得女性对性冲动的反应肯定不同于男性：雄性动物的性行为成本很低，生殖成功与否主要取决于性伴侣的数量。而雌性动物要想成功生殖，则要在性行为及其后果上投入更多成本。妊娠期内，雌性不仅要消耗大量能量，还要承担怀孕带来的极高健康风险，其他机会成本也很高，比方说自己怀孕期间，雄性很可能会让其他雌性受孕；而雌性则不然，一旦怀孕就意味着要放弃其他受孕的机会。对哺乳动物来说，这一过程可能持续数年，不仅包括怀孕期，还包括操劳辛苦的哺乳期。因此，雌性必须对她们的配偶更加挑剔，尽量不被性冲动左右。正如一位科学家所说："性欲和射精会对男性的认知产生重大影响……从适应角度来看，男性会'被欲望蒙蔽理智'……而女性一般不会。"

很遗憾，关于性冲动对女性影响的研究远远少于对男性的研究，即使有，结果也可想而知。一项同时针对男性和女性的研究发现，相比于没有性冲动的人，被性唤醒的男性和女性虽然都更倾向于选择毫无保护的性行为，但性冲动对男性产生的效果明显大于女性。另有一项研究调查的是性冲动对女性的厌恶感可能造成的影响。对男性来说，弗洛伊德写过："一个男人会热情地亲吻一个漂亮女孩的嘴，但若是让他使用她的牙刷，他也许就会感到厌恶。"这种矛盾在女人身上体现得更加明显。

对女性来说，他人的唾液、汗液和体味都是引起厌恶的强烈因素。然而，在性冲动的情况下，这些因素则可能变成吸引力。这是为什么呢？研究人员提出的假设是：为了促进性交，性冲动会减弱人类的厌恶感。为了检验这一点，研究人员向两组女性分别播放了适合女性观看的色情电影和普通电影，之后要求她们完成一些任务，比方说从掉进一只大昆虫的杯子里喝一口果汁，或从垃圾桶里捡出一张用过的厕纸(受试者并不知道，杯子里的昆虫实际上是塑料制品，卫生纸上的粪便也是假的)。不出所料，女性的评价结果显示，被激发了性欲的女性对这些任务的厌恶程度明显低于观看普通影片的女性。

选择性伴侣是人类一生中极为重要的一项决定，随着人类的进化，性冲动情绪也成为该过程中的一个重要工具。无论是否会表现出来，男性和女性在与有吸引力的异性互动(哪怕是短暂的互动)时，都会很快产生生理反应。例如，男性看到漂亮女人的脸，其皮质醇和睾丸激素水平就会上升，女性看到英俊男人时也是如此。但是，错误的判断和决定总是会让女性付出更大的代价，进化过程决定了女性的情绪系统，在鼓励她们参与性行为的同时也会促使其仔细权衡自己的交配决定，导致其在过程中呈现出"更挑剔"的表现。

4.5 积极情绪

1914年8月,"一战"爆发之际,极地探险家欧内斯特·沙克尔顿(Ernest Shackleton)和他的船员从英国出发,乘坐"持久号"前往南极,他们此行带着一个宏伟的目标:穿越南极到达罗斯海,成为徒步横跨南极大陆的第一人。但是没想到,1915年1月,"持久号"被浮冰围困,漂流了整整10个月,船体严重损坏,海水随即涌入,"持久号"最终沉入了海底。沙克尔顿和他的船员坐上3艘救生艇,只能在附近的浮冰上扎上营房。次年4月,他和船员们来到附近的大象岛。在岛上,他们不得不以海豹、企鹅和雪橇犬为食,沙克尔顿心里明白,如果只是在荒岛上一味等待,肯定等不来救援,于是便和5名船员爬上一艘22英尺长的救生艇,打算穿越波涛汹涌的冰海,前往800英里外的南乔治亚岛。两周后,他们终于抵达该岛,每个人都已筋疲力尽。即便如此,他们还是准备徒步穿越岛屿,前往岛屿另一端的捕鲸站。此前从未有人成功穿

越南乔治亚岛,他们做到的可能性也不大。出发时,沙克尔顿写下了下面这段话:

"我们穿过狭窄的海湾,两边是丑陋的岩石和起伏的海藻……太阳冲破薄雾,翻腾的水面在我们周围闪烁。在那个明亮的早晨,我们这一行人虽破衣烂衫,内心却非常快乐,甚至唱起了歌。"

这群饥寒交迫的人即将完成一项极度危险的任务,他们内心真的会感到快乐吗?快乐这种情绪在我们的生活中究竟能起到什么作用呢?

我们在前面所谈到的情绪都是人类为了生存或繁衍对威胁做出的反应,比如,如果你带着一笔巨款去旅行,在公共场合拿钱时你肯定会非常小心,这种谨慎源于你的恐惧心理。在这种情况下,你的恐惧非常必要,可以减少你被抢劫的概率。但是,如果你刚刚赢了一大笔钱,内心感到十分快乐,那这种快乐有什么用呢?快乐的情绪又将如何帮助沙克尔顿和他的船员挺过难关?

心理学家直到最近才开始对"积极情绪"(比如快乐)的本质进行研究。积极情绪也可以分为我们前面提到的两种情绪类别——社会情绪和基本情绪。根据心理学文献给出的解释,积极情绪具体包括骄傲、爱、敬畏、娱乐、感激、激励、欲望、胜利、同情、依恋、热情、兴趣、满足、快乐和解脱。20年前，这些情绪还都处于研究的边缘地带。一直以来，人们苦恼于不受控制的愤怒、长期的恐惧和使人衰弱的悲伤等亟待解决的问题，没人会抱怨自己"遭受"了过多的敬畏或快乐。因此，积极情绪的进化目的始终是一个谜题，人们对它的研究也少得可怜。直到 2005 年，当时就职于美国密歇根大学的芭芭拉·弗雷德里克森（Barbara Fredrickson）和克里斯蒂娜·布兰尼根（Christine Branigan）发表了一篇具有里程碑意义的论文，其中提到实验已经证实弗雷德里克森提出的"拓展—建构理论"。从那以后，积极情绪才成为一个热门研究领域。

"拓展—建构理论"合理解释了积极情绪的进化原因。面对风险，人类大脑必须保持一种微妙的平衡。一方面，大脑要帮助我们规避危险，注意眼前可能存在的威胁，从而阻止我们的冒险探索。我们的大部分情绪都是如此，通过诱导我们的思维模式、缩小我们的视野来保护我们，同时促使我们在面临潜在威胁时采取迅速果断的行动。但另一方面，大脑还会让我们对外界充满好奇，鼓励我们拓宽见识、把握机会、探索环境。虽然这样做需要承担风险，但也正因如此，我们的祖先才能发现新的食物和水源。

根据弗雷德里克森的观察，积极情绪常会触发某种程度的冒险行为。她认为，这种思维模式拓宽了人类的视野，鼓励我们的祖先在不受威胁的情况下尽情玩乐交往、建立社会联系、果断把握机会并积极探索未知世界。美丽的极地晨景使沙克尔顿团队感受到了快乐，其作用就在于此：快乐的情绪可以激励他们向前迈进，继续跋涉，最终到达捕鲸站，然后再回去营救留在原地的同伴。弗雷德里克森认为这就是积极情绪的作用：它能够促使人类的祖先不断探索更好的新领域，从而为自己带来更大的生存优势。研究表明，快乐的人更有创造力，对新信息总能抱持开放的态度，思维灵活而高效。此外，快乐能够鼓励人们挑战自身极限，并以开放的心态对待一切；快乐能让人冲破原有的思维框架，积极探索、发明创造，而且还能变得幽默风趣。成年人的娱乐方式通常是智力或文艺活动，而未成年人的娱乐则主要是为了强身健体和社交沟通，这类活动确实可以帮助他们达成目标。例如，年轻的非洲地松鼠在奔跑玩耍时经常会改变方向，有时会直接跳到空中，有时会在滑翔途中突然转弯，落回地面后又跑向新的方向。其实，幼年和成年的非洲地松鼠都会做出这些动作，因为这些动作在它们紧急逃生（特别是逃离蛇的攻击）时会派上很大用场。

我们再来看看骄傲的情绪。骄傲能够促使你与他人互动，分享自己的成果，并努力争取更大的成就，如此一来，你的未来前景会更加光明。同样，兴趣的作用也十分强大，可以鼓励你进行探索、调查，让你增长知识、积累经验，而这种能力的提升最终可以帮助你更好地应对未来的挑战。远古的人类正是依靠这种能力寻找到水、食物、逃跑路线以及藏身之处。在风险升级、环境多变的现代社会，昨日之技能已不足以应对今日之挑战，而这种能力却可以让人更灵活地应对当前的环境。

相比之下，敬畏这种情绪则通常产生于宗教信仰或个人本性。敬畏有两个中心主题：一是甘拜下风的感觉，二是与人为善的动机。它会促使你把注意力从狭隘的个人利益扩大到广泛的群体利益，增强你融入社会群体、为大家谋福利的能力。例如，在一项研究中，心理学家在全美范围内请1500人评估自己平时的敬畏程度。实验的一个步骤看似无关紧要，实则非常关键：研究者为每位参与者提供了10张可能赢得现金的奖券，并告诉他们可以保留所有奖券，也可以按照自己的意愿把一些奖券送予其他没有收到奖券的人。实验结果表明，在生活中怀有更多敬畏心的人比其他人送出的奖券数量多了40%。在另一个实验中，科学家把第一组受试者带到了伯克利校园"壮观的塔斯马尼亚蓝桉树林"（其中一些树木高达200多英尺），第二组受试者则被带去了一栋平平无奇的教学楼旁。在两个试验区域，科学家分别安排一名工作人员在受试者面前绊倒，同时会掉落几支钢笔。实验结果表明，第一组受试者中向这名工作人员提供帮助的人数明显高于第二组受试者。

撇开别的不谈，咱们先来看看积极情绪与健康长寿的关系。2010年，一篇总结了几十项相关研究的综述论文指出，积极情绪可以通过荷尔蒙、免疫和抗炎系统等途径发挥正面作用。在一项研究中，伦敦卫生专家收集了数百名年龄在45—60岁之间的男性和女性的幸福数据，使用诺贝尔奖得主《思考，快与慢》的作者丹尼尔·卡尼曼（Daniel Kahneman）提出的方法对受试者的积极情绪进行了评估。卡尼曼在书中指出，单纯通过询问人们在生活中是否快乐并不能得到准确结果，因为他们的答案往往只能反映当时内心的感受，而这种感受大多会受到刚刚发生的事件（甚至包括当天出没出太阳）的影响。这也就是说，受试者报告的只是一时的感受，而不是平时的总体状态。因此，卡尼曼认为最好的做法是在多个不同时刻向受试者询问具体问题，然后再对数据进行统计分析。这项研究采用的正是卡尼曼提出的方法。他们随机给受试者打电话，一天打好几次，每次询问的都是他们当下的感受。研究发现，与最快乐的人相比，最不快乐的人的皮质醇及其他与疾病风险有关的生化物质水平要高出约50%。

在另一项为期3周的研究中，科学家对300多名受试者进行了类似的情绪调查。调查结束后，受试者被请来实验室，研究人员用滴鼻剂给他们滴上含有鼻病毒（可导致普通感冒）的溶液。在接下来的5天里，这些受试者全部生活在隔离状态下，每天只能见到一个人，就是进来检查他们是否表现出感冒迹象的科学家。研究发现，积极情绪水平最高的志愿者患感冒的可能性几乎是积极情绪最低的受试者的三分之一。由此可见，快乐的人似乎更有能力对抗疾病。

所有关于积极情绪的研究都表明，生活中拥有更多积极情绪的人往往会更健康，也更有创造力，而且能与他人融洽相处。积极情绪能够增强我们的韧性，能让我们更好地利用情绪应对各种情况，还能拓展我们的视野，让我们在面对问题时拥有更多选择。

很遗憾，与人类的远古祖先相比，我们现代人进行体育活动和游戏娱乐的机会越来越少，与大自然（特别是田野和森林）接触的机会也远不如从前。科学家认为这样的现代生活条件"很不和谐"，也有研究表明，这种生活条件会大幅减少我们的积极情绪。幸好，我们可以对这种生活方式做出改变，虽然这个时代导致我们的积极情绪减少，但我们可以努力养成良好的习惯，让自己感受到更多的积极情绪，从而缓解这种客观现实带给我们的负面作用。

例如，我们可以有意识地关注生活中进展顺利或让我们心存感激的事物，每天关注一两件，长此以往会对我们有很大帮助。多去想想自己喜欢的情境或活动也是不错的办法，比如听音乐、吃喜欢的食物或洗个热水澡等，总之就是努力将这些让你快乐的简单小事融入日常的生活。此外，有效的社交也会增加我们的积极情绪，比如培养一段感情、与朋友互动沟通、帮助他人、参与集体休闲活动以及给予或接受建议和鼓励等都属于有效社交。运动也是个好方法，它不仅能使人快乐，还能缓解压力、强身健体。积极情绪最初的进化目的可能是给远古人类带去更多的生存优势,但即使到了今天,这些情绪仍然能够帮助改善我们的生活。

4.6 消极情绪不消极

上文谈论的是积极情绪,那么悲伤的情绪呢?任何人都不喜欢悲伤,那么它的作用是什么?人们在实现目标时感到快乐,在遇到阻碍时感到愤怒,在面对损失、无力维持或实现目标时则感到悲伤。悲伤似乎有两个主要功能。首先,一个人脸上带有悲伤表情能传达出引人注目的信息。目光无神,眼皮低垂,唇角下撇,内眉倾斜,这些表情对观察者有很大影响。这种悲伤的信号表明她/他需要帮助,因为人类是群居物种,人们通常会给予帮助。我们都有所体会,若有人哭泣,即使是成年人哭泣,也会触动我们心中某个柔软的地方,驱使我们去帮助他们。

其次,悲伤能促进思维的改变,帮助人适应环境。作为一种精神状态,悲伤促使我们努力思考,反思我们的信念,并重新确定目标的优先次序。它扩大了我们的信息处理范围，以帮助我们理解失败的前因后果以及成功之路上的艰难险阻。悲伤的目的是促使我们重新评估自己的战略，接受那些也许并不理想却无法改变的新条件。

处于悲伤状态时的信息处理方式更有助于我们理清事情失败的原因，并找到改变现状的方法。这种思考帮助我们摆脱不切实际的期望和目标，从而带来更好的结果。在一项支持该结论的研究中，研究人员根据一定时期内的历史市场数据模拟了外汇交易。他们为一些经济学和金融学的学生提供了与该时期中某一时刻相关的市场信息，并要求他们做出交易决策。与此同时，他们播放不同格调的音乐，以引导这些学生感到高兴或悲伤。由于这是一个模拟实验，故研究人员手上有关于外汇市场实际表现的数据，以便判断学生决策的成功与否。结果表明，悲伤的受试者比快乐的受试者做出了更准确的判断和更现实的交易决策，因此获得了更高的利益。

虽然情绪可以指导我们进行思考、权衡和决策，但它们也是我们所要经历的感受。所以，如果可以在快乐或悲伤中做出选择，我们都会选择快乐。在情绪的科学中，与情绪有关的大脑状态研究通常独立于那些意识经验的研究。本章，我谈到了情绪作为一种心理信息处理的模式，影响着我们的思维倾向。下一章，我们将研究情绪的另一个方面——与意识有关的情绪，即我们的感受。

第 5 章
脑中的情绪之谜

我的父亲步入晚年后行动非常迟缓，每走几步就得停下来休息，而且还得避免一切剧烈运动。之所以如此，并不是因为他体力不够，也不是因为年龄增长给他带来的疼痛，最主要的症结在于心脏问题。心脏不仅与情绪有关，也负责泵送血液，过程中需要耗费大量能量。因此，当我父亲的心外壁因血液循环不良而受到损伤时，他的泵血能力也受到了破坏，因此只能尽量减少活动，以避免过度消耗体力。

对于人类的长期福祉，大自然总是格外仁慈，既不会禁止我们吃培根和奶昔，也不会强制我们经常锻炼。但是在紧急情况下，它可能会使用强制手段左右你的决定：如果你试图品尝粪便，你会感到无比恶心；遇到凶猛的野兽，你会选择退缩。如果急速行走会导致心肌缺血，心脏就会提出抗议；如果心率快速升高，心肌中的神经还会向大脑发出强烈的报警信号，警告方式就是引发剧痛，即常说的心绞痛。

20世纪中叶，外科医生想出了一个非常"聪明"的办法治疗心绞痛，理论依据是如果将患者胸腔内的某条动脉结扎，那么通过侧支血管流过的血流就会增加，从而改善受损区域的血液循环。对物理学家来说，他们通常只需要在草稿纸上做数学演算就能完成理论探索，但是对医生来说，患者就是那张草稿纸。医生的确实施了这种手术，当初的理论似乎也得到了验证：术后，病人反馈说疼痛明显缓解。很快，各地的外科医生纷纷采取这种手术手段，但没人想着进行一个对照组实验检验手术的真正效果。

只可惜，这项原本前途光明的新疗法却因一个意外发现而遭到推翻。病理学家宣布，当他们对做过手术的病人进行尸检时，并未发现病人的血液流通状况得到了改善。尽管病人自称手术有效，但他们心脏的真实数据证明事实并非如此。而且，后续在狗身上进行的相同手术也证实手术并未产生实际效果。医生们不禁怀疑，所谓的"改善的效果"或许只是病人的想象。

1959年和1960年，两个医疗小组分别通过对照实验对这个明显存在矛盾的手术进行了更为深入的研究，如果放到今天，出于伦理原因，这类研究绝不可能被允许，因为实验中，他们同时进行了真、假两组手术，继而比较了术后结果。在假手术中，医生切开病人的胸部，暴露出有关的动脉，然后在没对动脉进行结扎的情况下再次将其缝合。

两次研究的结果充分证实了"手术有效果只是患者的心理感受而非医学结果"的观点。在真实手术中，四分之三的患者报告说他们的心绞痛得到了缓解，但 5 位接受假手术的患者也表达了相同的感受，这其实就是所谓的安慰剂效应。

研究报告中引用了一位做过假手术患者的话，他说："手术后，我感觉自己好多了，我术后 8 个月只吃了大约 10 片硝酸甘油……而术前我每天都要吃 5 片。"另一位经历了假手术的患者也说他心绞痛的症状消失了，还说自己对未来感到非常"乐观"。不幸的是，手术后第二天他就"在做了中等强度的运动后离开了人世"。

医生们在论文中指出，病人的心脏异常程度与他们感受到的心绞痛程度并不匹配，就像不同的人在受到同样的侮辱后感受到的愤怒程度不同一样，即使身体受到的伤害程度相同，人们感受到的疼痛程度也各不相同。有些人可能会对别人的大发雷霆不以为意，有些人则可能无法对别人遭受的折磨感同身受，都是同一个道理。为什么安慰剂在缓解疼痛方面如此重要，其原因就在于强大的心理因素。

后来，业界放弃了上述被称为"动脉结扎术"的手术治疗方法，到了 20 世纪 90 年代，科学家又研发出一种创面更小、技术更复杂的"心脏支架手术"。支架是一个微小的金属丝笼，通过腹股沟或手腕穿入人体，用它来打开阻塞的动脉从而增加血流量。尽管没有大量的对照研究证明心脏支架手术的效果，但与动脉结扎术一样，病人均报告称支架的效果很好，而且手术在美国的费用仅为1万至4万美元之间，价格也相对亲民。然而，2017年，著名医学杂志《柳叶刀》上发表了一篇论文，文章认为支架手术与早期的结扎手术一样，效果不一定好于假手术的安慰剂效应。

动脉结扎手术实际上并没有消除疼痛的物理来源。患者受损的心脏在手术前后发出了同样的压力信号，但无论手术是真是假，患者对疼痛的体验大大降低。支架手术似乎也只是影响了病人对疼痛的有意识的感知，而并未影响神经信号本身。一位外科医生对此回应说："我们应该修改所有心脏病学指南。"另一位医生还表示："研究得出如此悲观的结果实在令人震惊。"还有一位医生感慨道："研究结果简直令人感到耻辱。"

我们仍然不了解安慰剂发挥作用的原理，但我们已经确切地知道了它的工作机制涉及与情绪反应有关的大脑区域。在传统观点中，情绪被认为是对特定情况的典型反应。如果你受到威胁，就会感到恐惧；如果你遇到意想不到的事，就会感到惊讶；如果你得到加薪，就会感到高兴；如果你遭受身体伤害，比如烧伤、割伤或可能致命的心脏缺血，你的神经就会发出信号,让你感受到疼痛。理论虽然如此,但人体的现实运行模式并不是这样。如果连疼痛这样最原始的感受都不一定与人们所认为的触发因素确切相关,那其他情绪又将如何呢?

5.1 情绪开关

心理学家迈克尔·博伊格(Michael Boiger)和巴贾·梅斯基塔(Batja Mesquita)撰写了劳拉和安的故事。

安给家里打电话说晚上有一个工作应酬,当晚会很晚回家。劳拉本来想多跟安在一起相处,安生病时劳拉花了几天时间照顾她,所以劳拉觉得自己有权利要求安在家多陪陪自己。于是,劳拉在接到安的电话时说,生病后加班是对自己的不负责任,还说安应该放松一些。安觉得自己十分为难:工作进度已经因为生病被耽误了很多,而且已经回来上班还不参加公司活动多少有点儿说不过去。最重要的是,安觉得劳拉缺乏同理心,并且对劳拉家长式的作风感到非常沮丧,于是迅速挂断了电话。但劳拉也很委屈，觉得安把自己的付出视为理所当然，根本没有把自己当回事。

这件日常琐事充分说明了情绪在日常生活中复杂而微妙的相互作用：两个人在情绪上的表达不仅反映了当下的状态，也反映了过去一段时间的整体情况（甚至包括两人在一起以来复杂生活的方方面面）。

我们必须牢记一点，那就是影响我们情绪反应的不仅仅是直接触发它们的即时事件。如果你在商店排队，突然有个人插到你前面，一定程度的恼怒属于非常正常的反应。但是，如果你已经很长时间没吃东西，由此产生的负面情绪就会夸大你的内心感受，进而引发冲突。又或者，如果你开车赶着去面试，却被人强行超车，你可能会产生强烈的愤怒反应，你甚至会认为那个人自私自利，丝毫不懂得尊重他人。然而，若是在情绪平稳的状态下，你或许会保持冷静，认为那个人只是粗心大意，又或者是赶去参加一个重要的约会。

情绪为我们提供了对类似事件做出不同反应的灵活性，具体做何反应则取决于我们过往的经验、期望、知识、愿望和信念。在安和劳拉的事件中，如果两人没有承受如此巨大的压力，安如果没有觉得工作进度滞后，劳拉如果没有觉得安把自己的付出视为理所当然，也没有因为安无法优先考虑与自己共度时光而不高兴，二人可能就会做出完全不同的反应，不仅不会伤害对方，更不会产生愤怒和怨恨的情绪。

我们之所以会因为某种情况或事件而感受到情绪，原因在于我们自发进行的复杂心理计算，计算的过程不仅会考虑到刚刚发生的事情的直接影响，也会参考微妙因素的影响，如当下的环境和你自身的核心情绪（身体的状态）。斯坦利·沙克特（Stanley Schachter）和杰罗姆·辛格（Jerome Singer）发表了一篇题为《情绪状态的认知、社会和生理决定因素》的论文，具体说明了情绪产生的过程，文章很受重视，被广为引用。沙克特和辛格给他们的受试者注射了肾上腺素或安慰剂，但并未告诉受试者实情，只是说注射的是一种叫"磺胺嘧啶"的维生素，假称维生素可能会影响他们的视力，而此次研究的目的就是对该药进行测试。

肾上腺素会导致心率和血压的上升，还会引发脸红、心跳加快、呼吸急促等症状，这些都是情绪亢奋(唤醒度提升)的征兆。第一组受试者被告知兴奋是磺胺嘧啶的"副作用"，而另一组受试者没有得到任何信息。其实，第二组受试者也经历了与第一组相同的生理变化，只是没有得到任何解释。第三组是对照组，他们被注射的是生理盐水，因此没有感受到任何生理上的变化。然后，所有受试者都会被安排到一个设计好的社交情境中。

研究人员要求他们依次前往同一个房间等候，房间里有一位陌生人，看上去也是一位受试者，实则却是一位研究人员。这位研究人员对一半受试者表现得非常兴奋，说自己很高兴成为这项重要研究的一部分，而对另一半受试者，他则表现得很不高兴，对实验不停地抱怨。

在唤醒度为 0 的情况下，研究人员表达的情绪对受试者没有任何影响。这也就是说，注射生理盐水的对照组都表示没有感觉到特别的情绪。但被告知过磺胺嘧啶"副作用"的受试者则不同：因为他们知道注射过药物自己会产生兴奋的生理情绪，所以也表示那人的情绪对自己没有影响。最后是那些没有被告知副作用的磺胺嘧啶受试者，他们普遍表示自己感受到了高兴或愤怒的情绪，具体哪一种取决于陌生人的具体表现。他们的大脑显然已经因为所处的唤醒状态以及感受到的外部环境构建出了一种情绪感受。

沙克特和辛格将实验对象放在一个简单且受控的实验室环境中，实验结果可以有效说明情绪的起源，而这种方式在更为复杂的现实世界很难实现。但其实在现实生活中，我们根本不必接受肾上腺素注射，许多日常现象都会引发生理唤醒（情绪唤醒），而后续仿效沙克特－辛格研究的实验就对部分现象做了研究。实验结果表明，除了注射肾上腺素，诸如运动、嘈杂的噪声、拥挤的人群和受到惊吓等都能够引发生理唤醒，并会在诱发事件停止后的一段时间内持续发挥作用。与注射肾上腺素一样，这些因素也会让人感到愤怒、喜悦或其他与唤醒相关的情绪，具体什么情绪取决于具体发生的事件。在其他相关研究中，研究人员还发现，运动和噪声都会显著放大对于挑衅做出的攻击性回应。在另一项研究中，研究人员还发现运动后的唤醒状态会增加我们对异性的吸引力。

5.2 情绪错觉

由此可见，沙克特-辛格实验证明的是与安慰剂效应相反的情况：安慰剂的研究表明，即使你已处于通常会引起某种特定情绪的状态（对心绞痛患者来说就是劳累状态），但也可能感受不到这种情绪（疼痛）。然而沙克特-辛格实验证明的是，即使你并不处于触发某种情绪的情境中，或者该情况引发的情绪通常并不强烈，可你仍可能强烈感受到这种情绪，而这种"错误归因"——与你所处的环境完全不相称的感受，其实是一种情绪上的错觉。

对情绪的感知会导致产生某种与视觉的感知类似的现象，这种相似并非偶然：你的大脑在评估情况并产生情绪时，所采取的方式与解码视觉功能的方式十分相似；事实上，这也充分说明了大脑的基本运转方式。在神经科学看来，不管是客观世界还是人类社会,我们对现实的感知都是我们主动构建的结果,而非对客观事件的被动记录。

为什么会这样呢?我们的大脑也没办法,它不得不选择捷径,因为我们有意识的心智能力太有限,无法处理直接感知到的大量信息。就拿视觉为例,一张反映你周围环境的数码相片至少需要几百万字节的数据,而你的意识能够处理的信息带宽估计不足每秒10字节。如此一来,如果你的意识必须根据数百万字节数据信息来理解视觉世界,它一定会像一台超负荷运转的计算机一样出现故障。大脑为了避免自己不堪重负,于是选择使用有限的数据,还会采用一些技巧填补空缺,过程与图像处理程序中的锐化相似——只是我们大脑的"锐化"过程要复杂得多。也可以这样说,你看到的东西并非对外部影像的直接再现,你的视网膜只记录了外部世界低分辨率的图像,经过大脑的无意识的处理后,你的感知才再次变得清晰而锐利。为了完成这种锐化,大脑不仅采用了光学数据,还借鉴了影响情绪构建的其他因素——包括你过去的主观经验以及你的期望、知识、欲望和信念。

我在《潜意识:控制你行为的秘密》一书中记录过一个经典实验,充分说明了人类听觉系统的运行方式。当你听别人说话时,听到的其实只是全部听觉数据中的一部分。你的无意识声音处理中心通过猜测填补了其中的空白,然后再将感知的信息提供给你的意识。为了证明这一点,研究人员事先录制了"各州州长与各自的立法机构在州府会面"这句话,计划在实验中将其回放给受试者。但在播放之前,他们抹去了"法"这个字,用咳嗽声取而代之,这样一来,受试者听到的就不是"立法机构",而是"立……机构"。研究人员事先提醒受试者录音中间会出现咳嗽声,并向他们提供了音频的文本以便他们能够找到咳嗽的确切位置。如果人类的听觉体验是所有听觉数据的直接再现,那么受试者应该很容易就能够识别出被掩盖的字。

然而事实竟然是没有一个受试者能做到这一点。为什么会这样?原因就在于受试者对"立法机构"这个词的发音太"了解"了,20名受试者中的19名都坚持认为根本没有任何音节丢失。这就说明咳嗽声并没有影响到受试者对这句话做出的有意识感知,因为他们的感知不仅基于实际语音,还包括其他因素,大脑正是利用其他因素填补了缺失的声音。

所以说,感受是一种构建,而不是对视觉或听觉等感官输入的真实体现。事实上,你的社会认知也是如此——你对遇到的人、吃下去的食物甚至是购买的商品的认知都是如此。有人做过一项关于葡萄酒的研究,结果发现,如果让人盲品葡萄酒,他们对葡萄酒味道的评价几乎与其价格没有任何关联,但当葡萄酒被贴上价格标签时,二者就出现了明显的关联性。这并不是因为受试者有意识地认为价格高的酒就应该更好喝,所以才相应地修改了自己的评价。真正合理的解释是,这并非受试者有意识的行为。受试者品尝葡萄酒时，研究人员对他们的大脑活动进行了成像扫描。结果显示，受试者在喝下自认为昂贵的葡萄酒时，确实更容易激活大脑的愉悦味觉中心。这与安慰剂效应大同小异，味觉与疼痛一样，不只是感官信号的产物，还取决于我们的心理因素：品尝葡萄酒时，你品尝的不仅是它的味道，还有它的价格。

说到内心感受，在情绪体验的构建过程中，境遇、环境、代表自身精神和身体状态的核心情绪，都是参与情绪构建的直接因素。大脑整合、诠释这些输入信息的技巧和路径与感知疼痛、味觉、声音和其他感觉时一样，这对我们来说是一个利好的消息，因为触发事件和情绪反应之间不确定的联系可以让我们有有机会、有意识地干预并影响自身情绪，我们将在第 9 章中具体探讨可以如何干预。

5.3 情绪图谱

当前，一些心理学家和神经科学家在评估触发事件和情绪之间的关系方面着实取得了一定的成果，他们甚至成立了一个独立学派，称之为"建构主义学派"。之前业界把情绪分为恐惧、焦虑、快乐、骄傲等类别，该学派对这种划分的有效性提出了质疑。

建构主义学派提出，我们日常用来描述情绪的用语并不单指一种情绪，而更像是对总体情绪的描述，这一观点得到了普遍认同。但事实上，这并不是什么全新的观点，早在 1894 年，威廉·詹姆斯（William James）就在自己的文章《情绪的生理基础》中指出情绪种类之繁多根本无法穷尽，而每一种情绪都对应着一种身体状态。他写道："虽然都被称为恐惧，但害怕淋雨和害怕熊的感觉完全不同。"科技发展到今天，科学家已经可以将这种区别记录下，并能精确追踪不同变量引发的大脑活动。例如，有人做了一个非常有趣的实验，结果说明：对于外部威胁（比如蛇和蝎子）的恐惧和对于内部威胁（如窒息）的恐惧，虽然皆为恐惧，但实际上是完全不同的心理状态，大脑的反应模式也截然不同。

实验针对的是杏仁体受损的患者。杏仁体对许多情绪体验都起着重要作用，其中也包括部分恐惧情绪。实验发现，有些受试者虽然对爬上手臂的蛇和蝎子没有什么感觉，但在吸入了含有高浓度二氧化碳的空气（用来模拟窒息的感觉）时，切实地感受到了恐惧和惊慌。正如建构主义学派的倡导者之一莉莎·费德曼·巴瑞特（Lisa Feldman Barrett）所说："人们把全然不同的情绪个例划归为同一类别，还给它们起了同一个名字，这样的做法毫无道理。"

在建构主义学派看来，人类可能无法了解不同情绪状态之间的细微区别，在将其归类时，也不可能做到万无一失，本来相同的情绪可能被我们划分到不同类别。这也就是说，我们对情绪的划分并不准确，很可能出现重合的现象。我之前说过，我们都把恐惧和焦虑视为截然不同的情绪：恐惧是对特定事物或环境的反应，而焦虑是一种对未来不确定性的恐惧。然而，现实生活中二者的界限可能非常模糊，何为恐惧、何为焦虑很难具体区分。如果你罹患重病，担心自己死掉，有人可能会把你的情绪归类为恐惧，而有人则可能把它归类为焦虑，但无论如何描述，你的情绪感受其实都一样。

建构主义学派认为，我们用来描述恐惧、焦虑和所有其他我们能想到的情绪的语言，虽然被广泛使用，但并没有什么实质性的意义。他们认为，人类幼年学习语言时就因受到所处文化的影响而把各种情绪混在了一起。其实，不仅是对情绪，对于颜色的认知，我们的做法也是如此。大多数语言或文化都对颜色做了确定数量的划分，如红色、橙色、黄色、绿色、蓝色、靛蓝和紫色。但物理学告诉我们，颜色其实有无限多种，从光谱一端的红色到另一端的紫色，中间颜色的变化是连续的，而非割裂的存在。建构主义学派认为我们描述情感的用词和描述颜色的用词一样，都过于随意，不够严谨。

大量跨文化的研究都表明，不同文化的语言在定义"基本"颜色时，想法并不一致，就连被命名的颜色数量都存在巨大差异。很多针对词汇的研究也为建构主义学派的观点提供了有力证据。随着旅行和全球通信变得越来越便利，文化间的相互交流和影响也越来越多，很难再找到一种完全没有受到其他文化影响的文化了。不过，也不是绝对没有，菲律宾的易隆高部落就是其中一个特例。该部落位于一片与世隔绝的森林飞地中，发展依然良好，成功抵御了试图同化他们的所有现代力量。易隆高人在对情绪进行划分时，列出了一种其他文化从没听说过的情绪，当地语言称之为"liget"，描述的是一种狩猎探险时强烈而兴奋且具有攻击性的情绪体验，难怪很难在别的文化中找到类似的情绪。

除此之外，还有一些更为常见的例子，比如悲伤和愤怒这两种情绪，在西方，二者各自独立，而在土耳其，二者却被视为同一种情绪，统称为"kizginlik"（土耳其语）。一般来讲，比起强调和谐共处的东方文化，愤怒类的情绪在强调个人主义的西方文化中更为常见。在大溪地，竟然没有一个专门的词可以被用来表达悲伤之意，一位科学家提到过当地一位惨遭妻儿抛弃的可怜男子，本来应该处于悲伤难过的状态，但那位仁兄竟然觉得自己是生了病，"丝毫打不起精神"。英语中有数百种描述情绪的词汇，而其他语言中则要少得多。例如，生活在马来半岛的彻翁人的语言中只有 7 个描述情绪的词汇。一位情绪研究者曾经说过："不同语言所能辨识出的情绪也不一样，采用的划分方式也截然不同。"这并不是说人们体验到的情绪存在差异，只是说明不同文化对情绪的划分并不能做到真正意义上的严谨。

达尔文认为人类的情绪其实是对一系列典型刺激的预设反应，但上述现象则恰恰说明事实并非如此。我曾与巴瑞特和拉尔夫·阿道夫共同撰写过一篇文章，巴瑞特提出，科学界目前还未曾找到真正客观可靠的标准来界定人或动物是否处于某种情绪状态。阿道夫虽然对此表示认同，但他也与大多数情绪研究者一样，并不认为真的要彻底推翻传统情绪的分类。至于说关于情绪的认识究竟孰是孰非，目前还尚无定论。

5.4 情商研究

2018年秋，一位名叫纳哈林·汶猜（Nakharin Boonchai）的泰国男子开车行驶在泰国国家公园附近的路上，途中遇到两头横穿马路的大象。汶猜不幸撞上了后面的一头，伤到了大象的两条腿。没想到那头象竟然转过身，看着汶猜的车子，先是停了一会儿，然后缓缓走到车旁，抬起脚踩在车上，造成汶猜当场死亡。大象的反应究竟是愤怒情绪使然，还是受到威胁时做出的反射反应？尽管人们对大象的情绪进行了研究，但没人能够确定大象的情绪是否与意识有关，或是在多大程度上与意识有关。如果换作我们人类，答案毫无疑问是有关系。

我们貌似应该对自己的感受了如指掌，却时常发现我们对自己的真实感受及其原因其实一无所知。要使情绪为我们所用（或至少不帮倒忙），首先要弄明白自己无意识的状态、有意识的感受以及生活环境的作用。想要生活得更快乐、更成功，就要利用这些自我认识来提高自己的情商。

我写这本书时，母亲已经年纪很大，腿脚不是很方便，需要坐轮椅，所以只能住在养老院。虽然已年近百岁，但她的身体状况基本还算良好，只是近几年头脑愈加糊涂。她虽然还认得我和其他家人，也能跟我聊聊我小时候的事，但如果让她计算九加三等于几，她绝对算不出来。哪怕是让她在两样东西中选一个来吃，她也选不出来（不过选项中要是有巧克力，她肯定不会错过）。如果你问她现任总统是谁，或她生活在哪个国家，她也都搞不清楚。但有时我去接她时，她看到我就会问："你有什么烦恼？"或"你有什么心事？"每次她问我这话时，我心里真的都有惦记的事，这简直不可思议：人类的情商竟如此根深蒂固，俨然成了我们最牢靠的本能。

如今"情商"一词随处可见，导致大家误以为它由来已久，但实际上，这个词的历史并不长，1990年两位心理学家才首次提出了这个概念，我在引言中提到过他们，二人分别为美国耶鲁大学的彼得·萨洛维和美国新罕布什尔大学的约翰·梅尔。他们曾就情商问题发表过一篇文章，轰动一时，文章一开始二人就提出了情商的定义："所谓情商，指的是一系列技能，这些技能不仅有利于准确评估、表达和调节自己及他人的情绪，还有利于利用感受激励、计划和实现人生的目标。"

"'情商'一词把情绪和智力两个概念融合在一起，这样会不会让人觉得相互矛盾呢？"二人提出了这样一个问题。其实不需要他们提问，人们会自然想到这个问题。我们在前面的部分已经提到过，西方对于情绪的传统认识是将其视为对理性心理活动的消极干扰，而不是积极辅助。不久以前，人们一直认为只有智商能衡量出的各种理性能力才能代表人类真正的智力，其他能力都与智力无关。然而，萨洛维和梅尔发现，情绪与理性根本不能割裂开来，社会上最成功的人士往往都是那些高情商的人。他们还发现，在社会和商业活动中，有些人哪怕智商再高，但只要情商堪忧，也必定会陷入困境。

我们不妨一起看看以下这个例子，是美国西北大学凯洛格商学院的亚当·加林斯基（Adam Galinsky）和三位同事在2008年所做的一项实验。他们让工商管理专业的硕士生参与一场关于买卖加油站的模拟谈判。根据实验设定，买方可以支付的最高价格低于卖方可以接受的最低价格，但价格并非唯一需要考虑的因素，买方和卖方都有其他利益诉求，只要协商得当，还是可以达成一个双方都满意的交易。

谈判之前，受试者被平均分为三组。研究人员给第一组提供了一般性的指导，之后又告诉第二组多去揣摩对方的想法，轮到最后一组时，研究人员则告诉他们要多考虑对方的感受。研究结果表明，那些关注对方想法或感受的人明显比什么都不关注的人更容易达成交易。虽然谈判只是商业系统的冰山一角，但在过去的几十年，研究人员发现，那些能够理解他人感受的商务人士在组织管理、人力资源、领导力及许多其他方面都会表现得更加出色。

科学领域虽然很少讲情商，但其实情商在该领域也十分重要。这个行业竞争激烈，好的研究只是迈向成功的第一步。面对这个研究数量激增的时代，研究者必须要让自己的工作得到同事的关注和理解，拥有这种能力的必要性丝毫不亚于纯粹的科研能力。

另外，无法与他人共情的人也很难交到朋友。他们可能会对社交暗示毫无察觉，对方已经想结束谈话或想给予回应时，他们可能还在自顾自地说个不停；又或者，当对方激动地谈及情感问题时，他们根本不知道该如何应对。情商对人类来说非常重要，两岁或更小的婴幼儿就已经拥有了情商，如果他们看到家人难过，也会一起流泪，或是尝试提供帮助。

情绪状态不仅影响人类的信息处理过程，也会影响人与人之间的交流。情绪是谈话的润滑剂，能够帮助我们理解对方的需求。每次与人相处，我们都会发出情绪信号，要想读懂这些信号，需要有意识和无意识的共同参与。高情商的人知道如何监控自己的情绪表达，从而帮助自己更好地适应他人的反应。他们可以更好地意识到自己发出和接收到的信号，可以实现更有效的沟通。那些常被认为"魅力无限"的人都特别善于解读和理解他人。优秀的领导者不仅能与身边少数几个人实现良好沟通，即使面对大量听众，不管是面对面的交流还是通过电视发表看法，他们都能做到游刃有余。人类有幸拥有理解他人的能力，但与此同时，我们也希望别人能够了解自己。研究表明，我们在与人交谈时，30%—40%的内容涉及的都是自己过往的经历和人际关系。社交媒体上80%的帖子，展现的都是发帖人本人的状态。美国哈佛大学2012年做过一项研究，研究人员与受试者进行对话，谈论内容可以是关于受试者自己，也可以关于他人，谈话过程中，研究人员会对受试者的大脑做核磁成像扫描。最后研究发现，受试者在谈到自己时，明显更多地激活了大脑中与奖励和快乐相关的区域。

还有人做了另外一个实验：实验中，研究人员向受试者提出了195个问题，并告诉他们每回答一个问题就能得到几分钱作为报酬。问题分为三类，第一类关于自我，第二类关于他人，第三类关于客观事实。在回答每个问题之前，受试者都可以对想要回答的类别做出选择。结果发现,如果三类问题的报酬相等,约有三分之二的概率受试者会选择自我相关的问题。即使不同类别的报酬不同,他们还是会更多地选择自我相关的问题,哪怕这样意味着降低收入,他们还是会乐此不疲。基于这一结果,科学家们得出了结论:人类为了获得自我表现的机会,宁愿做出"放弃金钱"的选择。

人类是群居物种,无法单独生存,每个人都是构成社会的一分子。鸟群如果在飞行过程中改变方向,并不会有哪只鸟告诉其他鸟该怎么做。它们会通过与生俱来的思想联系进行协调,每只鸟都能与其他鸟配合得很好。人类也是如此,每个人都相互关联,而情绪正是所有这些联系的基础。

我曾经在某家企业工作过一段时间,有过两位直属老板,都是执行副总裁。第一位老板是位女性,非常关心部门员工,善于解读员工的情绪,能够做到与他们共情,并能积极给出回应。因此,员工对她也是忠心耿耿,愿意为其努力工作。她退休后,接替她的新老板也是一位女士,却不太注重别人的感受。一次动员大会上,她说自己要提升整个团队的利润额,因为只有这样,她才能保证自己的年终分红在5年内突破百万。可想而知,没有人愿意为了她的目标卖力,整个团队的士气和利润自那以后直线下降。心理学把那些能理解他人想法或感受的人称为"观点接收者"。能够做到换位思考的人才能游刃有余地引导集体情绪朝着目标方向发展,才能在竞争与合作之间找到适当的平衡。而那些不会替他人着想的人，必将遭遇更多的麻烦。如此看来，换位思考不仅是一项重要的社会技能，更是提升魅力、增强说服力以及在职场和生活的许多领域取得成功的关键。

第 6 章
动机：想要还是喜欢

克拉拉·贝茨（Clara Bates）是一位年轻母亲，生活在英国德比市，因为年幼的女儿法拉的奇怪举动，贝茨在大约一年的时间里先后两次被房东扫地出门。其实，房东的困扰完全可以理解，法拉经常啃咬房子的地毯和墙纸。贝茨第一次注意到女儿的问题是在训练她自己上厕所的时候，贝茨发现铺在厕所的毯子有点奇怪，破了好几个洞，而且完全不像正常的磨损，女儿鞋子上的尼龙搭扣也神奇般地消失了。

法拉的行为并非没有先例，这些吃奇怪东西的人其实是患上了一种叫作"异食癖"的疾病。1563 年的一本医学书中首次提到了这种疾病，名字源于拉丁语，翻译过来是喜鹊的意思。喜鹊是一种非常聪明的鸟，属鸦科，这种鸟类几乎什么都吃，种子、水果、坚果、昆虫、鸟蛋、小鸟、啮齿动物、户外的宠物食物、路边零散的垃圾，可以说几乎没有喜鹊不吃的东西。但是，如果人也是这样，那显然就是出了问题。

异食癖患者喜欢的东西多少也跟食物有点儿关系，只是不是那些烹饪好的食物，而是用来清理盘子的器物。据称，一位男子会习惯性地喝洗洁精，而另一位女主管则对百洁布情有独钟。不过，说到异食界的顶流，那一定还得是法国艺人米歇尔·洛蒂托（Michel Lotito）。洛蒂托不喜欢去餐馆，倒是喜欢逛五金店，让他着迷的不是别的，正是五金件本身。洛蒂托是个狂热的金属粉，如果金属块太大，一口实在吃不下去，他就会先把它砸成小块，然后再配合矿物油和水一起吞下去。据传，他曾经吃过自行车、购物车，甚至还有一架塞斯纳 150 型飞机——最后这顿"大餐"太过昂贵，他分期付款好几年才把"餐费"付清。洛蒂托的这种行为持续了整整 40 年，直到 2007 年离开人世才算结束。他的具体死因不详，但肯定不会是缺铁。

为什么我们不会像他们那样吃奇怪的东西？为什么我们吃意大利面而不吃枕头？为什么我们一定要吃东西？大脑中的哪些程序会促使我们采取行动，而我们又该如何控制或修改这些程序？

人们一般认为动机指的就是为实现目标而付出努力的意

愿，能够推动并引导我们的行为。有些动机属于生物本能，如对食物的渴望，引发这种渴望的是人的饥饿稳态情绪。与生物动机相对的是社会动机，如获得社会认可及实现目标，这类动机也与情绪密切相关。事实上，情绪和动机之间的关系非常密切，英文中两个单词都来源于拉丁词根"movere"。话虽如此，人类（及其他动物）的动机并不直接来自产生情绪的神经网络，而是来自一个特别的神经系统，即"奖励系统"。

奖励系统是一个非常灵活的机制，有了它，大脑在做出何时需要行动的决定时就会尽可能地考虑更多因素，并对各种可能性进行分门别类，以便做出最合适的选择。原始的生命形式只能根据固有程序和固定规则采取行动，人类则不同，因为我们拥有这一灵活、细致的机制，可以允许我们产生冲动，我们——包括大部分脊椎动物，因此才真正区别于生物形态的机器人。

最新关于动机的研究揭示了成瘾等动机失调现象背后的原因，也分析了人类如何才能管理自己和他人的冲动。我们目前对动机的了解要归功于两次理论上的飞跃，二者前后相隔几十年。第一次飞跃发生在20世纪50年代：由于人类发现了奖励系统及其对人脑其他区域的巨大影响，导致人们最终摒弃了长久以来的内驱力理论。

6.1 探索快乐之旅

如果你读过神经科学的学术论文,一定不会对类似的句子感到陌生:"我们培育出了转基因小白鼠,通过截短马查多——约瑟夫(Machado-Joseph)疾病基因产物(ataxin-3)以及扩展多聚谷氨酰胺链的食欲素特异性表达,成功消除了小白鼠体内含有食欲素的神经元。"文章讲述的是如何治疗睡眠障碍中的嗜睡症,其症状顾名思义,就是白天过度嗜睡。但依我看,文章写成这样,想让人不昏昏欲睡也难。其实,我早已经习惯于学术期刊中对实验过程的晦涩描述,但读到下面这篇文章时,我还是差点儿惊掉下巴。文章发表在1972年的《神经和精神疾病》杂志上,其中有这样一段话:"研究期间,某个下午,我们再次要求患者使用3个小时的晶体管进行自我刺激装置……然后给他找来一位妓女。"后来,有人评价这篇文章时,说它"既学术又色情"。这篇文章出自罗伯特·G. 希思(Robert G. Heath)之手,他在40多年的职业生涯中大约撰写过420篇科学论文。

希思生于 1915 年，最初是一位临床医生，拥有精神分析学、神经学和精神病学多个行医资质。1948 年，他作为高级精神病学家参与了美国哥伦比亚大学的一项研究，该计划旨在改进脑叶切除术，以便更好地治疗精神分裂症和抑郁症。在脑叶切除术中，外科医生需要通过切断连接病人前额皮层和大脑其他部分的大部分神经纤维以从根本上切断病人的前额皮层的连接。科技发展到今天，对前额皮层的研究不断深入，我们现在已经知道这种手术非常不人道，会剥夺掉病人大部分人性特征。

前额皮层是一个复杂而庞大的结构，主要负责接收来自大脑许多其他区域的信息输入，所以在有意识的理性思维中发挥着重要作用。前额皮层有助于组织和统一人类的思维，协调我们的行动和目标，帮助过滤无益的想法，以便让我们在互相矛盾的行为选项中做出选择。除此之外，前额皮层还负责我们的长期规划技能，它可以控制我们的冲动，帮助我们调节情绪。眶额皮层是前额皮层的一个亚区域，科学家认为该区域与情绪体验密切相关。

前额皮层的作用真的很多，但早在希思试图"改进"脑叶切除术时，科学家对前额皮层的功能并不十分了解，甚至认为前额皮层根本没有什么作用。不过，后来他们也注意到，黑猩猩在切除额叶后会变得更加平静，更加服从。在这之前，葡萄牙神经学家安东尼奥·埃加斯·莫尼兹（António Egas Moniz）在额叶受伤的士兵中已经注意到了类似的"性格和个性的变化"，正是基于这一发现，莫尼兹才于1935年发明了脑叶切除术，并因此于1949年获得了诺贝尔生理学或医学奖。

希思和莫尼兹一样，都热衷于对"生物精神病学"这个新领域的研究。"生物精神病学"认为，人类之所以会出现精神疾病，主要原因在于大脑的生理异常而非心理创伤。但希思并不认为脑叶切除术会有什么实质性的效果。没错，手术后病人确实会变得更加平和、更加容易管理，但这一切效果都是通过钝化情绪得来的，潜在的疾病并没有得到真正的治愈。最终，希思确信精神疾病的源头就在人类大脑的深处，在不太容易接触到的皮质下组织中，这些组织位于折叠的皮层之下，已被证实对猫的情绪有着重要影响。当然，猫和人类不同：人类不会像猫一样在后院猎杀麻雀，更不可能睡在床下，但希思的推断基本上也算站得住脚。

科学中各种各样的想法比比皆是，只有得到实验研究的验证才算具有真正的价值。希思并不走运，他感兴趣的大脑区域离大脑表层很远，无法通过传统的外科手术触及。这也就意味着希思很难探求到支持其理论的证据，或许需要等上好几十年的时间。

希思的首次尝试参考了20世纪30年代一些医生采用的手术技术。在这种新型的精神外科手术中，医生将薄电极插入病人的大脑深处读取数据,根据治疗的疾病不同,他们会选择不同区域进行电流刺激或破坏。希思一直在动物身上进行类似的实验,但始终无法在人身上尝试,倒不是因为手术对病人来说风险太高,只是因为他的同事对他的想法持高度怀疑的态度,因此没有人愿意为他提供实验所需的资金和后勤支持。

后来有一天,希思在大西洋城的海滩上闲逛,无意间与一个陌生人攀谈起来,没想到这次偶遇竟然改变了希思的一生。这位也在海边度假的陌生人正是位于美国新奥尔良的杜兰大学医学院的院长。二人甚至还没做自我介绍,院长就兴致勃勃地谈起了自己的工作,说他们学院正在组建精神病学系,还提到哥伦比亚大学的一位研究员,说自己很欣赏这位研究员的工作。没想到他提到的这位研究员不是别人,正是希思。

如果换作今天,要想争取一个教授职位,其过程不亚于竞选市长,既得有雄才伟略,同时又得做得来邮局职员那般事无巨细的工作。那时候的教师聘用程序还比较简单,不需要一级一级的审批,也不需要各种委员会的界定,甚至不用面试,也不用搞关系。如果你跟院长在海滩相遇,彼此赤膊相见,对方很可能当场就给你提供一份工作,而我们这位院长的做法即是如此。

当时,杜兰大学的神经外科医生需要在慈善医院帮忙做手术,一位杜兰大学的老师曾经参与过此类活动,据他描述,那家慈善医院"又大又漂亮,住在里面的都是最严重的病人"。

希思并不关心医院的装修，就像孩子到了糖果店，哪里会关心墙上是否挂着毕加索的作品呢？吸引希思的是医院里无数不合群（时而暴力的）的精神病患者。只要有任何治疗手段可以缓解他们的痛苦，他们都愿意在相关文件上签字。

这一点深深吸引了希思，他把这些患者称为"临床素材"。1949年，希思搬到了新奥尔良，新同事都说他英俊潇洒、魅力十足。他很快说服医院拨款40万美元建起了一个拥有150张床位的精神病科室，这里成了他的科学乐园，他有一个非常崇高的目标：利用他在动物身上使用的深层脑刺激技术，想办法缓解人类精神疾病的症状，同时搞清这些疾病的生物学基础。当然，他最感兴趣的疾病就是精神分裂症。

当时，基于内驱力理论的主流观点认为，人类的动机主要是为了避免不愉快的感受，如饥饿、口渴等。但希思并不认同，在他看来，奖励或快乐与痛苦一样，也是驱动人类的重要动机。他的这一想法或许来自多年的临床训练。弗洛伊德早在几十年前就提出说，快乐在人类动机中起着核心作用。当时，研究大脑物理运作的科学家普遍不能接受所谓的"快乐原则"，但希思备受吸引，他在此基础上做出了更为大胆的设想：据他推测，大脑必定包含一些能够产生这种感觉的结构——所谓的"快乐中心"。希思认为，人之所以会患上精神分裂症，主要原因在于快乐中心的功能失调。希思说："在精神分裂症患者中，痛苦情绪占据了主导地位，患者几乎一直处于恐惧、战斗或逃跑的情绪状态,之所以如此,就是因为他们无法产生快乐情绪来中和那些痛苦心理。"

希思推测说,如果他可以通过刺激大脑而激发出快乐情绪,就可以缓解精神分裂症的症状。他希望最终自己能开发出一种永久植入电极的方法,为病人提供一种可以根据自身需要的刺激手段,这种方法与给头痛的人吃阿司匹林采用的是同一个原理。希思的同事都说他不仅痴迷于治疗精神分裂症,还痴迷于取得"惊人"的突破。或许正因为这一点,他对实验的设计、执行和解释时总是表现得过于心急和草率。

如果你听到有人说你的医生"水平已经领先于时代",那或许并不是什么好事,但在20世纪40年代末,希思确实如此。科学家对大脑产生快乐的区域一无所知,甚至很少有科学家认为人脑中存在这样一个快乐中心。除了希思,也没有人想过要找到大脑的快乐中心。究竟能在何处寻找到目标区域,就这方面而言希思几乎得不到任何指导,他只能靠自己,用他的铅质电极在人类大脑中四处探查,反复试错。

因为缺少现代技术的支持,当时电极放置的位置无法做到精准,一旦出现错误,就可能对患者造成严重的脑损伤,严重的感染也十分常见,更糟糕的情况也不是没有可能。在希思最初的10位患者中,已经有2人死亡,其余8人也都出现了痉挛症状。其中1位病人在接通电流后开始痛苦地号叫,疼得从病床上直接跳了起来,一边撕扯自己的衣服,一边大喊:"我要杀了你!"

然而,希思似乎对这些危险的并发症并不以为然,他的想法是,既然这些患者已经病入膏肓,还不如死马当活马医。的确,他们既然签了字,自愿成为志愿者,这么想似乎也无可厚非。不过,如果以今天的标准评判,这个实验在道德尺度上简直与欧洲的黑暗时代不相上下。一位神经科学家朋友曾经对我说过,他无法想象1980年之前西方文化竟然可以容忍人体试验。其实想想,1980年距离现在其实也没有多久。

后来,是一场科学革命运动让人重新思考实验对象可能承受的风险,也正是从那时起,道德标准才发生了改变。这也就是说,20世纪80年代之前可以接受的一些事情,换到今天,可能就会给你招来牢狱之灾。

1955年,希思终于停止了用电极刺激来治疗精神分裂症的实验,倒不是因为担心参与者继续遭受伤害,而是因为他提出的精神分裂症理论被证明有误,导致治疗根本没有任何效果。但是,就像一位汽车技师在自己经营的变速器店倒闭后,难免会重新开一家卖消音器的商店,希思也是如此。接下来的几十年,他利用其他疾病患者继续实施乱七八糟的电极实验,嗜睡症、癫痫症和慢性疼痛,他什么病都想治,从未停止探寻大脑结构对动机和情绪影响的研究。

希思的理论虽然在具体细节上存在错误,但总体方向还算正确,即所有精神疾病都有一个生理根源。只可惜,精神分裂症及类似疾病的病因在接下来的 60 年里仍未获得实质性的发现。要想准确定位，的确十分困难，科学家无法仅凭观察已故病人的大脑就判断其生前所患的究竟是精神分裂症还是躁郁症，拿到显微镜下的脑组织样本也没有显示出任何明显的区别。后来，一直到了 2015 年，得益于遗传学的最新发展，科学家才终于找到了这类疾病的真正根源。虽然我们现在的认识仍有很多不足，但至少可以确定精神疾病的患者普遍缺少能够参与神经元之间信号传递的基因，相反，与神经炎症细胞有关的基因数量却明显多于常人，很多慢性轻症脑炎都与这类细胞有着直接关系。精神疾病的产生似乎还与奖励系统导致的多巴胺过剩有关，其作用方式并非希思所认为的快乐缺失，真正的原因要复杂且微妙得多。我们衷心希望所有这些发现能最终确保这类疾病得到有效救治。

希思认为，导致精神分裂症的是快乐中心功能的失调，这个想法严重偏离了正确轨道，但他提出快乐中心会对动机起到作用，这个观点倒是被证明有一定道理。他认为快乐是大脑某个特定区域的活动，这一观点很快得到了证实。如今，科学家已经认定大脑的这些区域就是奖励系统的一部分，也是人类产生动机的关键所在。只可惜，希思当年很不走运，由于技术的限制和他自己对实验不够严谨的态度，注定他无法亲自发现他热衷一生都在努力探寻的系统。在希思停止对精神分裂症的实验后不久，两位年轻的科学家无意中发现了奖励系统。两位年轻人本来是在加拿大麦吉尔大学实验室用老鼠练习电极放置技巧，没想到竟然发现了这一系统。

6.2 快乐之源

谁能想到，困扰了希思多年的电极放置的问题却让詹姆斯·奥尔兹（James Olds）和彼得·米尔纳（Peter Milner）歪打正着地找到了。1953 年，奥尔兹刚成为一名博士后，根本没有处理啮齿动物大脑的经验，米尔纳的工作是对他进行指导。为了磨炼自己的技术，奥尔兹决定在啮齿动物身上植入一个电极，具体目标是靠近大脑底部的一个区域，该区域是业界当时普遍的研究对象。但他没有意识到自己放错了电极的位置。

老鼠从手术中恢复后，奥尔兹对刺激其大脑的效果进行了测试。他把老鼠放在一个大箱子里，用电极发出微弱的电流冲击。他发现事后老鼠一直在产生刺激的盒子周围嗅味道，即使被拿开也会马上再回去。而且，老鼠如果本来待在别的地方，但只要他开始刺激其大脑，老鼠就会往刺激发生的区域跑。这也就是说，他可以通过对盒子里的老鼠发出刺激，他让老鼠往哪里跑，老鼠就会往哪里跑。老鼠似乎还很享受这种刺激，总是会主动寻找。

于是，他们对老鼠的大脑进行了 X 光检查，发现奥尔兹将电极插入了大脑深处一个当时业界还不太熟悉的结构区域，即"伏隔核"，简称伏核。伏核是大脑深处一个重要边缘系统结构，大脑的左右半球各有一个，人类的伏核约有糖块或弹珠大小。

奥尔兹和米尔纳再次将电极插入新老鼠的伏核，想看看是否能够复制在第一只老鼠身上的发现，结果没有让他们失望。后来，他们又将实验升级，让老鼠通过按下杠杆主动实现电极刺激。令他们惊讶的是，这些老鼠竟然迷恋上了这种自我刺激的操作，每分钟竟然会按下几十次杠杆。不仅如此，它们对其他事物似乎全都丧失了兴趣——包括交配甚至吃喝。只要留下充足的水和杠杆，它们什么都不会做，只会一直不断按动杠杆，直到最终自己被渴死。

研究人员推断，老鼠之所以上瘾，是因为伏核在它们的情绪愉悦感中发挥了作用。看来，希思当初想得没错，老鼠的大脑中真的有一个快乐中心，而且快乐的刺激作用甚至比生存动力还要强大。于是，他们开始研究大脑还有哪些其他区域可以激发出自我刺激，结果发现沿大脑中线由大量神经纤维束连接的几个区域都是我们今天所说的奖励系统的组成部分。

奥尔兹和米尔纳得出了与希思一样的结论，即获得快乐是我们的主要动机来源。他们为此发表了一篇研究论文，题为《电流刺激老鼠大脑隔膜区与其他区域所产生的积极强化》，当地报纸《蒙特利尔星报》对他们的工作进行了更为吸引眼球的报道，文章标题是《麦吉尔大学对人脑"快乐区域"的发现开辟了人类研究的新领域，这或将成为证明人类行为的关键》。这是希思梦寐以求的惊人突破，只可惜取得如此伟大成就的不是他本人。

我们再回到之前提到的那篇描写男人与妓女的论文。奥尔兹和米尔纳的发现给了许多科学家新的启发，大家纷纷开始在动物身上进行实验。希思的医德虽然遭到了质疑，但他并未停止自己的实验，只是这次他放弃了对精神分裂症的研究，决定跟进奥尔兹和米尔纳的研究结果。他开始像他们那样将电极插入大脑伏核及周围区域——但不是在老鼠脑中操作，而是在人脑中实验。

希思研发出一种方法，即使病人不配合乱动，他也能保持电极位置不变，只有这样才能确保自己可以在真实环境下对病人进行研究。对希思来说，最刺激的真实情境自然与性有关，于是希思于1972年发表了一篇论文，其中描述了自己尝试的一系列实验。实验中，他将电极刺激与色情电影相结合，其中一个案例中，他甚至请来了妓女，他想监测受试者在高潮期间的脑电波变化。希思成功引发了受试者的性高潮，却没有搞明白其发生机制。

科学方法的存在意义重大：可以阻止你得出错误结论，引导你找出合理解释。科学研究往往都是日积跬步的过程，不可能一蹴而就。科学与日常生活不同，科学的每个想法和假设都必须做到精确，每项实验都要做到一丝不苟。如果一名篮球运动员某次比赛的表现特别好，他可能会认为是某双神奇袜子给他带来了好运。但是要想说服科学家相信这一点，你必须做到拿数据说话：所谓的"更好"是什么意思、穿上神奇袜子与穿其他袜子打过多场比赛后证明表现有怎样的区别，他们一定要对数据进行统计分析。伟大的篮球运动员约翰逊正是因为其神奇表现而得到了"魔术师"的称号，但作为科学家，被称为"魔术师"可不是什么赞美之词。

严谨的治学态度绝非希思的风格。希思拥有伟大科学家的某些重要特质：聪明、有创造力、目光远大，对创造动机的物理过程有着真正的洞察力。但是，他的问题是太过马虎和鲁莽。如果这样的人也能被视为伟大的科学家，就相当于说一个人"是伟大的厨师，只是总把食物烧焦"是一个道理。虽然希思是研究大脑快乐作用和机制的先驱，但他的想法和他选择的研究方法都过于离经叛道。这也就是说，尽管希思拥有很多前沿的理论，还发表了400多篇文章，却都没有什么亮点，现在已经普遍沦为科学怪谈。最终，让其想法变成现实的任务落在了他人身上。

6.3 奖励系统

动物时时刻刻都面临机遇和挑战。它们觅食、狩猎，但同时也可能被猎杀。如果想要生存下去，就必须对外部环境和内部生理状态提供给自己的蛛丝马迹加以处理，只有这样才能采取有效行动，而这就是动机系统存在的目的。

原始的生命体并不具备神经动机系统，它们甚至连神经元都没有，却也能对环境做出反应。比方说，细菌就没有奖励系统，它们的行动不是为了寻求快乐，而是因为遇到了某种能触发自动反应的分子。我们前面讨论过，细菌可以感知到营养物质，并能够对其做出反应，当被置于营养物质稀缺的环境中，它们还会联合起来，通过合作提高效率。不仅如此，它们还会冷落那些只知道消耗能量资源却不愿意做出贡献的邻居，它们会捍卫自己的领地，对抗其他细菌群体，甚至还会根据力量对比调整"战斗"策略。它们是如何做到这一切的呢？原因就在于它们能够释放、吸收各种各样的分子，所以才能完成生存的壮举。细菌的这种方法的确很成功，看看它们的数量就能知道。咱们就以人为例，人体内的细菌细胞比人类自身的细胞还要多。人类的这种情况并非特例：地球上细菌生物的数量远远超过了植物和动物的总和。因此，尽管人类或许算是食物链中的王者，但换个角度看，我们其实不过是移动的细菌农场。

尽管细菌如此高效，但是由于没有奖励系统，菌群只能对刺激做出自动反应，如同鲁布·戈德堡机械（Rube Goldberg Machine）[1]的生化版，从本质上来说并不灵活，也因此具有很大的局限性。涡虫一类的生物早在5.6亿年前就拥有了神经系统，最终才能摆脱对预设反应的依赖。这种生物拥有了一种全新的能力：可以评估新的情况，并根据具体情形和目标做出相应的反应。

很多最简单的多细胞生物也具备最基本的奖励系统。以秀丽隐杆线虫为例，它们虽然只有302个神经元，却能使用集中的神经系统整合感觉的输入，然后再采用奖励系统特有的神经递质多巴胺驱动自身发起寻找食物的行为。

随着脊椎动物的不断进化——经过爬行动物、两栖动物、

---

[1] 鲁布·戈德堡机械是一种被设计得过度复杂的机械组合，以迂回曲折的方法去完成一些其实非常简单的工作，例如倒一杯茶或打一只蛋等。设计者必须计算精确，令机械的每个部件都能够准确发挥功用，因为任何一个环节出错，都极有可能令原定的任务不能达成。

鸟类到哺乳动物，大脑出现了更为复杂的奖励系统结构，也就是人类如今拥有的奖励系统。脊椎动物的奖励系统是一个多用途的通用动机网络，不同类型的愉悦刺激都能以相似的方式将其激活。相比于其他动物，哺乳动物大脑中的动机网络要复杂得多。

如果细菌感觉到附近存在营养物质，它的初始设置就决定了它们会追逐食物，而且过程中还能避开无益或有害分子。一个（健康的）人能够通过味觉判断出吃橘子会比啃塞斯纳150型飞机更有满足感，而细菌则是通过生化构成来决定是否吸收接触到的分子，它们不能像哺乳动物一样自己做出决定，而这就是奖励系统的操作优势：我们不会做出自动反应，选择之前我们会权衡各种因素。我们的大脑会评估每个潜在体验带来的快乐，并将其与可能的代价进行权衡；大脑还会借助核心情绪，运用已知信息了解我们的身体状态和各种行动的未来后果以及其他相关数据。只有完成所有这些分析，大脑才会决定我们的目标，并促使我们采取相应的行动。

罗伯特·希思退休那年是1980年，截至当时，其他科学家通过几十年的艰苦努力已研究出了人类与其他动物奖励系统的许多细节。到了20世纪80年代中期，心理学教科书对奖励系统做出了明确的解释：奖励系统是大脑中一套使人快乐的结构，可以通过快乐感觉激励我们采取必要行动以维持生存和发展。这也就是为什么我们会躲开那些给自身带来痛苦和不适的东西，相反会采取行动、最大限度地享受当下。但是一旦大脑的满足感反馈回路减少了奖励系统提供的快乐，我们的行动也会相应停止。现在你知道为什么即使受到进食巧克力和芝士蛋糕的驱使、即使它们能带给你快乐，但最终还是会停止进食了吧。

尽管奖励系统理论对动机的解释远远优越于旧有的驱动力理论，但是有些研究人员，特别是那些研究成瘾的人，还是发现了一些该模型难以回答的问题。比方说，有些瘾君子尽管不再喜欢药物产生的效果，却还是会继续服用。驱动他们的究竟是什么？没有人知道答案。但即便如此，也没有人出来质疑奖励系统的理论，直到一位科学家的出现。这位科学家一直纠结于一个自己无法完成的实验，最终意识到失败的原因并不在于自己的实验方法，而在于实验程序所依据的理论。于是，人类对动物奖励系统的理解再次取得了革命性的突破：这位科学家意识到奖励系统负责的不仅仅是人类体验快乐的程度，它还有其他重要功能。

6.4 想要还是喜欢

对奖励系统的革命性认知重新定义了心理学家对快乐和欲望之间联系的理解。一直以来我们都清楚,人类即使再喜欢某样东西,也会因为不健康或不道德等原因而选择放弃。这个例子可以充分说明意志可以控制我们的行为。但撇开健康或道德不谈,这并不意味着我们不喜欢自己刻意回避的东西。虽然我们会为了穿上心仪的裤子而放弃巧克力蛋糕,但并不意味着我们对巧克力没有欲望,只能说明我们有能力克服欲望罢了。心理学家一直认为,人类推迟或拒绝愉快体验的能力并不能改变我们想要体验它们的事实。我们想要自己喜欢的东西,喜欢自己想要的东西,这道理似乎不言而喻。然而,这个观点其实是错误的,人类用了近30年时间才学会接受真实的情况。

人类首次对此改变认识是在1986年圣诞节前,当时美国密歇根大学年轻的助理教授肯特·贝里奇(Kent Berridge)接到了罗伊·怀斯（Roy Wise）的电话。在过去10年，怀斯在研究多巴胺在奖励系统中的作用方面做出了开创性的工作，正是他的各项研究使多巴胺在媒体上被贴上了"快乐分子"的标签。他此次致电贝里奇的目的是想与对方合作，因为贝里奇是解读老鼠面部表情的专家，可以通过仔细观察发现老鼠从快乐到厌恶的各种情绪。这绝对是一种非常奇怪的技能，但怀斯想进行一项有关快乐的实验，周围没有人能够解读出老鼠什么时候玩得开心（其实也没有多少人愿意做这件事）。然而，贝里奇曾经针对这个问题写过一篇长达25页的文献综述，并且在学术期刊上被引用了500多次。

老鼠的大脑与人类大脑的基本构造相同，只是比人类的大脑要简单很多，老鼠的心理也是如此。对老鼠来说，任何放置了糖水的笼子都如同一家三星级的米其林餐厅。怀斯推断，如果多巴胺真的是快乐分子，一旦阻碍它发挥作用，那糖水对于老鼠就应该和木屑一样完全失去吸引力。因此，他计划给老鼠注射一种阻断该神经递质的药物，比较老鼠在使用多巴胺阻断剂之前和之后对食物的反应。

怀斯知道，在注射阻断剂之前，喝到糖水的老鼠会伸出小舌头高兴地舔嘴巴。根据怀斯的假设，注射阻断剂后，老鼠的快乐反应会减弱。但究竟该如何量化这种变化呢？贝里奇的独门绝技将在此大显身手：舔舐频率是老鼠快乐程度的一个标志，可以用一种叫作"舔舐计"的专门仪器对其进行测量。贝里奇惊叹于怀斯实验的"巧妙"构思,能与这位著名科学家合作让贝里奇备感兴奋。

可是实验失败了。老鼠在多巴胺被阻断之前和之后都做出了同样的快乐表情。如果我们把这一幕拍成一部好莱坞电影,这段情节肯定是贝里奇当晚沮丧地回到家中,茫然地盯着壁炉,冥冥中突然开悟,一切又变得豁然开朗。可是现实中,科学家的反应大多不会如此,他们不会过分在乎失败。贝里奇曾说过:"有时你做了一个实验,但它没有成功。那又怎么样?那就接着再试试呗。"他重复了同样的实验,可是老鼠的反应仍然没有变化。

最终,怀斯本人对这个实验彻底失去了兴趣。但贝里奇跟他不同,贝里奇更年轻,更乐意验证新的想法,于是他再次做了尝试。这次,他用一种强大的神经毒素来攻击多巴胺,"将多巴胺从老鼠体内彻底消除"。可是即使这样,老鼠仍然欢快地用舌头戳戳舔舔。但是,这次贝里奇注意到了一些奇怪的现象。尽管被阻断了多巴胺的老鼠似乎仍然喜欢舔糖水,但它们不会主动去喝糖水了。事实上,如果不强行喂食,那些多巴胺受阻的老鼠甚至会被活活饿死。它们对糖水的享受虽然并未消除,但喝糖水的动机已不复存在。

贝里奇的实验似乎与大众的认识不太一致,驱动我们的难道不应该是快乐吗?这一实验似乎也有悖于我们的常识,如果食物能给动物带去快乐,那么它们为什么不主动进食呢?

贝里奇从中得出的结论是,在人类的奖励系统中,喜欢某样东西是一码事,而形成寻求动机,即真的"想要",又是另一码事。当然,我们大多会想要自己喜欢的东西,但是,这种想要和喜欢真的存在逻辑上的必然吗?

你可不可以只是喜欢某样东西,却不想获得它呢?我们不妨想想人类给机器人编程的过程。机器人大脑在某种特定情况下"感受"到的快乐程度可以从存储器中的数字读取。由此,程序可以提供一个列表,不仅能说明什么会给机器人带来快乐,而且还可以量化每个快乐触发点带来快乐的数量以及持续的时间。机器人的快乐程度——快乐存储器上的数字,会随着时间的推移而变化,具体数值取决于机器人的经历体验。

假设机器人在外面散步时意外遇到了其程序定义为快乐的东西,比如远处玫瑰花的芬芳。虽然朝着玫瑰花的方向走可能会使香味更加明显,也会增加机器人的快乐,但是,启动一个新的行动需要一个新的决定或命令,因此,除非机器人的程序包含了类似"可以采取行动提升快乐水平"的指令,否则机器人就不会改变路线接近玫瑰。这也就是说,要想实现机器人改变路线的举动,需要两个系统的参与:一个是定义"快乐"的系统,另一个是控制"想要"的系统,后者可以帮助触发增加快乐值的行动。

贝里奇的实验让他对老鼠增加了新的认识:喜欢就是愉悦,想要就是动机,二者有所区别,分别由奖励系统中两个不同但是相互联系的子系统负责。贝里奇推测，人类大脑应该也有类似的构造。在我们的奖励系统中，也有一个"快乐存储器"，即我们的"喜欢"电路。但是，要想采取行动，我们必须拥有"追求喜爱之物"的设置，这也就是说，我们的奖励系统中要有一个单独的"想要"电路，帮助我们确定是否存在足够动机去追求某种特定的快乐。

在人类的大脑中，至少存在100种已得到确认的神经递质。大多数情况下，每个神经元都有各自特点，只会采用某一种神经递质来发送信号。贝里奇推断，如果"想要"系统是依靠多巴胺在运行，而"喜欢"系统不依靠多巴胺，那就能给之前的实验结果找到合理解释：通过阻断多巴胺，他们可以移除老鼠的"想要"系统，但没有消除老鼠的"喜欢"电路。如果他的猜测正确，那就意味着多巴胺并非"快乐分子"，而是"想要分子"。

于是，贝里奇决定为其假设寻找新的证据。他已经培育出了喜欢糖水却不想喝糖水的老鼠，那他能制造出会去吃东西却不喜欢吃东西的老鼠吗？答案是肯定的。他用微小的电流刺激老鼠的"想要"回路，诱导它们吞下苦涩的奎宁溶液，从老鼠喝下奎宁溶液时的面部表情判断，它们确实觉得奎宁很难吃。

这个实验有力地证明了"想要"和"喜欢"是大脑中两个独立运行的子系统，但贝里奇的研究并未止步于此。他进一步发现，"喜欢"的子系统采用的是类阿片和内源性大麻素作为其神经递质，这两种物质可以被看作大脑天然产生的海洛因和大麻。这也就是为什么服用这些药物会放大感官愉悦，它们是大脑中真正的"快乐分子"。当贝里奇阻断这些神经递质时，老鼠的行为就会像他假设的那样，似乎不再喜欢糖水了，但是，由于多巴胺的回路依然完整，所以它们想要喝糖水的状态并不会改变。

贝里奇继续在人类行为中寻找证据，试图证明"想要"和"喜欢"并非密不可分。事后看来，找到相关例证其实并不难，对尼古丁等药物上瘾的人便是其中之一，他们拼命想要满足自己的欲望，即便药物带来的快感很少或者根本不存在，他们还是会一如既往。

另外还有一个无伤大雅的例子就是商店陈列的商品，商店采用的陈列方式非常吸引人，从而增强了你拥有它们的欲望，即便你一开始并不"喜欢"，后面也很可能"就范"。

事实上，广告的重点不是激发你对一件物品的喜爱，而是刺激你对它的占有欲。要做到这一点其实很简单，只要把它放在你面前即可，甚至只是一张诱人的照片就可以解决问题。曾经有过这样一个实验，研究人员让受试者看一些高热量食物的诱人图片，同时对他们的大脑图像进行监测。结果发现，食物图片的确能够刺激他们的"想要"回路——当然每个人受到刺激的强度可能不尽相同。在后续研究中，受试者参加了一个为期9个月的减肥计划，那些对图片反应最大的人减起体重来也最为困难。这样看来，科学家其实可以利用大脑成像的数据帮人预测减肥成功的概率。

为什么"想要"与"喜欢"二者做不到相互匹配呢？一个常见的原因是我们获得想要的东西往往需要经历痛苦的挣扎。心理学家发现，如果我们在追求某样东西的过程中遇到障碍，我们会更有可能想要拥有它，却不见得会继续喜欢它。2013年，中国香港的一组科学家对61名男大学生进行了测试，参与测试的志愿者以为自己是在参加快速配对的约会活动。研究人员希望学生们觉得是自己选择好的约会对象，但其实这一切都是实验的安排，为了保证实验效果，研究人员会让所有学生都和同一个女士约会。为此，在活动的前几天，研究人员给学生们发了4位女士的资料，让他们从中选择，但这些资料的内容都已经被设计过，其中一位女士看起来明显更具吸引力，因此最终所有学生都选择了她，也因此被安排和她进行约会。

这位得到所有学生青睐的女士其实也是本次研究的工作人员。她被告知要对一些受试学生做出积极的回应，例如经常微笑、寻找共同话题、提出问题表示出自己的兴趣等。研究人员将这类表现称为"好追"的状态。但是，在与另一组受试学生互动时，该女士被告知要表现得更加冷漠，甚至偶尔拒绝回答受试学生的问题，也就是要表现出"难追"的状态。

约会结束后，受试学生被要求用1(非常不好)到7(非常好)的评分来评价自己对速配对象的感觉，除此之外还要用同一标准来评价"跟对方再次约会的动机强度"。可想而知,被分配到"好追"组的受试学生明显更喜欢约会对象,但被分配在"难追"组的学生反而对再次约会更感兴趣。年轻的受试学生喜欢"好追"的女士,但更希望得到"难追"的女士。真是没想到,著名的"约会顾问"苏格拉底的建议竟然在2000年后因为这项研究得到了验证。苏格拉底曾经建议歌妓西奥多特时不时地抑制自己的感情,不要过于主动,要让男人"如饥似渴",这样她才会吸引到更多男人的青睐。

6.5 "想要"系统与"喜欢"系统

肯特·贝里奇花了数年时间探寻并绘制了大脑"喜欢"系统的解剖图谱。他和团队通过给老鼠大脑注射阿片类药物定位了快乐的来源,继而又通过观察老鼠舌头的舔舐频率标注出那些能够增强老鼠快感的区域。他们最终发现,大脑"喜欢"的来源并非基于某个主要结构,而是分散在奖励系统中很多小型的组织群内。人类大脑中,每个组织群的直径约为半英寸，贝里奇称它们为"享乐热点"。有些小型组织群分布在中脑深处，与伏隔核（十几年前才被解剖学家识别并命名的）和腹侧苍白球所处的位置差不多，还有一些则分布在能够对快乐产生意识体验的眶额皮层中。

贝里奇发现，伏隔核是构成人类"想要"系统的关键构造，该结构比"喜欢"系统更加集中。每当我们想要吃、喝、交配、唱歌、看电视或运动时，真正的信号来源很可能就是脑中只有弹珠大小的伏隔核处的神经元。这也就是说，只有在伏隔核处产生渴望后，信号才会被传递到大脑的眶额皮层，我们才会产生想要的意识体验。

"想要"系统与"喜欢"系统相比是一种更为基本的系统，存在于所有动物物种中，即使是最简单、最原始的动物也有"想要"系统。"想要"系统的进化时间早于"喜欢"系统。事实上，最古老的生物并没有"喜欢"系统，它们的"想要"完全是因为受到生存需要(如食物和水)的驱动。这一点不难理解，毕竟喜欢并不是生存的必需，只要生物有对所需之物产生"想要"的设定，自然就可以维系生存。

但是如果情况相反，也就是说，如果某种生物生来被设置为对维系其生存之物只产生"喜欢"而不产生"想要"的感觉，那么它就不会产生动力去满足自己的需要，最终导致的结果就是死亡。话虽如此，高等动物具备的"喜欢"系统确实也有好处——那就是它不会让我们因为渴望和欲求而直接采取行动。

"想要"的感觉虽然是由"喜欢"激发而来,但我们并不会因为"喜欢"就自动产生"想要"的冲动。在激活"想要"系统之前,大脑会将"喜欢"以及其他因素通通纳入考虑范畴。例如,食物是人类的基本需求,我们理应喜欢,然而,当我们看到美味佳肴时,并不会下意识地狼吞虎咽,而是可能放慢节奏,让大脑在获取有营养的食物的乐趣与维持良好身材之间做出审慎的权衡。在这种情况下,我们很可能放弃自己喜欢的东西。可以这样说,正是因为动物进化出了"喜欢"系统,才有可能进行这种更加微妙复杂的选择行为。可喜的是,这种"自我控制"的决定受到的是意识的支配,我们一般可以通过多加练习和坚定决心来增强这种能力。

最近,贝里奇又填补了动机研究的另一个空白。奖励系统的研究历来都只关注与获取事物有关的动机,而对逃避事物的动机却不够重视,但事实上两者同样重要。几年前,贝里奇发现伏隔核不仅控制"想要"动机,而且还控制"想要"的对立面,即避免或逃离的动机。伏隔核的一端负责产生欲望,另一端则负责产生恐惧,两者之间有一个跨度。贝里奇把伏隔核比作音乐键盘,大脑既可以在键盘的两端弹奏,也可以在中间弹奏。

这一发现最有趣之处在于环境和心理因素可以重新校准伏隔核这个音乐键盘。一方面,面对给感官造成过度刺激的紧张环境(如过亮的灯光或嘈杂的音乐),产生恐惧的区域就会扩大，而同时产生"想要"的区域就会缩小；与之相反，安静舒适的环境则会对伏隔核两个区域产生相反的影响，即会扩大产生"想要"的区域，而缩小产生恐惧的区域。

留意这些现象意义重大，因为我们经常意识不到环境对自身的影响，也无从知晓其中的缘由。举个例子，我有一个朋友，她的办公室总是很嘈杂。她注意到自己自从接手这份工作后，即使没有遇到什么难题，似乎也总是免不了焦虑的情绪。最后，她怀疑罪魁祸首可能是噪声，于是工作时便开始佩戴耳机，焦虑感果然随即消失了。的确，有些人比其他人更敏感，所以也更容易受到环境因素的影响，但总的来说，贝里奇的研究可以帮助人类解释为什么面对同一种情况，身处不同的环境背景下会做出完全不同的反应。

贝里奇经过多年潜心研究，终于在奖励系统方面取得了重大突破，并创立了一个新的理论。他的成果来之不易，起初，所有人——包括他早期的导师罗伊·怀斯都不接受他的推论。在最初的 15 年，贝里奇没有任何资金支持他研究这项理论，所以不得不将其融入其他项目慢慢推进。到了 2000 年，他终于获得了专项研究资金，于是大大加快了研究进度。然而，时间又过去了 15 年，人们这才逐渐接受他的观点，甚至是到了最近，质疑他的声音才渐渐消失。2014 年以来，他论文的每年引用量都高达 4000 次。"肯特绝对是位伟大的先驱者，"他牛津大学的合作伙伴莫滕·克林巴赫（Morten Kringelbach）

评价他说,"面对世人的质疑,他毫不动摇,继续坚持自己的研究,才最终取得这样了不起的成就。"

6.6 被误导的奖励系统

第二次世界大战后期,我的父亲一直被关在德国布痕瓦尔德集中营。尽管数以千计的布痕瓦尔德囚犯都不幸死于人体实验、绞刑或党卫军警卫随心所欲的枪杀,但该集中营对外打出的旗号是"Vernichtung durch Arbeit",即"通过劳动实现灭绝",也就是要让囚犯劳动至死。

我父亲在 1943 年年底被送到了布痕瓦尔德,到那儿之后,他的体重骤降,父亲青壮年时期的体重为 165 磅,而到了 1945 年春天,他的体重竟然只剩下了一半。1945 年 4 月 4 日,美国第 89 步兵师攻克了布痕瓦尔德集中营外围分营——奥赫德鲁夫集中营,随后,由于美军步步逼近,德军被迫撤离主营地,数以千计的囚犯也无奈加入了撤离的"死亡行军"。

而有些囚犯正是利用这种混乱局面才得以死里逃生,

我父亲就是其中的一位。他和一个叫摩西的朋友潜入了一个地窖，躲在一堆箱子后面，在寒冷的地窖中一躲就是好几天，没有食物和水，只能靠着彼此取暖，即便如此也不敢轻易出来。

4月11日下午3点15分，美国第九装甲步兵营的一支部队抵达布痕瓦尔德入口，解放了该集中营。地窖并不隔音，父亲和摩西听到了外面的骚动，终于从藏身之处走了出来，再次重见了天日。他们面前的美国士兵年纪很轻，好多只有十几岁，应该还没成年。

看到憔悴的囚犯和堆积如山的尸体，士兵们感到万般惊恐。那些美国士兵很是慷慨，把自己身上的吃食拿出来分了一些给我父亲和摩西，有巧克力、腊肠、几罐饮用水，还有香烟。

后来父亲告诉我，由于多年食不果腹，再加上那几天又忍饥挨饿，他们已经变得饥不择食，哪怕是只老鼠或一摊脏水，也会让他们心满意足。没想到被解救的当天，他们竟然得到了如此丰盛的食物。父亲及时克制住了自己的欲望，可摩西则不然，他一直吃个不停，一整根腊肠被他消灭殆尽。几个小时后，摩西腹痛难忍，第二天就告别了人世。

不同的人，身体各个方面都会存在个体差异，就像面对美食，我的父亲能够克制住自己，而可怜的摩西却没能做到。一般来讲，哺乳动物的动机系统只能在正常情况下发挥作用，遇到极端情况往往就会失灵。极端情况下，人类真的很难维持生命。有这样一个实验，研究人员先给老鼠制订了一个限制性的喂食计划（在此期间，它们得到的食物数量比自由进食的数量要少），一段时间过后再允许它们自由进食。研究结果可想而知，老鼠会像摩西那样毫无节制地大吃大喝。我们的神经系统在正常情况下可以正常运行，但一旦环境出现异常，稍有不慎，就很可能让我们小命不保，我父亲的朋友摩西就是一个典型的例子。每当社会陷于混乱时就会出现这种问题，有太多人都是因为奖励系统失衡或被其误导而成了可怜的受害者。

当今这个社会，有些人的工作就是要误导我们的奖励系统，好让自己从中获利，食品加工企业就是如此。2000年前后，一家售卖冷冻芝士蛋糕的经销商暂时重新启用了之前长期使用的宣传语——"没有人不喜欢莎莉蛋糕"。10年后，神经科学家保罗·约翰逊（Paul Johnson）和保罗·肯尼（Paul Kenny）拿出了证据证明这家企业的口号果真没错，就连实验室的老鼠都喜欢莎莉蛋糕。当然，莎莉公司倒不见得会把"连啮齿动物都喜欢莎莉蛋糕"作为公司的宣传语，但他们的产品之所以广受欢迎，其根本原因在于：莎莉蛋糕集糖、脂肪、盐和化学添加剂于一身，在满足你的味蕾的同时的确会让你欲罢不能。这样的食物组合不仅会令人上瘾，更会对健康造成伤害：约翰逊和肯尼在老鼠的日常饮食中加入了莎莉芝士蛋糕，结果发现在短短40天内，老鼠的体重就从325克飙升到500克，大脑也随之出现了病理变化。这一结果令人瞠目结舌，即使大家知道莎莉蛋糕含有多达 30 种化学成分，但也很难想象后果会如此可怕。

实际上，实验室的老鼠喜欢的不只是莎莉蛋糕，还有许多其他精加工的食品。科学家用实验鼠做了一项研究饮食和奖励系统的实验：他们把老鼠关进含有糖霜、糖果和蛋糕的全天候"食堂"里，用于对导致强迫性饮食的"类似上瘾的奖励功能障碍"进行研究。要想证明垃圾食品能够诱导强迫性饮食非常容易，大多数加工食品和快餐供应商的经营逻辑就是诱导人们的强迫性饮食。可口可乐公司前高管托德·普特南（Todd Putnam）就曾经说过，营销部门的工作说白了非常简单，就是想办法"让越来越多的人的体重越来越重"。

如果说过度摄入加工食品是一种瘾，似乎还有些不够严谨，但是，如今"成瘾"一词指的不仅是以前那个只与化学物质（如毒品或酒精）有关的狭义成瘾概念了。相反，基于新的神经科学研究，成瘾已经被赋予了更广泛的含义。人们现在普遍认为，赌博、上网、游戏、纵欲和饮食之间存在共性根源，都可能引发上瘾。为此，美国成瘾医学会特意在 2011 年将"成瘾"重新定义为"由大脑奖励系统导致的一种原发性慢性疾病"。

当奖励系统按照进化的方式正常运转时，"喜欢"和"想要"的动机可以同时发挥作用，作用的方式也会更为细微且复杂。不过真心想要研究的话，还是可以对其进行有效区分。

比方说，我们喜欢做爱或喜欢吃冰激凌，可能会有追求的动力，但也可能没有。可是，成瘾物质和成瘾活动导致的是伏隔核的生理变化，因此会极大增加多巴胺的释放量，并因此过度刺激机体的"想要"系统，而且每一次刺激还会继续放大这种效应，让我们产生越来越强烈的冲动，继而重复成瘾行为。科学家将这个过程称为"敏化作用"，由此带来的身体的变化不仅持久，甚至可能永远也无法改变。最让人难过的是成瘾性药物对"喜欢"系统起到的大多是完全相反的作用。由于耐受性的增强，药物带来的主观愉悦效果会不断下降，成瘾时间越长，对药物的需求就会越大，而"喜欢"的程度则会变得越来越低。

有些人特别容易受到这种变化的影响。遗传学家采用全新技术对成瘾进行了研究，终于发现了成瘾与遗传之间的关联：一个人对成瘾的易感性似乎取决于"想要"系统中与多巴胺受体有关的基因。由于各种成瘾现象相当普遍，人们或许会觉得人类基因存在重大缺陷，但事实并非如此：生活在自然环境中的人其实很少会出现成瘾现象，狩猎者和采集者构成的游牧社会中根本没有成瘾问题，老鼠也只是在实验环境中接触到人类创造的物质环境时才会出现成瘾状况。这也就是说，当今社会人们之所以普遍出现成瘾行为，完全是人类"文明"可怕的副产品。我们制造了成分复杂的奶酪蛋糕、危险的药物及其他被诺贝尔奖得主尼可拉斯·丁伯根（Nikolaas

Tinbergen）称为"超常刺激"的产品，它们都是导致成瘾行为的罪魁祸首。

6.7 被操控的奖励系统

丁伯根在位于荷兰的实验室里对水箱里的刺鱼进行了研究，过程中竟阴差阳错地发现了超常刺激的概念。雄性刺鱼的腹部呈鲜红色，即使养在鱼缸中，它们也会划出一块属于自己的领地，并对进入领地的其他雄性刺鱼进行攻击。为了研究刺鱼的这种行为，丁伯根和他的学生用线牵着死鱼靠近正在防御领地的雄性刺鱼。再后来，为了方便起见，他们索性直接用木制的假鱼代替了死鱼。

结果发现，原来刺激刺鱼发起攻击的其实是鱼腹下的红色。刺鱼不会攻击那些形状很像鱼但腹部不是红色的木制假鱼，但会攻击那些形状根本不像鱼但腹部是红色的物体，甚至一辆红色面包车驶过都会让养在窗边水箱中的雄性刺鱼做出攻击行为。最重要的是，丁伯根注意到，如果假鱼的颜色比前来进攻的真鱼更鲜艳，那么这些刺鱼就会无视真鱼，而是会去攻击假鱼。

颜色鲜红的假鱼就是一种超常刺激，是人工构造出来的刺激，比任何自然刺激的效果都更加强烈。丁伯根发现，要想创造出这种刺激其实并不难。比方说，鹅都会习惯性地把零散的鹅蛋滚回巢，但如果它们看到一个比鹅蛋大得多的排球，它们就会忽略自己的蛋，转而去捡排球；又比如，刚出壳的雏鸟会向父母索要食物，但如果看到一个装在棍子上的假喙带有比父母更显著的标记，它们就会无视父母而试图从假喙上寻找食物。在丁伯根看来，如果采用一种人造刺激物，并在设计时夸大其吸引力，那似乎就可以改变动物的自然行为。这个规律几乎适用于所有动物，也正是加工食品业、烟草业、非法毒品集团以及大型（生产阿片类药物的）药厂对他们的人类"顾客"所做的事情。

大多数成瘾物质和成瘾活动都属于超常刺激，超常刺激的出现会破坏刺鱼生活环境的平衡，同样，超常刺激也会破坏个人世界的自然平衡。例如，大多数成瘾性药物本来是天然植物材料，但一旦被提炼成高浓度物质，再对其加工以增强其效力，其有效成分就会以更快的速度被吸收到血液中，而因此促成上瘾结果。

再比如古柯叶：如果只是用来咀嚼或煮茶，古柯叶只会产生轻微的刺激，根本不会导致成瘾。但是，当它被提炼成可卡因或快克[1]时,就会被人体迅速吸收从而大幅提高其成瘾性。同样的道理,如果人们只是通过咀嚼罂粟摄入阿片类物质,那他们并不会对阿片类药物上瘾,香烟也是如此:当人们收割烟叶并将其加工成卷烟时,会加入数百种添加成分,增强香气的同时还能加速肺部的吸收,正因如此,最后生产出来的烟草产品才会比未加工的烟草更容易使人上瘾。酒精也是人类加工的产物:如果人们只是通过吃自然发酵的土豆来摄取其中的酒精成分,而不是去商店买伏特加,那么酗酒人数就会大大减少。

可以这样说,肥胖症之所以流行,其根源就是超常刺激,即食品科学家所说的"绝佳美食"。为了避免营养不良,我们的大脑生来就喜欢高热量的食物,如浆果和肉类等高糖和高脂的食物。但其实这些食物的数量相对稀少,因此患肥胖症的人数也就不会很多。在工业时代以前,人们都是靠摄入未经加工的食物生存,如谷物和其他农产品,饮食结构富含蛋白质且盐分较低,因此肥胖症的人数依然很少。然而,在过去几十年,商业食品加工企业彻底改变了我们摄取的食物,改造方式与毒贩制造成瘾药物的过程十分相似。一旦发现人类的奖励系统会对某些物质产生反应,他们就会将对该物质进行大力再加工,使其能够被血液快速吸收,食物中的物质一旦被浓缩,它们就

---

[1] 一种精制可卡因的名称。

会与毒品一样，迅速流入血液，从而增强奖励系统的效果。

如今，食品公司动辄会花费数百万美元研究如何创造这些绝佳美食，并将整个过程称为"食物优化"。一位从事该领域工作的实验心理学家之前曾就读于哈佛大学，他就说过："我们优化过比萨饼、沙拉酱和泡菜，可以说，是我们改变了食品行业的游戏规则。"

之所以说优化食物的人是游戏规则的改变者，原因在于绝佳美食会干扰人类对食物的自然喜欢，这与上文中排球干扰鹅的母性本能、假喙干扰雏鸟进食的例子是同样的道理。最终导致的结果就是人们对"优化"食物的渴望程度远远超过了该食物所能带给我们的快乐。

据估计，仅在美国，每年就有30万人死于肥胖。但冰冻三尺，非一日之寒，我们如同被温水煮的青蛙，等我们意识到问题时，往往是为时已晚。如今，人类的情绪奖励系统遭到了愚弄和利用，药物的滥用和商业食品科学的发展都难辞其咎。科学可以解释食物使人上瘾的原理，但要想真正避免患上肥胖症，还得靠消费者自己提高警惕。

人类的"想要"系统和"喜欢"系统的构造及运行机制都无比巧妙，丝毫不亚于当初我们发现该机制的整个过程那般精彩传奇。现在，我们已经在分子水平上了解了奖励系统的运行方式，有些人还学会利用人类的行为和生化原理去操纵我们的奖励系统以从中牟利——比如烟草、食品和药品制造商（包括毒贩和某些大型药厂）都受到了利益的驱使。但是，我们作为受过教育的消费者，并非对此完全无能为力，我们可以利用学到的知识做出更好、更健康的选择，不让那些利欲熏心的人得逞。

第 7 章
决心：无坚不摧的意志

迈克·泰森（Mike Tyson）和他的对手近在咫尺，那是1990年2月在日本东京举行的世界重量级冠军赛，第8回合只剩下5秒的时间，泰森的对手是"炸弹"詹姆斯·道格拉斯（James Douglas），事先谁都没想到他能在与泰森的比赛中坚持这么长时间。

道格拉斯抬起肘部，把手放在下巴前，手臂形成了一个坚实的自我保护圈。泰森膝盖弯曲，看起来比对方矮了一头，道格拉斯两眼紧盯着泰森，似乎是在引诱其主动出击。一瞬间，泰森突然挺直身体，右手冲破道格拉斯的保护圈，一个凶狠的上勾拳正好击中道格拉斯的下巴。道格拉斯的头歪向一边，两腿一软，跟踉着向后退了几步,然后狠狠地仰面倒地,滑出去足有半米远。

裁判已经开始倒数了,道格拉斯仍然眼冒金星。裁判员数到 7 的时候,道格拉斯终于靠手肘撑地,挣扎着想要站起来。裁判员数到 9 的时候,他终于站起身,但身体还在一直打晃。HBO[1] 电视台的解说员拉里·莫什特(Larry Merchant)给出的解说词是:"道格拉斯已经不行了。要是再多出 10 秒的时间,泰森就可以冲向道格拉斯补上一拳彻底终结比赛,可惜这一回合的时间已经到了,是结束的铃声救了道格拉斯。"道格拉斯走到自己的场角,距离下一回合开始还有一分钟,他可以利用这个时间好好冷静一下。

第 9 回合开始前,莫什特评论道,现在的局面简直像基层竞选活动一样混乱,如果最终获胜的是道格拉斯,那恐怕就连习惯混乱局势的东欧人也会被惊掉下巴。旁边的另一位解说员是舒格·雷·伦纳德(Sugar Ray Leonard),他也表示,道格拉斯哪怕只是撑过前几轮也足以震惊整个世界。拉斯维加斯迷拉吉酒店的赌注登记人吉米·瓦卡罗(Jimmy Vaccaro)开出的赔率是泰森 27 赔 1,他说:"大家自然还是认为泰森的赢面大。"为了平衡受注,他将赔率提高到 32 赔 1,最后甚至提高到了 42 赔 1。而其他赌场竟然根本没对这场比赛开注,因为没有人愿意押注在道格拉斯身上。当然,那些赌场也不是毫无举动,他们赌注的内容是比赛会持续多

---

[1] HBO(Home Box Office)是美国知名的有线电视网络媒体公司。

久，也就是说，道格拉斯在泰森将其击倒之前究竟能够坚持多久。泰森在过去 5 场冠军赛中都无一例外地成功击倒了对手，而上一场比赛的对手只坚持了 93 秒就败下阵来。其实，泰森原计划的比赛对手并不是道格拉斯。观众期待的是次年 6 月将在美国大西洋城举行的一场"货真价实"的比赛，比赛双方是泰森和更加厉害的拳击手伊万德·霍利菲尔德（Evander Holyfield）。

就在道格拉斯参加这场比赛前夜的晚宴上，拳击推广人唐·金（Ton King）与当时的赌场大亨唐纳德·特朗普（Donald Trump）和霍利菲尔德的经纪人雪莉·芬克尔（Shelly Finkel）见了一面，三人讨论了大西洋城的比赛计划，那将是一场重量级比赛，泰森的担保金已经高达 2200 万美元，而霍利菲尔德的担保金也有 1100 万美元。所以，其实没有人关心道格拉斯的这场比赛，这只不过是一场可有可无的热身赛，算是一次冠军在重大赛事前捞钱的机会。东京这场比赛，泰森的报酬是 600 万美元，为了让道格拉斯应战，当时还是无名小卒的道格拉斯也收到了 130 万美元，这可比他以前的报酬高多了。

就算旁人都不关注"炸弹"道格拉斯，但他的母亲绝不可能放弃他。道格拉斯为比赛进行训练时，卢拉·珀尔·道格拉斯（Lula Pearl Douglas）就已经开始在镇上为儿子打广告。道格拉斯本想让母亲低调一点，但卢拉执意要这样做。她逢人就说儿子要和拳王比赛，到时一定会"把对方打趴下"。

道格拉斯也幻想着能够一战成名，希望用自己的奖金给母亲买份大礼。距离比赛还有3个星期，道格拉斯一天凌晨4点突然接到一通电话，他从电话中得知母亲突发中风，很快就去世了，年仅47岁。道格拉斯内心受到了极大的打击，他说："那段时间，我活得仿佛行尸走肉，没有人能够理解我的痛苦，母亲是我最好的朋友，如今她离我而去，我失去了唯一能够帮我的人。"他的经纪人为他争取了退赛的机会，但他不打算这样做。他说："母亲一定希望看到我的坚强表现。"

后来，《纽约时报》的詹姆斯·斯特恩戈尔德（James Sterngold）表示，当他看到道格拉斯第8轮被击倒时，"就觉得比赛已经结束了"。大多数人的想法都是如此：迈克·泰森把你击倒了，你怎么可能再站起来？道格拉斯回到自己的场角，他内心知道，如果真的再次爬回擂台，泰森一定会对他穷追猛打，寻找第34次一拳将对手击倒的机会。事实上，道格拉斯没有必要继续战斗，根本没人能想到他会坚持到现在，也没有人想到他被击倒后还能再站起来，如果他决定拿着130万美元就此结束比赛，没有人会责怪他。然而，他没有这样做。他站起身，选择再次面对泰森。2个回合后，在距离第10回合结束还剩1分52秒的时候，道格拉斯打出了一套组合拳，竟然将迈克·泰森击倒在地。就算到了几十年后的今天，当初这场比赛仍然堪称拳击史上最大的冷门。

自从道格拉斯击败迈克·泰森后，其他人也陆续战胜泰森。泰森本来十分狡猾，也极具攻击性和力量，拳击手们都很怕他，但道格拉斯暴露了泰森的弱点：只要你有胆量经受住前几个回合，泰森就会变得疲惫，赛况就可能发生逆转。泰森的冠军光环从此不复存在，他再也不是以前的泰森了，但道格拉斯也只不过是昙花一现，后来他又代替泰森与霍利菲尔德打了一场比赛，虽然赢得了2000万美元的报酬，但表现已不复当年的神勇，第3回合就败下阵来，之后不久他便选择了退役。

与泰森的比赛结束后，一位记者问道格拉斯是如何做到能在第8回合被击倒后缓过神来继续进攻，他这个无名小卒如何能做到别人做不到的事情，将迈克·泰森一举击倒。采访中道格拉斯流下了眼泪，他说："我的母亲，我的母亲……上帝实现了她的心愿。"母亲相信他，而他也被一股神奇力量驱使着帮她实现了梦想。这是一个感人的时刻，虽然是有点老套，但揭示了人类经验中最重要的一个因素——坚定的决心。在东京的那个晚上，道格拉斯比泰森更加坚定，当然也比后来与霍利菲尔德比赛时的自己坚定。

如果你问穆罕默德·阿里（Muhammad Ali）能做多少个俯卧撑，他可能会说："9个或者10个。"他显然可以做得更多，但正如他在自传中所写的那样，他刚开始做俯卧撑的时候并不会计数，直到做了很多，每做一个都难受得要命时，他才会开始计数。"炸弹"道格拉斯没有阿里的毅力，但母亲的离去激发了他赢得那场比赛的坚定决心。

我们在实现目标的道路上会遇到许多障碍，能力不足、经济拮据、境遇条件、身体问题，什么都有可能，但决心可以将这些障碍清除。这个道理适用于生活中的所有场景，在体育竞技中表现得尤其明显，因为体育竞技有固定的规则，有明确的输赢界定，也有具体的数据统计。事实上，道格拉斯的胜利并非罕见的特例：在整个体育史上，我们曾经一次又一次地见证过坚定的精神帮助队员实现别人眼中不可能的目标。

就拿 4 分钟内跑完 1 英里这一目标来说吧，无数运动员几十年来一直追求能够实现突破，但始终没人成功。专家也表示人类体能存在极限，并且还提醒运动员不要做这样危险的尝试。然而，在 1954 年 5 月 6 日，英国一位学医的学生罗杰·班尼斯特（Roger Bannister）竟然以 3 分 59 秒 4 毫秒的成绩跑完了 1 英里。1 个月以后，澳大利亚人约翰·兰蒂（John Landy）更是跑出了 3 分 58 秒的成绩。很快，越来越多的顶尖选手纷纷突破了 4 分钟大关。据《田径运动新闻》的报道，现在约有 500 名美国人实现了这一突破，而且突破人数每年都在继续增加，每年都会有几十位新的佼佼者。这一突破就好像打开了某个开关，不是身体上而是精神上的开关，一旦人们意识到这项任务可以完成，便会下定决心刻苦努力，直到实现目标才肯罢休。

莎士比亚（Shakespeare）曾经问过这样一个问题："默然忍受命运暴虐的毒箭，抑或是挺身反抗人世间的无尽苦难，然后通过自身努力把它们清除，这两种行为究竟哪一种更加高贵？"大自然给我们的答案非常简单：当然要挺身反抗。

我们在第六章研究了动机问题，即我们之所以以特定的方式行事，背后的理由究竟是"想要"还是"喜欢"。这一章，我们将研究另一个相关问题，即人的决心，也就是我们不顾阻碍和挑战奋力实现目标的坚定信念。我们当然可以探讨感受进化的起源以及人类所有情绪体验的差异和目的，但我们从最新的情绪科学中学到的最宝贵的经验就是：情绪的基本目的就是为我们提供必要的心理基础，让我们可以更好地抓住机会，面对、忍受并克服一切挑战。这一点不仅仅适用于人类，也同样适用于其他动物，甚至包括最低级的动物。科学家现在已经发现了决心的起源，这绝对是个好消息。他们可以精确地指出大脑中的相关回路，还发现当这些回路因疾病或外伤受损时，人类就会变得无精打采。但是，当相关回路受到情绪刺激后，人又会变得像对战泰森时的"炸弹"道格拉斯一样坚定。

7.1 探索决心的科学之旅

1957 年 6 月，14 岁的智利男孩阿曼多被一阵剧烈的头痛唤醒，头痛大约持续了 15 分钟，随后便慢慢消散了。但是没过几周，头痛在他清醒时再次袭来，再后来又一次再度发作。阿曼多的医生建议他的父母带他去梅奥医学中心做个检查，结果在那里发现阿曼多大脑中长了一个小肿瘤，具体位置在位于大脑中线附近一个充满液体的空腔（或称脑室）。8 月初，医生给阿曼多做手术切除了肿瘤。手术前，阿曼多是一个举止正常、智力普通的快乐男孩，可是手术后，他变得对周围事物漠不关心，只会在房间里发呆，经常一动也不动。即使身体处于一个明显不太舒服的姿势，他也不会做出调整。如果有人发出指令，他会牢牢地抓住一个物体不放，却不回应一句话，也不会做出其他反应。除非有人对他说话，否则他不会主动开口，就算有人与他交谈，他也只会给予简短的回答。他不会主动吃东西，但如果有人喂到他嘴里，他也知道把食物吞下去，却不会咀嚼，也不会对食物的味道做出反应。他认识自己的父母，但对他们或其他任何人都没有任何情绪反应。如果说"炸弹"道格拉斯的决心给了他无限的力量，那体现在这个男孩身上的就是极致的冷漠。

手术大约一个月后，阿曼多大脑的肿胀开始消退，冷漠的态度也逐渐消失。他开始对环境做出反应，开始再次追求设定的目标，也懂得如何与周围的人互动。他突然之间恢复了正常，会喊父母的名字，会主动开口说话。他开始与医生友好地打招呼，听到笑话也会发笑，对周围的环境再次表现出了兴趣。他非常努力地学习英语,很快便能与不会说西班牙语的工作人员用简单的英语沟通。当时,没人明白为什么会发生这种情况:肿胀可能破坏了哪些大脑结构?不过,50年后的研究终于找到了可能的答案。

人类作为生活在地球上的物种,生存繁衍是我们的首要指令。不过,除了它,我们也有次级指令,正是这些次级指令程序赋予了我们寻求回报和避免惩罚的决心。决心是进化提供给人类的一种特质,可以辅助我们完成首要指令。决心与所有的精神现象一样,也由心理和身体两部分组成:"炸弹"道格拉斯的故事充分说明了心理部分,而阿曼多的故事则说明了身体的部分。两者紧密地交织在一起,尽管决心产生于大脑的某种物理变化,但也可能为某种心理活动所触发。失去亲人会改变大脑,鼓舞人心的谈话会改变大脑,脑部手术会改变大脑,从长远来看,就连锻炼和冥想也会改变大脑。

人类的大多数情绪过程都是以一种复杂的方式分布在大脑的多个区域。我们已经知道,"想要"和"喜欢"动机来源于大脑的奖励系统。决心也是一种复杂而多面的心理现象,不过直到最近,神经科学家才终于确定了大脑中直接参与创造决心的明确网络或途径。2007年,当有人发现竟然有物理神经回路支配决心时,业界的反应十分震惊。该神经回路包括两个共同作用的不同网络,分别为"情绪突触网络"和"执行控制网络"。

情绪突触网络由微小的节点组成,这些节点锚定在一组结构中，在我们情绪生活中扮演各种角色，这些就是所谓的边缘结构，具体包括我们在引言部分提到过的岛状体、前扣带皮层和杏仁体。执行控制网络包括执行性前额叶皮层中的各个站点，该区域负责在持续注意和工作记忆方面发挥作用。

20世纪90年代，用于研究大脑的高科技新方法源源不断地涌现，我们似乎很快就能弄清楚解剖学家很久以前就已发现的大脑器官的功能。但事实并非如此，新技术非但没有帮助我们更了解大脑，反而让我们认识到大脑令人眼花缭乱的复杂程度。科学家花了很长时间才搞明白他们的发现。在大脑的总体结构中，有许多精细的子结构及不同的区域，连接这些结构的神经线路非常复杂。有些专家努力想要制作出大脑的线路图，结果画出来的东西更像是一锅意大利面，简直是乱作一团。

最新研究发现，几乎没有哪一种大脑功能完全专属于某个特定区域。人们可能通过刺激或破坏局部的脑组织触发特定效果，但这些组织只不过是一个更大装置中的一个小齿轮而已：大脑的一般功能通常都是通过多个节点网络的相互作用才得以实现，这些节点有大有小，最小的直径只有几毫米，散布在大脑多个结构中。情绪突触网络和执行控制网络正是这样两组解剖结构。

"突触"一词是"最引人注目或最为重要"的意思，它准确描述了情绪突触网络的作用，即监测我们的内部情绪和外部环境，把最重要的东西记录下来。美国加州大学旧金山分校的神经学家威廉·塞利（William Seeley）就是发现了该网络的科学家，他曾经说过："人类大脑不断接受感官信息的轰炸，所以必须对信息进行评分，判断它们能在多大程度上指导我们的行为。"情绪突触网络的作用就在于此，它们在这些输入信息中识别出最相关的信息，并在此基础上要么刺激人类采取行动，要么指导人类听之任之。

执行控制网络的工作则是让你专注那些与自身目标相关的事情，同时忽视那些令人分心之事。一旦情绪突触网络被激活，执行控制网络就会立即启动，它会调集脑部资源，帮助你在必要时采取行动。

2013年，斯坦福大学医学院的一个神经学家团队生动地演示了当情绪突触网络中一个节点受到刺激时的人会产生的感觉。其实这是他们的一个意外发现：他们当时所做的研究是要找到一名严重癫痫患者癫痫发作的根源，并希望在不影响患者正常生活的条件下消除病灶。为了确定问题区域，他们在该患者大脑的不同区域植入了电极，施加了几毫安的电流，同时观察其身体的反应。他们还会随时询问患者的感觉、想法和感受。

在其中一个电极植入周期，患者的回答令他们感到无比震惊。那人竟然说自己感受到了"决心"，这种感觉与任何特定的目标无关，只是一种抽象的感受，他把这种感觉形容成必须在风暴中开车上山时会产生的情绪。那种情绪不是恐惧，而是一种积极的感觉，它会不断督促你："加油，加油，再加油，一定要开过去。"这与拳击手道格拉斯的经历很像，只不过该患者强调，他并没有感受到任何具体要征服的目标，而只是产生了一种坚定的感觉，并没有什么前后联系。

医生们真的很幸运，竟然无意中把电极植入了复杂的突触网络中的一个小节点。他们把电极向一边移动了几毫米，决心的感觉当即就消失了，但只要电极被植入正确位置，病人就又会产生需要采取行动或继续坚持的紧迫感。医生们随后在另外一个患者大脑中同样的解剖位置也找到了这个节点。

该研究的主要作者是神经学家约瑟夫·帕尔维兹（Josef Parvizi），他感慨道："我们找到了精确的解剖位置……大脑该区域负责的就是与毅力相关的复杂心理和行为状态。"他们只是刺激了大型网络中的一个节点，并因此造成了一种与具体目标或背景无关的感觉，可他还是十分感慨："我们通过向有意识的人类个体脑细胞群提供电流脉冲，竟然能产生与毅力等人类美德有关的高层次的情绪和想法。"

突触网络发挥的重要作用主要体现在其众多节点及其与大脑其他部分的广泛联系上。突触网络位于大脑器官的中线，可以与执行控制网络和额叶的其他"执行"区域及参与复杂情绪和产生生理反应的大脑皮质下部分进行对话沟通。因此，它们既了解我们的想法，也懂得我们的感受。

如果突触刺激的影响被诸如 β-受体阻滞剂一类物质削弱，病人的活力就会变低，导致异常迟钝的反应。当网络中的元素遭到严重破坏时，如阿曼多的情况，人就会变得极度冷漠。

但是，如果网络中的元素都能做到全力以赴，导致的结果就是人会产生坚定的决心。按照塞利的说法就是，你会迫切地感到"想要采取行动，想要继续坚持。"这似乎就是"炸弹"道格拉斯因母亲去世诱发出来的身体表现，仿佛他的大脑中一个掌管"决心"的开关被打开了一样。

决心的产生竟然可以追溯到大脑中某个具体而特定的变化，而且现代技术还可以识别这一过程，这是不是把事情想简单了。然而，2017年的一个实验得出了惊人的发现，科学家在实验室环境中再创了"炸弹"道格拉斯的奇迹，从而证明了这一发现的宝贵价值：他们通过刺激大脑中的情绪突触网络/执行控制网络复合体，真正打开了大脑中的"决心开关"。

7.2 提升决心的方法

2017年的一项实验中的"卫冕冠军"和"挑战者"并不是真正的拳击手，而是啮齿类动物，你可以把它们想象成老鼠界的泰森和道格拉斯。我们虽然不能强迫老鼠打拳击，却可以强迫它们参与体能竞赛。为了实现这个目的,科学家将两只老鼠分别放在一根狭窄管子的两端。老鼠的本能反应就是往前跑,争取能够尽快脱身。但是由于管子太过狭窄,两只老鼠中只有一只可以通过,另一只不得不放弃既定策略,选择向后退。这个实验就像一场反向的拔河比赛,两只老鼠最初都想往前走,但最终必定会有一只退缩。两只老鼠体格相当,所以决定最终结果的不是体力,而是决心。

实验者进行了一系列类似的竞赛,最终确定出了一大批赢家和输家。决出胜负后,他们把失败的老鼠放在一起,用光遗传学的尖端技术对每只老鼠加以刺激以打开其大脑中的决心开关。老鼠能否利用决心开关的作用实现反败为胜呢?

研究人员在老鼠大脑中的一个精确点位植入电缆发射激光脉冲,借此将附近的神经元"打开"或"关闭",失败的老鼠经过刺激后再次被送去与之前胜利的老鼠一决高下。这一次,因为打开了决心开关,80%—90%之前失败的老鼠竟然都赢得了比赛。

我个人认为这些老鼠的故事和道格拉斯的胜利一样鼓舞人心。道格拉斯的故事充分证明,只要有适当的决心,我们就能够将自己变成超级人类(超越原来的自我)。但老鼠的故事也让我相信,这种决心开关的想法绝非异想天开:通过刺激相应的神经元,我们确实可以提高人的韧性和决心。

依照斯坦福大学研究小组的发现,执行控制网络的结构与功能在不同人之间存在先天差异,这种差异决定了一个人应对困难情况时的能力表现。帕尔维兹说过："这些先天性的差异有可能在儿童时期就被发现，如果那样的话，我们就可以通过行为治疗、药物治疗，或像前面提到的电刺激疗法及时对问题加以应对。"在帕尔维兹提出这一观点后的几年里，先后出现了很多有关增强决心网络的相关研究，要实现这一目标，我们不需要真有亲人去世，也不必将激光脉冲射入大脑。

有两种方法非常有效。第一种就是如果你久坐不动，你可以多进行一些有氧运动。最近一些研究已经得出结论，每天只需坚持 15 分钟的运动，就可以让你的心脏更加健康，也会让你的执行控制功能变得更好。二者表面上看似乎不存在什么联系，但已有切实证据显示运动可以增加一种叫作 BDNF[1] 的"生长因子"。生长因子就像大脑的肥料，可以帮助大脑建立新的连接，即我们平常所说的能增强大脑的计算能力，帮助我们学习和适应环境。动物研究已经发现 BDNF 水平的提高可以减少抑郁症并增强人的适应性。

当然，增加运动量本身或许也不是轻而易举的任务，如果你的执行控制能力差，或许根本就不会有决心开始运动。

但是，只要你能让自己动起来，运动就会不断增加你的执行功能，也因此让运动这一决定变得越来越容易，这样就形成了一个对你有利的积极反馈循环。

---

[1] BDNF（Brain-Derlved Neurotrophic Factor），脑源性神经营养因子。

另一种提高决心的方法是正念冥想，它可以让人学会控制注意力、调节情绪和提高自我意识。研究人员对一组吸烟者进行了为期两周的正念训练，结果发现他们的吸烟量竟然减少了60%，这对吸烟者来说绝对算得上是难得的进步。大脑的成像结果显示，经过冥想后，人脑的执行控制网络的活动明显增加。

有些人天生就具有较高的执行控制力，属于天生的"行动派"。他们不会让任何事情成为自己追求目标的障碍，对他们来说，决心本身就是一种生活方式。而对我们大多数人来说，知道自己可以通过做一些事情来加强决心，也绝对算得上一个好消息。

7.3 机器人的冷漠

我们的情绪系统能够判断出我们何时必须采取行动，这是人类以及其他动物区别于计算机的特征之一。我们不妨看一下汉森机器人公司 2015 年开发出来的机器人索菲亚。索菲亚的面部设计以女演员奥黛丽·赫本（Audrey Hepburn）为原型，看起来很像真人，说起话来也是如此，甚至能够做出惟妙惟肖的面部表情。但她与人还是存在本质区别。

根据程序设定，索菲亚对很多刺激都能做出一对一的特定反应，比如她的对话能力，其实是来自程序中预先设定的反应。尽管索菲亚的外表是人的模样，但它与其他计算机一样，并不具备独立思考和行动的能力。如果你把她带进一个房间或一个花园，或是带上一条繁忙的街道，然后你再打开她的电源，她会怎么做呢？她会四处打量这个房间吗？不会，因为那么做需要好奇心。她会凝视花园的美景吗？不会，因为她没有享受的意识。她会小心翼翼地离开街道，走去安全的人行道吗？也不会，因为她没有避免伤害的动力。

像索菲亚这样的机器人表面上可以极具魅力，言谈间透着幽默，甚至能用轻松戏谑的语言让你卸下心防。但她并不像人类那样能自主"决定"自己的行动，只是在执行一套固定的指令，从被激活的那一刻起，她的所有行动都是依靠执行程序下达的指令。因此，如果她在公开场合遇到程序规定以外的事情，她根本不会做出反应。比方说，如果火警警报响起，她根本不会逃离；如果给她一块巧克力，她也不会感受到诱惑。

像索菲亚这种只能对预设的触发因素做出反应并执行一系列预先设定的行为，其实是生命在进化史的早期阶段就发展出来的技能，该技能仍然存在于所有动物的基因之中，包括人类。但是，人类等高等动物不同于更原始的生命形式以及机器人索菲亚，我们还拥有对并非事先预设的情况加以判断的能力，以及基于自身判断决定是否采取行动的能力，正是这些能力让我们能够应对越来越复杂的现实情况。

我们在第三章已经说过，说到根本，人类的感觉可以做二元区分，即可以将所有体验都分为两种，或好或坏，这也就是心理学家所说的核心情绪，在核心情绪的基础上又衍生出了恐惧、焦虑、悲伤、饥饿、痛苦等基本感受。当然，人类的情绪比那些高等动物还要再复杂一些，大脑回路还会产生细微而复杂的社会情绪，如骄傲、尴尬、内疚和嫉妒。所有这些情绪相互作用，最终才会产生采取行动或不采取行动的决策。即使追求目标的过程十分艰难，我们也会继续努力，这就是情绪的一个了不起的特质。

7.4 决心调查问卷

如果我们想要游刃有余地应对各种环境，就要不断评估潜在行动的成本和收益。只有认识到这一点，我们才能更好地理解决心在动物大脑中所起的作用。大脑的决心回路还可以帮助我们判断目标重要与否，决定哪些可能的行动值得进一步关注或付诸实践，哪些则应该被我们忽略。这些回路反馈到我们的思维、感觉和运动回路中，通过改变这些神经的工作过程而提高效率。无论我们面临什么任务或是试图解决什么问题，只要拥有成功的动力，我们的内在精神和身体能力就会变得更强大。

当然，一个人的决心到底能有多坚定还取决于具体的情况。话虽如此，但我们每个人都有一个基准的决心或动力水平，心理学家还专门开发出一些调查问卷对此进行评估，有的可以由医生或熟悉调查对象的人帮忙填写，有的可以由调查对象本人自己完成，我下面提供的版本就适用于后者。对那些患有严重精神障碍的病人来说，我还是建议朋友或家人来帮忙回答，这样得出的评估结果会更加准确。

一位研究动机的科学家认为："冷漠……这种不太理想的人体机能不仅会出现在心理病人身上，还会困扰数百万的普通人。有些人每天消极地窝在电视机前，一坐就是几个小时，有些人坐在教室的后排眼神空洞，还有些人每天上班都惶惶然等着周末的到来。"

> 你的决心到底有多强大？要想知道答案，你可以参加下面的测试。以下每个问题都有4个选项，分别为"非常正确""基本正确""不太正确"或"完全不正确"，请根据实际情况选出你的答案。

非常正确计1分；基本正确计2分；不太正确计3分；完全不正确计4分。

1. 我对很多事情都感兴趣。____
2. 我能够做到"今日事，今日毕"。____
3. 我能够主动做事，不需要人督促。____
4. 我喜欢拥有新体验。____
5. 我喜欢学习新事物。____
6. 我做事总是非常投入。____
7. 我对待生活十分认真。____
8. 我不会半途而废。____
9. 我会花时间做自己感兴趣的事情。____
10. 我不需要每天有人告诉我该做什么。____
11. 我对自己的问题会给予适当的关心。____
12. 我有朋友。____
13. 我很在乎与朋友相聚的时光。____
14. 当有好事发生时我会很兴奋。____
15. 我对自己的问题有准确的认识。____
16. "今日事，今日毕"对我来说很重要。____
17. 我有主动性。____
18. 我有做事的动力。____

合计分数为 ____。

在这份问卷中，所得分数越高表示你越冷漠，分数越低则表示你越坚定。问卷可能出现的最低分是 18 分，身心健康的青壮年所得的平均分是 24 分，而 60 岁以上人群的平均分则达到 28 分。填写问卷者中，约半数人的得分在其年龄组平均分的上下 4 分浮动，三分之二的人的得分在其年龄组平均分的上下 6 分浮动。

该问卷旨在衡量决心的基准水平，这种基准水平不是你在当前环境下所能感觉到的短暂的决心水平，而是长时间以来你相对稳定的决心水平。当然，我们之前也提到过，长期坚持运动或冥想可以提高人的基准决心水平。另外，某些疾病也可能降低人的基准决心水平。事实上，这个问卷最初的开发目的并不是评估健康人，而是评估那些因疾病导致决心下降的患者，如创伤性脑损伤、抑郁症和阿尔茨海默病等，其中 30 至 50 岁脑外伤患者的平均得分为 37 分，抑郁症患者为 42 分，中度阿尔茨海默病患者为 49 分。

7.5 决心的天敌

在一些极端情况下，比如那些额颞叶痴呆症患者，情绪突触网络的退化会使人变得异常冷漠，就像上文中阿曼多的例子一样。但阿曼多的冷漠属于突发现象，他的大脑在手术后发生肿胀，造成了暂时的损伤。额颞叶痴呆症则与之不同，属于渐进发展出来的疾病，这也让研究者有机会可以长时间观察他们的行为如何随着情绪突触网络的缓慢退化而发生了改变。

据我观察，我母亲的变化就属于这种情况。小时候，我和父母以及两个兄弟同住在一套没有电梯的小公寓里。房子本来就不大，母亲还给我们小孩子规定了"禁区"，占了公寓总面积的三分之一。所谓的"禁区"，指的就是客厅兼餐厅，这里的布置比其他房间高级些，地上铺着地毯，桌上蒙着毡垫，沙发和休闲椅还都被盖上了塑料护套（我高中同学将它们称为家具的"避孕套"）。这里与公寓其他地方之间并没有任何实物隔挡，但母亲的"禁令"对我和兄弟们来讲足以像警用隔离带一样有效。

只有到了逾越节和其他犹太节日，我们才被允许进入"禁区"。我小时候，过犹太节日就意味着不用上学，因为我们都要去寺庙祈祷，晚餐时还能吃到正宗的犹太土豆牛腩。我们兄弟三人只能在逾越节以及犹太新年与赎罪日之间那 18 天进入"禁区"，母亲看管得很严，其他任何时候进入都会遭到她的严厉呵斥。我对她设置"禁区"的做法从未多想，因为这对她来说没什么特别的，我了解她打了鸡血一样的性格。母亲如果觉得地板很脏，她不会用扫帚或拖把简单打扫一下，而是会跪在地上像清理手术室那样仔细擦洗。后来，随着年龄渐长，她的膝盖又疼又肿，但即便如此，她每次散步还是要走上几英里，不会绕着街区简单走走就好。如果她在电视上看到自己不喜欢的政客，她不会只是摇摇头表示不满，而是会用意第绪语低声诅咒人家不得好死。当我还是个小孩子时，她向我表示爱意的方式不只是轻轻亲一下，而是要在我的额头上亲好多次。母亲对任何事情都不冷漠，要知道，纳粹集中营里百分之八九十的囚犯都死在了里面，母亲之所以能活下来，凭借的就是她的那份热情。

　　父亲去世后，母亲搬来加州，住在我家旁边的家庭旅馆。那时她已经 80 岁了，大老远搬过来也没忘记带上 30 年前摆在客厅兼餐厅里的那些家具。之后没几年，我开始注意到她身上发生的变化，起初我以为是她心理成熟了才变得不再严苛，比如，即使不是假期，我们坐在"禁坐沙发"上，她也毫不在意。

当我提出把 50 年前的塑料护套从家具上撤下来时，她竟然也同意了。渐渐地，我意识到母亲的变化并非是"被岁月磨平了棱角"，也不是心理成熟导致的结果。但她的表现又不像得了抑郁症，因为她并未出现任何抑郁症的常见症状，如悲伤、绝望或情绪压抑等。可是，她的确开始对身边事物漠不关心，原本的人格也被冷漠渐渐压制，整个人仿佛失去了光彩。直到后来，那个曾经因为我出席宗教仪式迟到而严厉责骂我的母亲，竟然在节日清晨穿着睡衣站在门口，似乎完全丧失了参加重要节日仪式的热情，我才终于意识到事情不妙。

几年后，母亲已经生活无法自理，于是我把她送去养老院接受专人照料。之后不久，一天早上我顺路去养老院的餐厅看她，想着可以和她一起喝杯咖啡，结果发现她正坐在集体餐桌旁吃着熏肉和鸡蛋。母亲深受犹太饮食戒律的影响，一生从未吃过猪肉，现在却破了戒，这严重超出了我的预期，简直比看到她穿着内衣坐在桌前还要震惊。我盯着她半天没说话。

"怎么了？"她问我。我有些不知所措，于是直接道出了事实。"妈，你在吃培根。"她听后耸耸肩回答道："他们给我的就是这个，我还挺喜欢的。"又过了几年，她的精神状况进一步恶化，如果让她自己待着，她会盯着电视看上一整天。鉴于这种情况，我只能把她送进了护理水平更高的养老院。

母亲变化的过程漫长而缓慢，那个曾经有主见、爱表现的母亲变得越来越木讷、越来越呆滞。到我写这本书时，母亲的情况已经非常严重，如果你问她想做什么，她只会微笑；问她想吃什么，她也只是耸耸肩；好在如果你把食物放在她面前，尤其是已经给她切好的食物，她还知道自己动手进食。母亲与患病期间的阿曼多不同，她会把食物放进嘴里仔细咀嚼并认真品尝，然后再咽下去。不过让我开心的是，如果你主动跟她聊天，她仍然可以跟你进行简单对话。以前，她对生活的态度总是"真愁人！太难了！"可现在，她的态度来了一个一百八十度的大转弯，总会跟你说，"别发愁！开心点儿！"虽然这种态度的转变某种程度上也算一种情绪的改善，但更是一种悲哀和无奈，预示着她大脑内部的衰败。

对科学家来说，他们最感兴趣的是伴随年龄增长和认知减退，动机会发生怎样的变化，研究这一点有助于让我们将大脑的结构和功能联系起来。即便我们不是科学家，但了解其中的变化对我们也很有裨益，不仅能让我们更加关注衰老带给自身的变化，而且还能敦促我们尽可能养成良好的保健习惯以避免大脑的进一步衰退。

除了衰老，还有一种生活状态（不是受伤或生病）也会对决心产生严重的负面影响，那就是睡眠不足。你有没有注意到，一些似乎很重要的事情，在你缺乏睡眠时就变得不那么重要了。比方说，我总是会提前一天设置好咖啡机的程序，这样第二天我醒来时咖啡就已经煮好了。这个想法在晚上9点前似乎总是很重要，但如果过了凌晨2点，于我而言就无所谓了，我会觉得醒来后再去准备咖啡也没什么不好。对工作而言，情况也是如此。一般情况下，如果我检查刚写完的章节时发现了许多需要修改的地方，我就会觉得必须对其加以润色。但是，如果我是在深夜阅读，这些瑕疵似乎就不那么碍眼了，我甚至会自欺欺人地认为自己的文笔很好，至于说第二天睡好了是否还会这样认为，那就不好说了。当然，我正是因为意识到了这一点，所以绝对不会在犯困的时候编辑文章。

睡眠对于保持情绪健康，尤其是保持动力充沛起着至关重要的作用。神经影像学研究显示，在快速动眼睡眠期间，大脑每个包含情绪突触网络节点的区域都会有显著的活动。实验表明，这些活动都与这些关键区域内的夜间功能复位有关。

研究中，29名健康受试者被要求详细记录自己两周内的活动和感受，包括自己的梦境。结果发现，受试者所报告的在白天出现的情绪问题中，有三分之一到一半的比例会在当晚的梦境中出现。要知道大多数梦境都可能被遗忘，这样算下来上述这一比例已经很大了。实验充分证明了以下结论：睡眠能够使大脑进行夜间功能复位，恢复适当的情绪突触反应，而这种反应对于指导我们做出适当的决定和行动十分必要。

那么，睡眠不足究竟会引发怎样的问题呢？答案是会引发很多问题。一项研究发现，如果一个人晚上不睡觉，那么看到引发消极情绪的图片时，大脑杏仁体的反应程度（根据功能性磁共振成像显示）就会放大 60%。另有一项相关研究也发现，如果一个人晚上不睡觉，哪怕处于低压力的情形，也会感到压力、焦虑和愤怒。此外，睡眠不足还与攻击性有关。如果一个人每晚只睡 5 小时，持续一周，情绪困扰就会越来越严重（问卷调查结果和日志记录评估显示），包括感受到过度的恐惧和焦虑。

科学家们对决心及其对立面冷漠做了很多研究，让我们对情绪的基本功能有了更为深入的认识。决心对人产生的影响比爱或恨、快乐或悲伤甚至恐惧和焦虑等情绪更为深远。决心不仅能赋予我们行动的动力——主动做事，主动与某人打交道，开口说话，哪怕只是活动一下身体——而且还能促使我们将自己的行动坚持到底，直至最终目标实现。

人类作为有情绪的生物，自然也有欲望，正是欲望决定了我们会制订各种级别的目标，包括写本小说这种宏大的目标以及刷牙这种微不足道的目标。无论目标大小，在实现它们之前，我们都必须下定决心采取行动，而这就是情绪突触网络所发挥的作用。

人类在最佳状态下会表现得精神饱满、意志坚定，而且能够积极主动地做事。我们会舍得花费精力，也会采取相应的行动，表现出我们的决心和热忱。我们能够自我激励，做到坚持不懈，这是证明我们活着的重要标志。其实，这种状态不仅表现在人类身上，就连最原始的动物也是如此。就拿果蝇这种低等生物来说吧，即使是它们的大脑，也能自主决定什么该做、什么不该做，也知道怎样做才能避开捕食者、怎样做才能追求到配偶，甚至还知道求爱被拒时可以借酒浇愁。

PART III

情绪侧写与情绪管理

第 8 章
情绪侧写

格雷戈里·科恩（Gregory Cohen）说过："每个人都是独一无二的存在，在身体、智力上是如此，在情绪上也是如此。"科恩是美国洛杉矶的一名精神病学家，他身材高大，工作认真，目光和善，说话总是轻声细语，但每次谈到工作时则会变得热情高涨，声音也会随之高亢起来。"每个人都拥有相同的情绪工具包，但情绪反应的模式不尽相同，具体情绪表现总会因人而异。这也就是说，虽然大家拥有共同的心理特征，但放到个人身上则会表现出个体差异。有时，由于基因突变或过往的生活经历，情绪工具包可能无法很好地发挥作用，而我的工作就是向那些为自身情绪所困的人提供帮助。"

科恩跟我聊起了他新接收的一位病人，患者名叫吉姆。吉姆之所以找到科恩寻求帮助，是因为他的妻子最近要和他离婚，这让他十分难过。

第一次治疗过程中，吉姆告诉科恩说对方是他的第三任妻子。他说："我们之前一直相处得很好，突然有一天我回到家发现她离家出走了，带走了所有私人物品。我事先没看出任何迹象，完全不知道她有此打算。"

吉姆说他无法理解为什么妻子要离他而去。而事实上，他其实完全不了解妻子的感受，就连她要走了，吉姆都没有意识到问题出在哪里。不过，此刻科恩没有深究，他不喜欢打断病人的讲话，他想继续听听他接下来会怎么说。

吉姆继续道："我很爱她，她也爱过我，她从未像爱我那样爱过其他男人。"关键他们还有三个"优秀的孩子"。所以他实在想不明白对方为什么要跟自己离婚！

尽管吉姆言之凿凿，但科恩非常确定吉姆并非像他自以为的那样是个理想伴侣。在科恩的不断追问下，吉姆终于承认自己有过外遇。

吉姆说："我有外遇的事情都怪她，她都不怎么理我，还嗜酒如命，否则我也不会有外遇。"这次治疗快结束时，科恩得知吉姆的孩子也不怎么跟他说话，就像不理解妻子为什么选择离开一样，吉姆对此也不明就里，他自认为是一个优秀的父亲。

科恩跟我说到这儿时,我忍不住翻了个白眼,他肯定知道在我眼中,吉姆就是个浑蛋加骗子。但科恩告诉我说事情没有那么简单。"没错,表面上看,吉姆确实出轨了,但他并没有说谎骗人,只是对自己的判断出现了错误。在他自己的意识中,吉姆的确觉得自己是个出色的丈夫和父亲,也是一个出色的人。但是在他的无意识深处,事实则刚好相反,他其实为人很糟糕,一点也不讨人喜欢。"

科恩解释说,这是一个自我否认的典型案例。即使自欺欺人地过一辈子需要付出巨大代价,但大脑还是会不遗余力地掩盖内心的痛苦。根据科恩的说法,吉姆的精神状态并非表面看上去那么自大和狂妄,羞耻才是他内心的主要感受,那是一种对自己产生负面评价的痛苦或羞辱的感觉,会导致一系列隐瞒或逃避的冲动。

羞耻是伤害最大的一种情绪,为了保护自己,吉姆创造了一个自恋的外壳,有了这个原始的防御机制,他就可以假装意识不到那种令人无法忍受的无意识自我批判了。

所有情绪都是对某种环境或情况所做出的反应。一般情况下,情绪在显现并指挥了我们的思考过程后就会自动消散,吉姆的羞耻心非常敏感,即使是一些小事,比如大多数人根本不会在意的一些比较温和的批评,在吉姆身上也会引起强烈的羞耻反应。因此,他经常处于羞愧的状态,甚至于形成了生活中的一股暗流,将他所做的一切都蒙上羞耻的阴影。

对于不同的情绪，我们有着不同的体验倾向。科恩谈到每个患者都有属于自己的情绪倾向集合，即他所说的"情绪侧写"。在学术文献中，研究人员对各种相关概念做了研究，如气质、对环境的生物敏感性、压力反应性、情感风格和情绪风格等，其实所指的基本上都是同一个概念。

吉姆的情绪侧写严重倾向于羞耻，所以科恩才说羞耻是吉姆的"主导情绪状态"。人的情绪侧写可能由一种或一组情绪主导，这一观点可以追溯到古希腊和古罗马时期，那时的医生把人分成四种类型，认为乐观的人积极外向，忧郁的人容易恐惧悲伤，易怒的人暴躁且具有攻击性，而冷淡的人总是很慢热。但这种分类方法太过简单了，大多数人的情绪侧写并非由单一情绪主导，而是几种情绪相互影响所达到的一种平衡。

情绪侧写是对一个人每种特定情绪触发点的总体描述，比如其形成的速度有多快、强度有多大，以及一般需要多长时间才能消散。心理学家用来描述情绪侧写的术语包括"临界值""达到峰值的潜伏期""强度"和"复原"等。具体情况因人而异，取决于每个人的具体情绪，特别关乎其积极或是消极的本质。

有些人或许很容易感到伤心或尴尬，却很难受到惊吓；有些人则可能只有身处极端情况才会感到伤心或尴尬，却特别容易被吓到。如果你跟人说，他们看起来很疲惫或他们的衣服看起来很糟糕，有些人可能会觉得受到了侮辱，而有些人则根本不会当回事。这也就是说,对于每种情绪,我们都有不同的临界反应。

所谓"达到峰值的潜伏期",指的是情绪反应的用时情况。有些人焦虑来得特别快,有些人的焦虑则慢慢才能形成。情绪反应的强度也有很大差异:开车时遇到有人强行并线或在杂货店排队时遇到有人插队,有些人只会有点儿郁闷,而有些人则会非常愤怒。最后再来看看"复原",这个概念描述的是一个人情绪恢复到基准线状态的过程。有些人可以迅速放下某些情绪,而有些人总是会耿耿于怀。当我们用"复原"来描述积极的情绪时,听上去可能会感觉有点儿奇怪,比方说,你听到赞美,从中获得了良好的感受,这种感受消散的时间怎么可以被称为"复原时间"呢?不过,心理学家所采用的就是这种说法。

你对每种情绪所做出的反应倾向加在一起,就构成了专属于你的情绪图谱,即你的情绪侧写。这种侧写如何而来?你又如何才能意识到自己的情绪倾向?另外,如果你想的话,是否能对其加以改变?

8.1 先天还是后天

——

我上大学时，有一次带女朋友回家见父母。女朋友问我母亲我小时候是什么样子，一定很可爱吧。没想到，母亲用她浓重的波兰口音回答说："可爱？算是吧，但是，你要是觉得现在的莱尼总爱惹事，那你真应该看看他小时候什么样！别误会我的意思，他绝对是个好孩子，但他只有三岁时，就想要用我丈夫的剃须刀刮胡子，结果把自己的脸划出了血，而这只是冰山一角，很多时候，我们不是在带他去急诊室的路上，就是在去校长办公室接他的路上。他从没变过，估计未来也不会变。多亏你坚持下来了！要知道，很多女孩根本受不了他。我还以为他永远也找不到女朋友呢！"听到她说这些，我赶紧把女朋友带走了，还是做些更愉快的事吧，哪怕是出去铲雪也比听她这么说我好啊。

母亲总觉得自己是最了解孩子的人，知道我们未来会变成什么样子。她说过，我哥哥生来就很害羞、容易焦虑，我我们的情绪侧写是童年经历与基因构成相互共同作用所产生的结果。"

尽管心理学家对究竟哪个因素占据主导地位始终无法达成一致意见，但他们普遍认为，先天存在和后天培养都对我们的情绪发展起到了不可忽视的作用。如今，由于神经科学的兴起，我们对这种相互作用有了比以往更为深入的了解，使得我们有可能将情绪特征与大脑的工作过程和神经网络联系起来。

20世纪90年代，加拿大麦吉尔大学的科学家迈克尔·米尼（Michael Meaney）是首批对先天及后天问题进行研究的专业人士，他的研究极富见地。米尼不愧被誉为"表观遗传学"的先驱，他的发现开创了先河：后天培养的确可以通过某种机制与先天遗传相类似的方式对人的情绪发挥作用。

表观遗传学的核心观点认为：尽管遗传特征被编码写进了生物体的脱氧核糖核酸（DNA）中，但要想它们有所呈现，必须激活DNA的相关部分。科学家曾经以为那些相关部分会自动激活，但现在我们知道，DNA的不同部分其实可以有选择性地激活或关闭，具体由我们所处的环境或经历决定。没错，基因都是与生俱来的，而且还会跟着我们一辈子，但基因并不一定会对我们产生影响，而且大多都可以被修改。表观遗传学研究的正是环境及经历将如何改变DNA对人类的影响。

米尼对先天及后天问题的研究源于一次偶遇。当时米尼弟弟则一直很友好、健谈，而我对任何事都充满了好奇，只可惜不是那种可爱的兴趣，而是那种"好奇心害死猫"的猎奇心理。事实确实如她所料，我的哥哥长大后成了一个独行侠，我的弟弟则成了一名医生，经常因为花太多时间在病人身上被领导责骂。我想我的现状也符合母亲的预判，那个用剃刀做实验的小孩长大后果然成了一名科学家。母亲想得没错，一个人的情绪侧写的确具有与生俱来的部分。刚出生两三个月的婴儿就会笑会闹，也会表现出沮丧和愤怒，而不同的婴儿在不同方面的具体反应也不尽相同。

不过，有一点可以确定，那就是成长经历对我们的情绪侧写起到了非常重要的作用。我们再说回到吉姆的案例，他对羞耻的敏感是他的母亲长期苛责所致。当他还是一个蹒跚学步的孩子时，偶尔因为吃奶咬得太紧，母亲就会发飙，然后把他扔到婴儿床上，气冲冲离开房间弃他而去。转眼间，吉姆长成了大孩子，当他为高中舞会挑选礼服时，母亲找了一件她自己喜欢的衣服并拿给吉姆看，可吉姆并不喜欢，于是母亲转身再次撇下吉姆，一个人开车扬长而去。几十年来，类似这样的事情举不胜举，母亲的负面情绪一直伴随着吉姆，每一次向吉姆传递的信息都是：你很糟糕。科恩说："长大后，吉姆一直无法摆脱童年经历带给他的伤害，不断感受到羞耻是一个极端表现，一个人的羞耻情绪倾向大多是由童年事件累积而成。其实不只是羞耻，其他情绪也是如此。

正在马德里参加一场国际学术会议，会上他遇到了另一位麦吉尔大学的科学家摩西·西夫（Moshe Szyf），西夫的研究领域是 DNA 的化学变化如何影响基因活动。二人虽同在一所大学共事，但之前从未见过面，这次见面后，两人相约去了一家酒吧。据西夫说，两人相谈甚欢，喝了很多啤酒。喝酒时，米尼告诉西夫他正在用老鼠做实验，实验显示，幼鼠在不同的看护条件下会出现情绪差异：相比于那些由更有责任心的母鼠看护的幼鼠，那些被粗心大意的母鼠看护的幼鼠会更容易产生焦虑。他还提到，那些没有得到过太多照看的老鼠，与压力相关的基因会发生某些改变。听到这话，西夫的脑海中灵光一闪：两种幼鼠之间的情绪差异有没有可能是表观遗传学造成的呢？但这一想法有悖于传统的表观遗传学和神经科学的思维。当时研究表观遗传学的科学家普遍认为这一遗传过程仅可能发生在胚胎阶段或细胞癌变的过程中。大多数神经科学家还认为，导致行为长期变化的只是神经回路的物理变化，与 DNA 的表达无关。米尼对西夫的这一灵感很感兴趣，并开始着手研究，最终与西夫展开了合作。

8.2 行为表观遗传学

米尼提到的那些老鼠都处于高度焦虑的状态下，它们对环境中的威胁总是会过度敏感，甚至对不熟悉的事物或意外事件也是如此。如果被放到不熟悉的环境中，它们就会不知所措，如果你吓唬它们，它们还会原地跳起。这些老鼠在经历压力事件后，会释放出大量被称为糖皮质激素的荷尔蒙，使心脏泵血速度更快，肌肉也会为战斗或逃跑做好相应的准备。这种类型的雌性老鼠，由于持续的压力状态，导致无法很好地照顾幼鼠，也无法给予它们正常的关注。

米尼实验室里的其他老鼠则处于焦虑跨度的另一端。到了一个新环境后，它们会对其加以探索。即使被电击，它们也只会释放少量的应激激素。这组老鼠中的雌鼠对孩子也表现得非常关注。米尼注意到，这些雌鼠会花很多时间舔舐梳理幼鼠的皮毛，小老鼠也会表现得十分温顺，这也意味着它们的母亲性格也很温和。而焦虑的小鼠情况则刚好相反，它们的母亲很少舔舐和梳理它们的皮毛，这说明小老鼠的焦虑其实来自照看它们的母鼠。温顺与焦虑的特质似乎存在着代际遗传，但如果西夫的想法正确，他们除了这个还应该有更多的发现。米尼做了一个巧妙的实验，他在幼鼠出生时就将幼鼠和母鼠进行了调换，让焦虑的母鼠抚养温顺母鼠的后代，让温顺的母鼠抚养焦虑母鼠的后代。如果说温和与焦虑这两种情绪侧写可以遗传，那这种交换就应该不会对小老鼠产生什么影响。但事实证明影响确实存在，幼鼠长大后慢慢形成了抚养它们的母鼠的特征，而不再表现出生理母亲的特征。米尼从其他研究得知遗传是影响表现的一个因素，但他自己的实验似乎证明情况并非如此，决定小鼠情绪侧写的是母鼠的行为，而非基因。这到底是怎么回事呢？

米尼和同事通过生理学研究发现，老鼠大脑中主导应激激素受体的基因会受到老鼠幼年生活经历的影响，这种基因决定了老鼠的性格是"温顺"还是"焦虑"。母鼠的舔舐和梳理动作可以激活这种"温顺"基因，但是，如果母鼠对幼鼠疏于照顾，一种叫甲基的原子团就会附着在包含"温顺"基因的 DNA 片段上，基因的作用就会受到抑制，继而导致幼鼠的焦虑。

米尼和同事的研究结果为之前"先天还是后天"这场争论补上了缺失的环节，充分说明先天和后天其实是相辅相成的存在，你的经历会改变 DNA 的作用。但是在当时，这一观点是颠覆性的发现。许多科学家虽然接受了这一观点，但依旧认为发生在老鼠身上的事情不一定会发生在人类身上。于是，米尼又进行了另外一项研究。

米尼和同事取得了一些脑组织样本，来源于儿时遭受过虐待并随后自杀的人体，除此之外，他们还翻阅了大量心理医疗史的记载。结果发现，人类和老鼠一样，受虐人的大脑中创造应激激素受体的基因更容易出现甲基化。童年压力会造成人类成年后应对逆境的能力降低（因此才容易出现自杀倾向）。米尼发现，一个人的情绪侧写同时来自遗传倾向和表观遗传学，这是一个重要的机制，后天培养就是通过这个机制发挥了巨大作用。

米尼和同事的研究结果开创了一个新的研究领域，即行为表观遗传学，这一新的学科为那些受情绪问题困扰的人带去了希望，即使某种情绪倾向会遗传，但也可能通过改变大脑而抑制它的出现。

对我们情绪侧写影响最大的是早期儿时的经历。成年后，我们的情绪侧写通常不会再有太大变化，或多或少已经有了固定的想法，除非刻意努力，否则很难改变。但米尼的研究充分说明，我们其实可以对其做出改变，儿时继承的情绪侧写不一定永久不变。

我们可以改变自己的大脑，但是要想做到这一点，首先要弄明白自己的情绪侧写。

8.3 你的情绪侧写

通常情况下，情绪会对我们的思想、决定和行为产生良好的影响，所以对任何一种情绪免疫都不是好事；但是事无绝对，如果感受太过强烈又会使生活变得更加复杂。一个人的情绪侧写没有对错之分，但有一些属性可以让生活更轻松，而另一些则会造成不必要的痛苦，甚至扰乱你渴望拥有的生活。我们在下一章将探讨如何调节自身情绪以及如何影响他人情绪，不过在此之前，我们需要首先了解自己的情绪侧写，这个过程不仅有趣，而且对我们很有裨益。我想，有些人之所以选择读这本书，是为了把书中的经验应用于自己的生活；而有些人只是想更好地了解人类。即便你属于后者，也不妨碍你认识自己的情绪侧写，因为这不仅有助于你了解自己，也有助于你认识他人。

临床医生和情绪研究人员都强调说，人类情绪最值得注意的一个方面是人与人之间的情绪差异。情绪的范围很广，不同人对相同的环境和挑战做出的反应可能非常不同。为了研究这些个体差异，经过多年努力，心理学家和精神病学家已经设计出许多"心理测试"问卷，并发表在各种学术期刊上。这些问卷可以帮你了解自己在不同方面的情绪侧写，可是，这类问卷的设计初衷并不是为了对情绪进行系统的探索，毕竟每份问卷都是由某位研究人员设计而成的，其目的是了解他们专门研究的某种情绪。我根据此类问卷在学术文献中受欢迎的程度列出了几个比较具有影响力的问卷，仅供大家参考，这些问卷衡量的情绪分别是羞耻感、愧疚感、焦虑、愤怒、攻击性、幸福感、爱情和依恋。填写这些问卷能够帮你了解自身应对日常各种情绪状况的方式。

上述测试的设计者并非撰写心理自助书籍的作者，而是研究人类核心心理的科学家，有些测试的目的甚至是研究有生理障碍或心理障碍的人，正是这些障碍彻底破坏了他们的情绪生活。这些问卷虽然是针对专门人群设计，但都必须先对正常人测试以对结果进行验证。研究人员设计出的这些问卷历经多次实验验证，涉及成百上千甚至上万名受试者，而且还会根据测试情况不断进行修正。心理学家通过这些研究可以确保受试者测试分数的一致性和稳定性。这里所说的一致性是指如果你在星期二做了问卷，星期四再做一次应该得到差不多的分数；而稳定性指的是，如果你分别在今天和六个月后做测试，你也应该能得到类似的结果（除非发生了重大事件或经历了介入治疗）。

我将在下面的内容中介绍这些经过研究验证的评估工具。你可能不想即刻完成所有问卷，而是想隔一段时间做一份，慢慢地完成。其实这些测试并不需要你想得多深刻，只需要你对自己过去的行为和感情保持诚实即可。只要你做到了诚实，就可以对自己获得更好的认识。

许多人对自己的情绪侧写一无所知，这不免让人心生诧异。如果你觉得自己的测试结果不太真实，也可以对其保有谨慎态度，但至少应该有一种愿意相信的态度，因为即使有些结果让你吃惊，或许也只是因为你从未意识到自身的某些倾向性而已。

这些问卷也可以帮你了解他人，如果你和他们足够亲近，你可以猜测他们会如何回答各个问题。当然，你也可以反过来，让另一半或其他与你关系密切的人尝试从你的角度回答问题，然后将结果与你的答案进行比较，这一过程不仅有趣，还能带给你很多启发，也可以帮你检查一下自己的答案是否诚实。

这些问卷的提问模式和评分方式都很相似，但也不完全相同，这是因为每份问卷都由不同的研究小组制作，所以无法做到完全统一。

你需要仔细阅读每一个问卷的说明和具体描述，特别要注意问卷中有些描述用的是正面措辞，而有些则是负面措辞。

不要在个别问题上花费太多时间：答案没有对错之分，

也不存在什么陷阱，只要给出符合你一般情况下或大部分时间里情绪和行为表现的真实答案，测试就可以往下继续进行。另外，你不一定每个测试都要参与，但只要做了，就请不要跳过任何一道题目，否则会导致评分无效。

有些问题提出的假设或许并不会发生在你身上，比如有这样一个问题："你在工作中弄坏了东西，然后把它藏了起来。"然后题目要求你评价自己会做出各种反应的可能性。在这种情况下，即使你觉得自己不会遇到这种情况，也请尽量推测自己会怎么做。问卷问的是你的反应，即使某种情况不太可能发生，也不影响对你反应的测试。

回答某些题目时，你可能会犹豫不决。问题描述的情况究竟该如何选择？是"2=有可能有此感觉"还是"3=非常可能有此感觉"？这样的纠结十分正常，你选择哪一个都没问题。因为问题足够多，这样模棱两可的答案到最后会被消解，毕竟不论在什么情况下，都无法保证测试完全精确，上下浮动一个点根本不会影响最终结果。所以，你不要想太多：最先想到的答案或许就是最符合你的答案。最后我要说的是，你一定要认识到问卷的设计是为了衡量你总体的情绪倾向性或能力，而不是某个具体的行为或你当下的情绪感受。

8.4 羞耻感和愧疚感调查问卷

下面是在你的日常生活中可能发生的 11 种情况,试想自己处于所描述的情况之中,每种情况后面都描述了两种反应,即一个人可能做出的两种常见反应,用(a) 和 (b) 来表示。记住,我们不是要让你在这两种方式中做出选择,而是让你评估自己做出这两种反应的可能性。或许 (a) 和 (b) 都是你可能做出的反应,在这种情况下,你就给自己计 5 分;也可能两者都不是,那你就给自己计 1 分。

说明:用 1 到 5 给每个回答打分。其中 1=非常不可能;2=不太可能;3=有时;4=有点可能;5=非常可能 。

1. 你计划与一个朋友共进午餐,到了下午五点钟,你发现自己忘了赴约。

(a) 你会想:"我太不靠谱了。"____

（b）你会觉得应该尽快对朋友做出补偿。____

2. 你在工作中弄坏了东西，于是把它藏了起来。

（a）你会考虑辞职。____

（b）你会想："这件事让我很焦虑，我必须得修好它，找别人来修也可以。"____

3. 在工作中，你拖到最后一分钟才开始考虑项目计划，结果提出的方案非常糟糕。

（a）你会感到自己很无能。____

（b）你会觉得："我活该挨批，因为我对项目确实管理不善。"____

4. 你在工作中犯了一个错误，结果发现别的同事因为你的错误而受到了指责。

（a）你会保持沉默，尽量避开那个同事。____

（b）你会感到不开心，急于拨乱反正。____

5. 玩耍时，你扔了一个球，不小心打在朋友脸上。

（a）你会觉得自己连球都不会扔，很无能。____

（b）你会道歉，并仔细查看朋友有没有受伤。____

6. 你开车时撞到了一只小动物。

（a）你会想："我真是太坏了。"____

b）你很后悔自己开车时没有提高警惕。____

7. 你走出考场时，认为自己考得非常好。成绩出来后，却发现成绩很差。

（a）你会觉得自己很蠢。____

（b）你会想："我当初应该更努力一些。"____

8. 当你和一群朋友出去玩时开了一个不在场朋友的玩笑。

（a）你会觉得自己很小人……像老鼠一样卑劣。____

（b）你会为自己的玩笑道歉，并主动提到那个人的优点。____

9. 你在工作中的一个重要项目上犯了一个大错误。大家都在指望你，你却犯了错，于是老板批评了你。

（a）你会觉得自己想躲起来。____

（b）你会想："我应该认识到这个问题，以后要做得更好。"____

10. 你的朋友去度假了，你负责照看他的狗，可是狗跑丢了。

（a）你会想："我太不负责了，完全不称职。"____

（b）你会发誓下次要更加小心。____

11. 你参加同事的乔迁聚会，不小心把红酒洒在人家崭新的乳白色地毯上，你以为没有人注意到。

（a）你希望自己不曾出现在这个聚会上。____

（b）你会留到很晚，帮助清理污渍。____

所有（a）项回答的总和 = 分数相加，得到你的羞耻感总分为____。

所有（b）项回答的总和 = 分数相加，得到你的愧疚感总分为____。

愧疚感和羞耻感的得分范围同是 11—55 分；在一些研究中，大约有一半的受访者在羞耻感调查问卷上的得分范围是 25—33 分，而愧疚感调查问卷上的得分范围是 42—50 分；女性的得分普遍比这一平均数高几分，男性则要低几分。

直至最近，我们才开始对羞耻感和愧疚感做系统的实证研究。这一问卷就来自该领域主要研究人员的设计，目的是弥补这一领域的缺失。羞耻感和愧疚感是两种与自我和他人密切相关的情绪，羞耻感代表你很在乎他人如何看待自己以及自己如何看待自己，而愧疚感衡量的是你对自身行为如何影响他人的关注。我们前面已经提到过，羞耻感与隐藏或逃避的愿望有关，而愧疚感则与道歉或修复的愿望相关。两者在我们参与社会交往中所发挥的作用都是抑制不当行为和错误行为，同时促进修复、道歉和赎罪等做法。一项有趣的纵向研究发现，容易愧疚的五年级学生在日后的生活中比其他青少年酒驾的可能性更低，而且也更可能成为社区服务志愿者。

羞耻感和愧疚感的倾向都源于我们最早的家庭经历，很可能源自我们的父母，特别是父亲一方。羞耻感大约在2岁出现，但愧疚感则需要更强的认知能力，通常在8岁才会出现。羞耻是一种痛苦的感受，通常会对你与他人的关系造成负面影响。容易产生羞耻感的人更容易将负面事情归咎于他人，也更容易产生愤怒和敌意，一般来讲也不太会同情他人。而容易心生愧疚的人往往不那么容易生气，更容易直接表达自我，而不会选择愤怒，他们也似乎更有能力同情他人，更愿意为造成的负面结果承担责任。

8.5 焦虑调查问卷

说明：用 1 到 4 给每个表述打分。其中 1= 几乎没有；2= 有时；3= 经常；4= 几乎总是。

1. 我有安全感。____

2. 我很平静、冷静、沉着。____

3. 我很容易就能做出决定。____

4. 我很满足。____

5. 我很快乐。____

6. 我对自己感到满意。____

7. 我是一个沉着的人。____

8. 我感到很愉快。____

9. 我感觉精力充沛。____

10. 我为一些完全无关紧要的事情担心得太多。____

11. 我感到紧张和不安。____
12. 当我回顾最近的担忧和兴趣时，会陷入紧张或混乱的状态。____
13. 我缺乏自信心。____
14. 我觉得困难堆积如山，无法克服。____
15. 我觉得自己是个废物。____
16. 我太看重那些令我失望的事，始终无法释怀。____
17. 我希望自己可以像其他人一样快乐。____
18. 一些不重要的想法在我脑海中流转，困扰着我。____
19. 我有令人不安的想法。____
20. 我觉得自己的能力不足。____

焦虑测试的结果如下：如果认同问题1—9，就意味着焦虑程度很低；而认同问题10—20，则表示你存在焦虑问题。与羞耻感和愧疚感的测试相比，这个测试的评分要稍显复杂，以下是其计算分数的方法：

1) 将你对问题1—9的回答分数相加，得分为____。

2) 用45分减去1)的得分，得分为____。

3) 将你对问题10—20的分数相加，得分为____。

4) 将2)和3)的分数相加，得到你的焦虑总分为____。

焦虑调查问卷的分数结果从20—80分不等，平均分为35分，大约一半受试者的分数在31—39分之间。对于那些经常感受到焦虑的抑郁症患者，他们的分数通常在40分或

50分左右。

我们之所以会产生焦虑是因为感知到了威胁。焦虑与恐惧不同,恐惧是对可识别的迫在眉睫的具体危险所做的反应,而焦虑则来自对潜在不可预测的威胁的感知,这种威胁造成实际伤害的概率很低,或者至少模糊晦涩,没有明确来源。

因此,比起生活在恐惧状态,人们更容易长期生活在焦虑状态。从进化的角度看,这两种情绪都有助于保护我们免受伤害,但作用的方式各不相同。恐惧会刺激我们做出防御性反应——战斗或逃跑反应,恐惧情绪也会随着威胁的消失而迅速消退。焦虑则与不太直接的应对方法有关,大多会持续一段时间,焦虑会让你对潜在的危害产生预期,并做好准备以保护自己。

过度的焦虑倾向非常不利于健康,因为它会导致压力,而压力荷尔蒙的长期存在就又导致各种健康问题。高度焦虑的倾向会导致死亡风险增加,但其实焦虑程度过低的人群,其死亡率也比正常人高,因为焦虑太低会降低个人在威胁面前寻求帮助的可能性,也就降低了采取谨慎行动避免威胁的可能性。如果这些人发现皮下有肿块,他们可能不会急着去看医生;同样道理,他们也更容易做出吸烟或其他危险的行为。

8.6 愤怒和攻击性调查问卷

我们说过,羞耻和愧疚具有相关性,因此需要一起考虑,愤怒和攻击性也是如此,攻击性其实是对愤怒做出的反应。下面的愤怒和攻击性调查问卷在情绪侧写中被绑定在一起,所以应该将其视为一对相关概念。

说明:根据你对每条表述的认同程度填写相应数字。1= 极度不符合我的特点;2= 有点不符合我的特点;3= 二者皆可,不太确定;4= 有点像我的特点;5= 极具我的特点。

1. 我总是突然发怒,但情绪很快就会过去。____
2. 遇到挫折时,我会让自己的烦躁情绪表现出来。____
3. 我有时觉得自己像个火药桶,随时都可能爆炸。____
4. 我不是一个平和的人。____
5. 有些朋友认为我是个急性子。____

6. 有时我会无缘无故地发飙。____

7. 我很难控制自己的脾气。____

将 1—7 条的答案数字相加，得到愤怒总分为 ____。

1. 当我不同意朋友的意见时，我会公开告诉他们。____

2. 我经常发现自己与他人意见相左。____

3. 当别人惹恼我时，我可能会告诉他们我对他们的看法。____

4. 当别人不同意我的观点时，我会忍不住与其陷入争论。____

5. 我朋友都说我有点儿爱争论。____

将 1—5 条的答案数字相加，得到攻击性总分为 ____。

愤怒问卷的得分范围是 7—35 分，平均分为 17 分，大约一半的人得分在 13—21 分之间。攻击性问卷的得分范围是 5—25 分，平均分数为 15 分，大约一半的人得分在 12—18 分之间。

人们通常认为愤怒和攻击性具有破坏性，至少会起到一些反作用，但从进化的角度看，人们之所以会进化出愤怒和攻击性，正是因为这两种情绪能够提高人类生存和繁衍的概率。了解这种进化起源能够帮助我们更好地理解自己和他人的愤怒和攻击性情绪。

在整个动物界，一种动物能否生存并将其基因传递下去，基本取决于这种动物能否获得食物、水和配偶等资源。尽管在现代社会，获取这些资源用的已经不再是武力威胁，但在生物的进化过程中，恰恰是武力威胁决定了谁能得到什么样的资源，而愤怒和攻击性的关键作用或许就是帮助个体及后代获得必要的资源。

作为高等动物的人类，生存所需的资源受到威胁，或是目标的实现遭遇阻碍，愤怒就会刺激人们做出相应的反应。很多时候，愤怒的反应似乎与其触发原因并不相符，但从生存的角度来看，这种矛盾不无道理，因为人们之所以产生愤怒不仅是要解决当前的威胁，还是要阻止因当下不作为而在未来可能发生的威胁。

攻击性是一种重要的防御反应，在许多情况下都可以被激活，例如，当幼崽受到威胁时，母亲就会做出攻击性的反应。上述问卷测试的攻击性属于语言型攻击，属于现代的攻击形式，几万年前可能不存在，但用于调查当今社会的攻击性肯定非常合适。分数低可能说明你对自己的立场犹豫不决，分数很高则表明你在别人眼中或许真的很爱争论。

现在，愤怒和攻击性的作用已不同于从前的远古世界，二者都有可能不受我们的控制。如果你在愤怒或攻击性调查问卷上的得分很高，或者你体会到很多生活的压力，导致你此类情绪的激发临界值降低，那么你一定要注意调整自己的情绪，否则不仅可能做出令自己后悔的事，还可能遭遇各种健康问题，如偏头痛、肠易激综合征和高血压等，这些都是由于过度愤怒引发的病灶。研究表明，那些经常做出愤怒或攻击性反应的人明显比情绪和缓的人容易出现早期心脏病的症状。

  我们将在下一章探讨控制情绪的一般方法，但就愤怒和攻击性情绪而言，有两种具体方法非常有效。第一种是让自己脱离当前情境，休息一下，散散步，做几次深呼吸，让情绪随着时间的流逝自然平静下来。另一种是同情让你愤怒的对象。假设有个人正带着武器接近你，向你索要金钱。你可以生气地辱骂对方，也可以关心一下这个人是否因为遇到了不幸才走向极端。美国职业篮球联赛（NBA）球员卢·威廉姆斯（Lou Williams）的做法就很值得借鉴。有一次，威廉姆斯在费城北部地区开车，停车等红灯时一个歹徒举着枪敲打他的车窗勒索财物。威廉姆斯与歹徒攀谈起来，歹徒吐露说："我刚从监狱出来，很难受，也很饿，除了这把枪我一无所有。"最后的结局是歹徒卸下了防备，威廉姆斯带他去吃了顿大餐。

  佛教徒也有过类似的做法：有一次，一位女士在去见一位禅师的路上看到一个男人在街上打自己的狗，见到禅师后她询问禅师对此事的看法，禅师回答说："所谓慈悲，就是不仅要可怜那只狗，也要可怜那个人。"这样的慈悲心肠可以帮助我们化解愤怒，对所有人都有好处。

8.7 牛津幸福感调查问卷

说明：以下是一些关于幸福感的表述，请根据你对每条表述的认同程度填写相应数字。1=非常不同意；2=一般不同意；3=有点不同意；4=有点同意；5=一般同意；6=非常同意。

1. 我对自己不是特别满意。____
2. 我醒来时很少感到精力充沛。____
3. 我对未来不是特别乐观。____
4. 我认为这个世界不怎么样。____
5. 我认为我看起来没有吸引力。____
6. 我想做的事情和我实际做的事情之间有差距。____
7. 我觉得我不太能掌控自己的生活。____
8. 我觉得做决定不容易。____
9. 我对自己生活的意义和目的没有特别的感觉。____
10. 我不喜欢和别人一起玩。____

11. 我觉得自己不是很健康。____

12. 我对过去没有特别快乐的回忆。____

13. 我对其他人有浓厚的兴趣。____

14. 我觉得生活非常有意义。____

15. 我几乎对所有人都非常热情。____

16. 我觉得大多数事情都很有趣。____

17. 我做事总是尽心尽力。____

18. 生活很美好。____

19. 我经常笑。____

20. 我对生活中的一切都很满意。____

21. 我非常开心。____

22. 我总能发现美。____

23. 我总是能让别人开心。____

24. 我可以适应想适应的一切。____

25. 我觉得自己能够承担任何事情。____

26. 我感觉自己的大脑十分清醒。____

27. 我经常感到快乐和欣喜。____

28. 我觉得自己精力充沛。____

29. 我总是能帮助事情往好的方向发展。____

在该问卷中，认同1—12条表明幸福感低，而认同13—29条则表明幸福感高。该问卷的算分方法比其他很多问卷要稍显复杂，具体计分方法如下：

1) 将 1—12 条的答案数字相加，得分为 ____。

2) 用 72 分减去 1) 的得分，得分为 ____。

3) 将 13—29 条的答案数字相加，得分为 ____。

4) 将 2) 和 3) 的得分相加，得到幸福感总分为 ____。

牛津幸福感调查问卷的得分范围是 29—174 分，平均分约为 115 分，大多数人得分在 95—135 分之间。

幸福感问卷可以衡量幸福感的基准水平，而幸福感的基准水平由基因决定。不过，该水平只决定你对幸福的"敏感程度"，至于说你是否真的幸福，以及幸福程度如何，不仅取决于这一基准水平，还取决于其他因素，如外部环境及你的个人行为等。

外部环境和人生经历确实会影响我们的幸福感，但人们通常会高估它们的作用。我们认为赚更多的钱、开更好的车或喜欢的球队赢得世界冠军会使我们感到幸福，但实际上这些事情带来的幸福并不像我们以为的那么多。同样，我们以为失去工作、与恋人分手或喜爱的球队输掉一场重大比赛会令我们感到沮丧，但实际上这些事情带来的沮丧也不像我们想的那么严重。研究表明，虽然外部环境和人生经历会对我们产生影响，但它们对幸福感的影响不会像我们预期的那样广泛和长久。例如，在一项经典的研究中，研究人员先是从《福布斯》美国富豪榜中选出 100 名有钱人，然后又从电话簿中随机选出 100 名普通人作为对照组，两组人员分别报告了自己的幸福感水平，结果发现，那些年均收入超过千万美元的顶级富豪的幸福感只比普通人多一点点。

研究表明，影响幸福感水平的主要是你的幸福基准水平以及外部环境和最近的人生经历，但这些并不是全部因素。那还有什么其他因素呢？那就是我们自身的行为。与其他因素相比，行为这个因素在很大程度上可以由我们自己控制。近年来，幸福感研究人员对此进行了广泛的研究，如果你觉得自己在幸福感问卷中的得分比期望值低，或者你想变得更加幸福，可以听听该领域先驱学者索尼娅·柳博米尔斯基（Sonja Lyubomirsky）给出的建议。她提出说我们要把时间花在家人和朋友身上，对自己拥有的一切心怀感激，经常对他人行善，对自己的未来抱有乐观态度，品味生活的乐趣并尽量做到活在当下，坚持每周或每天锻炼，尝试找到人生目标并为之努力，包括参加社会活动、教育孩子、写小说、打理一个精美花园等。柳博米尔斯基表示："想一想别人在体育锻炼方面投入了多少时间和精力，无论是去健身房、慢跑、学习跆拳道，还是做瑜伽。如果你也渴望提升幸福感，也需要做些这样的事情。换句话说，要想拥有持久的幸福，你需要做出一些永久性的改变，需要你每天付出努力，投入更大的热情。"

8.8 爱情和依恋调查问卷

这份问卷的目的是衡量你对爱情和依恋的"敏感"程度，即你在亲密恋爱关系中与他人亲近时的舒适度。如果你正处于恋爱关系中，请试着根据你这段关系的总体状况回答以下问题，而不要根据此时此刻的心境回答。

说明：根据你对每条表述的认同程度填写相应数字。1= 非常不同意；2= 不同意；3= 可能不同意；4= 两者皆可；5= 可能同意；6 = 同意；7= 非常同意。

1. 我可以很自在地与伴侣分享私人想法和感受。____
2. 我觉得与伴侣亲近很舒服。____
3. 我觉得与伴侣亲近相对容易。____
4. 对我来说，亲近伴侣并不难。____
5. 我经常与伴侣讨论我的问题和担忧。____

6. 需要帮助时向伴侣求助很有用。____

7. 我所有事情都会告诉另一半。____

8. 遇到事情，我会和伴侣商量。____

9. 我觉得依赖伴侣很舒服。____

10. 我觉得依赖伴侣很容易。____

11. 我与伴侣亲热时很自在。____

12. 伴侣真正理解我和我的需求。____

13. 我宁愿不向伴侣展示内心深处的感受。____

14. 我发现自己很难依赖伴侣。____

15. 我不太愿意向伴侣敞开心扉。____

16. 我不喜欢和伴侣太过亲密。____

17. 当伴侣想要与我亲近时，我会感到不舒服。____

18. 当伴侣离我太近时，我很紧张。____

在这份问卷中，认同第1—12条代表依恋，而认同第13—18条则表示回避依恋。计分方法如下：

1) 将1—12条的答案数字相加，得分为 ____。

2) 将13—18条的答案数字相加，得分为 ____。

3) 用48分减去2）的得分，得分为 ____。

4) 将1）和3）的得分相加，得到爱情/依恋总分为 ____。

爱情和依恋调查问卷的分数范围是18—126分，平均得分为 91.5 分，大约一半的受试者分数在 78—106 分之间。如果低于这个分数，表明你对亲密依恋的接受程度比大多数人低，否则情况相反。

处于恋爱的情绪状态会对大脑的化学反应产生巨大影响，不难想象，哪怕只是看到所爱之人都会让大脑释放出多巴胺，激活大脑奖励系统中的"想要"机制。不过，爱情也会关闭大脑的某些机制，比如，大脑中与负面情绪有关的一些区域就会被关闭，使人完全沉浸在幸福之中，仿佛进入了极乐世界。另一个被爱情关闭的区域与社会判断有关，有了爱情，通常会让人减少对他人的批评。最后一个被爱情暂停的区域则与分清你我的能力有关，所以爱情才总是让人感觉自己和爱人很难划清界限。当你深陷爱河时，你会认为爱人的幸福比自己的幸福还重要。大自然为什么要赋予人类这种可以改写人生的复杂心理状态？这对人类的生存和繁殖又有什么具体作用？

人类学家告诉我们，爱情其实是一种非常古老的情绪，据说可以追溯到约 180 万年前。哺乳动物的繁殖需要母亲投入特别多的时间和精力尽心抚养自己的婴儿，而对配偶的依恋不仅增强了夫妻的生存能力，也增加了其后代的生存能力。女性可以更好地关注孩子的生存，而男性则可以协助女性寻找食物、搭建住所、提供保护，并将这些技能传授给后代。

当今的爱情在全球范围内似乎没有什么不同。一项调查显示，人类学家在 147 种差异很大的文化中都发现了爱情存在的证据,哈德扎人生活在坦桑尼亚一个尚未发展现代技术依然以狩猎采集为生的遥远部落,即使是他们,也会做出对爱情、婚姻的承诺。不仅如此,研究哈德扎人的进化心理学家还发现,在那里,伴侣之间的忠诚程度与孩子存活的数量相关,即与"繁衍的成功与否"相关。难怪以"火暴脾气"著称的诗人菲利普·拉金(Philip Larkin)会说出如此金句:"维系我们生存的是爱情。"

8.9 重新认识自己

你已经评估了自己的情绪特点,现在可以回顾一下自己的分数,总结一下自己的情绪侧写。或许你在快乐和爱情方面表现得很好,却发现自己有羞耻和愧疚的倾向,甚至确认自己存在异常焦虑的情况。

分数无所谓好坏,每个人都不一样,这些差异是我们的一部分。我们当然不需要让自己在每方面都得到适中的得分,我有些朋友虽然长期处于焦虑状态,但并不认为这是一件坏事，甚至能做到"以此为荣"。他们认为焦虑有助于自己变得更加谨慎，可以有效避免麻烦。还有一些人非常愉快乐观，这样的心态虽然常常导致他们做出并非最优的决定，但他们的日子过得很开心，这就够了。有些受试者觉得这些测试带给了他们新的启发，帮助他们更清楚地意识到了自己的感受和一些行为背后的原因，正是因为意识到了这一点，他们才学会适时采取行动，才能尝试改变阻碍他们过上更加幸福生活的那些消极因素。

情绪侧写是先天遗传和后天培养相互作用的结果，也是大脑的物理结构及对大脑产生影响的人生经历相互作用的结果。虽然我们会对自己的情绪状态做出反应，但我们也有能力对其进行有效控制。这种控制或调节可能是有意识的行为，也可能是无意识的举动，关键是通过不断练习，最初需要人为控制或相对随意的过程都可以变成自发行为。无论你的情绪侧写如何，要想了解情绪如何影响生活，要想判断是否需要努力做出改变，你首先要做的就是认识到自己的现状。最后一章，我们将具体探讨如何做出改变。

第 9 章
情绪管理

2011年10月的一天，美国纽约州西部勒罗伊高中的一名啦啦队队员早上醒来后发现自己面部抽搐，下颌上翘，肌肉痉挛，几周后症状也没有完全消失。而与她同在啦啦队的好朋友有一天午睡醒来后也出现了抽搐症状，手臂摇摆，头部晃动，完全无法控制。又过了两周，该地区又出现了第三个病例，没过多久，当地先后有十几个女孩患上了这种疾病。

从这些症状的基本特征判断，致病原因很可能是出现了神经问题或摄入了有毒物质。一位神经学家怀疑病因是链球菌感染引发的一种罕见免疫反应，而其他专家则认为有可能是学校的水或土壤中含有致病物质，也可能是附近已存在40年的氰化物废料场泄漏所致。调查人员通过查阅学术文献对以往的传染性神经抽搐病例进行了搜索，就连纽约州卫生局也参与了调查。此外，参与调查的还有艾琳·布洛科维奇（Erin Brockovich），她尽管没有接受过正规教育，却打赢过控告太平洋天然气和电力公司的官司，并获得了3.33亿美元的环境污染赔偿，因此而声名鹊起。几个月的时间里，研究人员仔细调查了患者的家庭病史、既往病史以及可能接触到的有毒物质，并对学校的饮用水进行了58种有机化学物、63种杀虫剂和除草剂以及11种金属物质的检测，除此之外还仔细检查了室内空气质量，化验了霉菌含量水平。

一番操作下来，医学调查员并未发现任何异常，这让人愈加感到不安。为什么这种疾病几乎只在青春期的女孩身上出现？为什么她们的父母或兄弟姐妹都没有受到影响？如果真有毒素存在，这些毒素已经存在了几年或几十年，为什么突然引发这些症状？最终，大多数专家得出的结论是这些女孩得的是一种心理传染病。

学界将这种现象称为心理疾病的规模暴发，虽然这种事新闻上不多见，但其暴发频率比我们想象的多得多。例如，在2002年，美国北卡罗来纳州一所高中有10名女孩也出现过类似的症状。2007年，美国弗吉尼亚州一所高中的9名女生也是如此。这种心理疾病规模暴发的现象并不会受到年龄、性别、特定文化的限制。类似的事件在世界各地都有发生，甚至在新几内亚的狩猎采集部落也有先例。这种心理传染病可能会在任何有社会联系并处于长期或强烈焦虑的群体中出现。

1759年，亚当·斯密（Adam Smith）提到了一种更温和、更普遍的心理传染病："当我们看到别人的腿或胳膊被打时，自己也会不自觉地收缩腿和胳膊。"亚当·斯密认为这种模仿"俨然是一种反射"。他说得没错，我们生来就会感受到别人的行为。大脑成像研究表明，如果我们因观察到他人情绪而引发自身情绪，我们大脑的相应结构也会被随之激活。

情绪在人与人之间的传播、在整个组织甚至整个社会中的传播是情绪科学的重要分支领域，近年来的相关研究数量每年都要增加近十倍。心理学家把这种情绪传播现象称为"情绪传染"。

你和一个同事聊天，突然意识到自己有些不舒服，于是便开始焦虑不安。离开之后，你想起自己聊天之前感觉还很好，然后你发现原来这位同事经常对你产生类似的影响，她自身有焦虑倾向，而你每次与她交谈后，也会变得焦虑。为什么会发生这种情况？

回顾历史，人类的生存取决于适应社会环境的能力，我们必须学会理解他人并找到建立联系的方法，而情绪同步恰恰有助于促进彼此的联系。因此，人类和其他灵长类动物都成了天然的模仿者：聊天的同伴，谈话节奏会趋于一致；婴儿张嘴时，母亲也会张开嘴。人们会模仿微笑，会模仿痛苦、爱意、尴尬、不舒服和厌恶的表情，就连笑声也会相互传染。这就是为什么电视上播放的喜剧会设置笑声音轨，而深夜脱口秀主持人在现场观众面前独白时，观众已经做好了大笑（提前和观众要求过）的准备。对于那些坐在电视机前的观众，同样的笑话，如果现场观众有反应，他们也会觉得段子更搞笑，但是如果现场观众没有反应，看电视的人也会觉得很无聊。

我这里所说的模仿并非有意识的行为，而是来自大脑的无意识反应，其实我们并未意识到自己在这样做。有时，模仿的反应时间极短，有意识的想法根本不可能介入。例如，一项经典研究发现，穆罕默德·阿里（Muhammad Ali）注意到信号灯需要 190 毫秒，然后再出拳只需要 40 毫秒。针对参与社会互动的大学生所做的研究表明，他们有时会在 21 毫秒内做到让自己的面部和身体动作与他人同步，这种闪电般迅速的同步只可能来自我们意识之外的大脑皮层下结构。那种有意识模仿他人的人，看起来反倒给人一种很假的感觉。

了解情绪传染的本质对我们来说有很多用处，其中之一就是一个人的幸福度往往能够反映其朋友、家人和邻居的幸福度。从某种意义上说，我们和交往的朋友都属于一类人，这是哈佛大学和加州大学圣地亚哥分校最近合作研究所得出的结论。该研究对 4739 人的生活进行了长达 20 年的追踪调查，每个受试者并非随机选取，他们都与周围的人有着千丝万缕的联系，每个人身边平均都有 10.4 个与其有某种社会联系的人，包括家庭成员、邻居、朋友，甚至朋友的朋友，各种关系加到一起高达 53000 多种。研究每进行 2—4 年，研究人员都会与受试者进行一次访谈，用于确定他们的幸福程度，并记录他们社会关系的变化。研究人员将数据录入计算机，并用复杂网络分析数学法对其进行了分析，结果显示：快乐不仅是与同类交往时可能产生的情感倾向，而且这种情绪还会相互传染。也就是说，如果被快乐的人包围，你自己也会快乐，这种快乐不仅出现在当下，还可能影响你未来的情绪。

在所有关于情绪传染的最新研究中，最令人惊讶的发现是情绪传染极易发生。你甚至不需要与另一个人发生接触，也不必和她通话，单纯凭借文字或社交媒体就可以让你的情绪受到影响。

2012 年，脸书（Facebook）在用户不知情的情况下对他们进行了一次情绪操纵实验，当时引起了巨大的争议。研究中，这家社交媒体公司先是过滤出信息推送中积极或消极的情绪内容，然后对 68.9 万人所能看到的内容进行了人为操控。研究人员说，当推送的积极内容减少时，用户自己发的积极帖子也会减少，而消极帖子则会增多；但当推送的负面内容减少时，结果则刚好相反。

作为对比，有人对推特（Twitter）公司也进行了相关研究（该公司并未对用户可见信息进行人为操控），结果同样发现，浏览消极内容的人发的消极帖子相对更多，而浏览积极内容的人发的积极帖子也相对更多。

人的情绪包含许多不同的方面，情绪传染虽然在我们的进化过程中彰显了一定的优势，但在当今社会并非总能成为我们的最佳选择。不过，从某种意义上来讲，情绪传染确实为我们上了重要且乐观的一课：如果看到其他人皱眉或发来的短信可以改变我们的情绪状态，那么我们自己想要改变自身的情绪应该也不难。研究表明，我们的确可以对自身情绪加以管理。

9.1 情绪管理的重要性

情绪既能把我们带到悲伤的深渊，也能把我们带到快乐的巅峰，它们是我们做出选择和采取行动背后的主要驱动力，也是我们制订和实现目标的原因。不过，情绪也可能成为我们行为失格的罪魁祸首。想起丧亲之痛，我们可能会难过到撕心裂肺，但如果把原因换成打不开番茄酱瓶子，似乎就会让人感觉说不过去。无论是他人对情绪所做的相关研究，还是我在这本书里阐述的内容，一个反复出现的主题就是情绪是伴随我们一生的必要组成部分，通常对我们有益，但也并非总是如此。人类演化出情绪的时代与我们现在所处的时代截然不同，有些时候情绪无法适应我们今天的生活，尤其是过度紧张的情绪状态很可能存在严重的弊端。焦虑虽然能让我们变得更加小心，但也可能引发不必要的恐慌。失落时的悲伤虽然能够提醒我们什么更重要，但也可能抹杀希望或乐观的想法，最后甚至发展成抑郁症状。愤怒虽然可以驱使你解决激怒你的问题，而且能通过增加肾上腺素带给你强大的力量，但也可能导致你与他人的疏远，最终结果可能适得其反。

有些情况下，调整情绪的确对我们很有好处。比方说，有时我们必须隐藏或压制自己的感受，以免在别人面前显得不够专业或不够得体。有时为了自身幸福，我们也必须削弱自己的情感。针对情商所做的研究表明，最成功的商业、政治和宗教领袖通常都是那些能够控制自己情绪并在与他人互动时充分利用情绪的人。虽然智商高低可能与一个人的认知能力有关，但其实能够控制、了解情绪才是职业和个人成功的最重要因素。

在自然界中，只有人类具备调节情绪的能力。话虽如此，即使是那些简单动物，也会有许多与我们相同的神经递质，而且许多高级动物的情绪也与人类一样，都与脑回路密切相关。当你给焦虑的老鼠注射镇静剂时，它们也会平静下来；当你给章鱼注射迷幻剂时，它们也会变得非常热情。对人类起作用的精神药物通常对老鼠也有同样的效果。但这些动物本身没有实现情绪变化的能力，无法调节、延迟或隐藏自身的感受。大多数动物对于自身出现的情绪都会做出即时反应，丝毫不加掩饰。人类可以调节、增强、伪装或压抑情绪，但猫咪不会在明明不喜欢的食物面前假装喜欢，也不会在你惹恼它时压制自己的感受。这就是人类的情绪系统与动物的情绪系统之间存在的一个明显区别。

人类的情绪调节对生理和心理都有很大好处。例如，情绪调节可以让身体更加健康，对于心脏疾病的预防格外有效。有人做过一项针对老年男性的研究，持续了13年之久。研究发现，那些情绪调节水平低的人比那些擅长自我情绪调节的人患心脏病的概率要大60%。科学家尚未明确其背后的原理，但他们推测主要原因在于，情绪调节可以减少身体的应激反应。当危险迫在眉睫，应激反应会促使你做好准备应对冲突。应激反应会使血压和心率升高，令肌肉收紧、瞳孔扩张，这样才能让你看得更清楚。如果你也像我们的祖先一样，经常在草原上遭遇鬣狗的袭击，应激反应对你自然大有帮助；但如果是用来应对老板的斥责，应激反应则不一定能发挥作用。应激反应会带来负面影响：它需要释放压力荷尔蒙，而这种荷尔蒙具有炎症效应，与心血管疾病和其他疾病密切相关。

管理情绪竟然有这么多好处，难怪多年来人们研究出了那么多管理情绪的方法。有些方法十分有效，但有些则不然。事实上，直到最近一二十年，心理学家才开始对各种方法进行研究和验证，他们希望找出真正有效的手段。我们将在下面的内容中探讨三种最有效的方法，分别为接受、重新评估和表达。

9.2 情绪管理方法一：接受

我们先来听听詹姆斯·斯托克代尔（James Stockdale）的故事：斯托克代尔是一名海军联队指挥官，1965 年 9 月，他正在越南北部上空执行第 3 次战斗任务。他驾驶的 A-4"天鹰"战斗机以每小时近 600 英里的速度飞过树林，结果遭遇到了一波高射炮的攻击。高射炮摧毁了飞机的控制系统，斯托克代尔无法实施任何操纵，最终飞机着火，他只能选择跳伞。

但是，因为弹射的高度不够，降落伞滑行的距离很短，马上将要落入下面的村子，当时的他充分认识到自己的无力，对于自己的人生，他完全失去了掌控。他回忆说："我本来是一个掌管 1 000 名士兵的联队指挥官……有地位、有权力，现在眼看着就要变成一个被蔑视的对象……甚至是一个战争罪犯。"

没过多久，他预料中的生活真的变成了现实。落到地面后，斯托克代尔被一群人狠狠揍了一顿，腿都被打断了，造成了终身的残疾。他先是被人一顿拳打脚踢，然后又被包扎了伤口，最终被拖进了监狱，在那里整整关押了 7 年半，坐牢时间比曾经的"狱友"和后来当选参议员的朋友约翰·麦凯恩（John McCain）还久。服刑期间，斯托克代尔先后经历了 15 次严刑拷打。

多年的折磨必然会造成情绪上的失落，身处其中，很难不产生恐怖、痛苦、悲伤、愤怒、焦虑等情绪。但在狱友眼中，斯托克代尔宛若一块坚定不移的磐石，他是唯一在弹射中幸存下来的联队指挥官，而且是一位高级军官，日后又成了狱中近 500 名飞行员的秘密领袖。战争结束后，斯托克代尔再次重整旗鼓，被当局提升为海军副将，并在 1992 年总统选举中成为罗斯·佩罗（Ross Perot）的竞选伙伴。他是如何成功应对作为战俘时的悲惨生活的呢？

斯托克代尔说，他从飞机上弹射出来后，预计自己大约还有 30 秒才会落到下面小村庄的主街道。他后来写道："我低声对自己说：'我在下面这个小村子至少要待上 5 年时间，这段时间，我会远离所有先进技术，进入爱比克泰德

（Epictetus）的世界。'"

斯托克代尔曾在美国斯坦福大学研习过这位古代哲学家的理论。一位教授给过他一本爱比克泰德的《手册》(*Enchiridion*)，那是一本有关希腊斯多葛学派的哲学书，这本书后来成了他的"圣经"。此次被击落前，他曾在航空母舰上服役过3年，那段时间，这本书一直放在他的床头。

斯多葛学派常被误解，许多人认为它主张"财富和舒适都是坏事"的理念，但其实这并非斯多葛学派真正的观点。斯多葛学派会告诫我们不要过分拘泥于物理上的舒适，不要沉迷于自身的财富或任何物质的东西，但它并没有把这些东西妖魔化。有人将斯多葛学派的主张描述为"人应该尽力避免所有情绪"，这也不完全正确。斯多葛学派提出的真正理念是，人不应该在心理上被情绪奴役：不要被它们操纵，而是要把掌控权握在自己手里。爱比克泰德曾经写过："何为替人做主？就是对于别人寻求或回避的东西具有全部的决定权，可以表示认同，也可以彻底拿走。"如果你内心所有欲望都能做到不依赖自己以外的任何人，那你便是自己的主人，也将因此获得真正的自由。斯多葛学派的哲学就是让你掌控自己的人生，懂得在自己有能力完成或改变的事情上下功夫，而不要在无能为力的事情上浪费精力。

斯多葛学派尤其警告我们不要对无法控制的事情做出情绪化的反应。爱比克泰德认为，让我们沮丧的往往不是所处的环境,而是我们对它们所做的判断,比如愤怒就是如此:如果下雨破坏了我们的野餐,我们不应感到愤怒,那是非常愚蠢的做法,因为我们对雨无能为力。如果有人苛待我们,我们往往也会生气,但是要知道,就像无法把雨赶走一样,我们也不能控制或改变苛待我们的人,所以生气同样很愚蠢。

总之,把自己的幸福感受寄托在对他人行为的改变上,与将其寄托在天气上没有什么区别,注定毫无结果。爱比克泰德在书中写道:"如果有任何我们控制不了的事情,你就要想它与你毫无关系。"如果你真正学会了这一哲学,并将其纳入自己的生活方式,你一定可以避免或减轻许多耗费精力的情绪发作。但是,这个过程必须经过训练,慢慢地,你的大脑就会接受它——不仅仅是理性的了解,还在于内心深处的认同。如果你真的能做到,就可以彻底改变自己的情绪反应系统。

斯托克代尔进入战俘营后,正是这种哲学帮他接受了新的生存境况。他关心的不是他所处的困境有多恐怖,而是自己该如何生存并使生活过得更好。他放下了对未知的忧虑,克服了对酷刑的恐惧,完全接受了现实:既然无法停止这一切,他决定把注意力放在该怎么做才能渡过难关上。

"接受"是斯多葛学派提出的核心方法:如果你接受了可能发生的"最坏"情况,而且只关注自己能做什么,并以积极的方式应对，你就能减少很多情绪上的痛苦。如此一来，情绪带给你的便是激励和力量，而不会将你摧毁。虽然斯托克代尔的故事只是一个个例，但现代研究已经通过对照实验证明了这种方法的有效性。

研究人员招募学生一起玩一个简单的消消乐游戏。游戏偶尔会被打断，学生们面临两个选择：要么继续玩，但要接受痛苦的电击，要么选择放弃，那就意味着玩不到最后。电击的强度和持续时间会慢慢加码。受试者被分为两组，游戏开始前都被告知了相关的情况。研究人员训练第一组通过转移注意力去应对强度不断增大的电击所带来的疼痛。研究人员告诉受试者，你们就想象自己正在穿越一片沼泽地，应对它的最好方法是内心想象一个愉快的场景。第二组受试者也接受了相同的训练，但研究人员让他们做的是学习接受现实，而不是想象。研究人员告诉他们遇到痛苦，继续忍受，不要与之抗争，即使痛苦变得越来越强烈，只要接受就好。他们也听了关于穿越沼泽的比喻，但研究人员不建议他们想象所谓愉快的事情，而是告诉他们应对逆境的最好方法就是体会并接受不愉快的想法，而不是与它们或相关的感受对着干。

结果显示，学习"接受"的受试者更能够坚持下去，他们玩游戏的时间明显要更长。这种胜利是理性和情绪共同作用的结果，大脑前额叶皮质的执行控制网络可以对情绪相关的许多皮质下结构施加影响，斯多葛学派或许早就对其有所察觉，却找不到具体的解释。现在我们知道了，只要能做到这一点，就可以实现情绪管理。

9.3 情绪管理方法二：重新评估

想象一下，你开车去参加商务会议的路上，发现道路因施工被封掉，而你因为绕道又迷失了方向，最终迟到了 20 分钟。你可能会想："为什么那些家伙不能标出一个明确的方向！"这种想法可能会让你生气，或者让你自责，心里思忖："为什么我总是迷路？我是不是有什么毛病？"这种反应很可能让你感到沮丧。或者，你会觉得参会的每个人都会因为你的迟到而感到恼火，于是你可能因此而愈加感到焦虑。你对封路及其后果所带来的所有负面想法都有一定的道理，而且，很有可能某种想法会主导并决定你的情绪反应。

这就是情绪的运行方式。对刚刚发生的事情进行解读是大脑出现某种情绪反应的一个阶段，心理学家将其称为"评估"。

有些评估的过程你并无意识，但有些则发生在意识层面，而后者正是你可以干预的部分。既然用不同方式看待同一事件可以引发不同的情绪，那为什么不训练一下自己的思考方式，让自己获得想要的情绪呢？回到上面开会迟到的例子，你可以引导自己这样想："即使我迟到了，大家也不会在意，因为开会的人很多"，或者"别人不会介意，因为他们知道我平时都很准时"，又或者"多亏施工让我迟到，否则我去哪儿找一个合理的借口躲过无聊的前20分钟"。通过改变大脑对事物的理解过程，你可以有效缩短导致不快情绪的恶性循环。心理学家把这种引导性思维称为"重新评估"。

有些情绪反应可以赋能于你，有些则会剥夺你的能量。前者可以帮你从每种情况中学习，让你向目标继续前进，而后者则会将你与消极捆绑在一起，阻碍你向前发展。重新评估意味着认识到思想中的消极模式，并将其改变为更为理想的模式。但无论怎么改，都不可以脱离现实。

一些针对重新评估的研究表明，我们有能力选择自己对生活中的环境、事件和经历的理解方式，与其怨恨那位对你视而不见的服务员，你不如换个角度想：她可能只是因为要服务的客人太多所以才忽略了你。与其嫌弃那个总是吹嘘自己赚了多少钱的人，倒不如把他的行为理解为没有安全感的表现，毕竟社交圈中的其他人都做着自己喜欢的工作。如果你换个角度想问题，就算消极评价不会完全消散，积极评价也会让你的思维增加新的可能性，从而缓和你以消极方式看待事物的倾向。

我们不妨看一个例子，看重新评估具有怎样的威力。美国陆军纳提克士兵系统中心（NSSC）位于马萨诸塞州的纳提克，该中心的认知科学小组最近进行了一项研究，研究对象为24名健康的年轻人。他们前后3次来到实验室，每次都要辛苦地完成90分钟的跑步任务。每次跑到30分钟、60分钟以及最终结束的时间点，研究人员都会问他们的劳累程度以及是否感受到疼痛或不快。

第一次跑步时，受试者并未得到任何指导。但在接下来的两次跑步中，一半的受试者被要求用重新评估的方法减轻自己的负面情绪，例如，关注运动对心脏的益处或完成运动后的自豪感。另一半受试者成了实验的对照组，研究人员要求他们使用分散注意力的策略，例如想象自己舒服地躺在某个海滩上。不出所料，研究人员发现，转移注意力的方法并不奏效，但采用重新评估的小组则表示，他们感受到的疲惫和痛苦程度明显降低。

重新评估的技能不仅能带给我们更愉快的生活，还能帮助我们取得工作上的成功。情绪会调整你的心理计算，在许多高压职业中，你必须学会缓解自己强烈的情绪。马克·芬顿·奥克雷维（Mark Fenton-O'Creevy）是英国开放大学米尔顿凯恩斯商学院的一位教授，该校位于牛津市东北部，他曾经带领一个小组完成了一项研究。

芬顿·奥克雷维头发稀疏、花白，说话时语气十分温和，他曾从事过多种职业：成为商学院教授前，他曾担任过学校的场地管理员、厨师、政府研究机构的数学家、户外活动指导员、数学教师、情绪紊乱青少年的治疗师和管理顾问。2010年，他和一些同事走进伦敦投资银行的真实世界，试图探索情绪和情绪调节策略对银行员工产生的作用。由于他和同事的相关背景，他们接触到了很多位高权重的金融专业人士。

研究人员对4家投资银行（3家美国银行和1家欧洲银行）的118名专业交易员和10名高级管理人员进行了全面访谈。具体研究对象囊括了股票、债券和衍生品交易员，非常具有代表性。所有人都同意对自己的经历和工资水平直言不讳，因为薪酬水平能够反映每个受试者的交易成功率。他们的工作年限从6个月到30年不等，工资（包括奖金）水平低的年薪只有10万美元，而高的则可以达到100万美元。

在心理学家看来，人的决策受到两个平行过程的推动——"第一系统"和"第二系统"，诺贝尔奖得主丹尼尔·卡尼曼（Daniel Kahneman）曾经在他的《思考：快与慢》一书中提出过相关概念。第一系统以无意识为基础，因此动作迅速，能够处理大量复杂信息。第二系统都是有意识的思考，因此运作缓慢，特定时间内能考虑到的信息量有限，而且还会受到精神疲惫的影响。

在复杂而紧张的证券交易世界，第一系统是成功的关键，因为快速而复杂的信息流很难单纯凭借意识加以处理，就像棒球运动员不可能仅依靠意识做出挥动球棒的动作，要知道，他们面对的棒球飞来的速度可以达到每小时 90 英里。

交易员也是一样，必须依靠无意识主导他们的决策。这就是为什么情绪在此会有发挥的空间。在无意识层面，情绪可以借鉴过去的经验，为大脑提供一个雷达，引导你的注意力，影响你对威胁和机遇的看法。通过情绪，你长期以来的稳定数据和投资结果会塑造你的直觉反应，促使你迅速选择适当的行动。

再举一个饮食的例子：厌恶感会阻止你摄入可能使你生病的食物，这就是情绪的作用。如果你正准备吞下一只生蚝，结果却发现上面爬满了虫子，你不会根据你过往经历过或听说过的类似情况有意识地对情况细节加以分析，你只会厌恶地咽咽口水，然后快速把它扔掉。同样道理，交易员的情绪也涵盖了他们所有过往的交易经验。"人们认为如果你有博士学位，就会做得非常出色，因为你对期权理论有一定的了解，但现实情况并不总是如此，"接受采访的一位经理说，"你还必须拥有良好的直觉。"

这就是情绪在决策中所能发挥的积极影响。一旦情绪失控，其弊端就会显现。芬顿·奥克雷维团队发现，那些经验较浅、表现较差的交易员，往往都难以控制自己的情绪。

金融交易是一个节奏快、压力大的职业，交易员需要迅速做出复杂且重要的决定，其中牵扯到很多的利害关系。"从情绪上来说，我们确实很难保持平和，"一位交易员说，"有时候，交易团队的损失会达到近1亿美元。"另一位交易员则承认说："每次赔了钱，我都会坐下来大哭一场。我们交易员的生活经常跌宕起伏，经历了太多的大喜大悲。"还有一位交易员说："有时我会陷入极度焦虑，甚至能感到身体的不适。"他们显然都在与情绪做斗争，尽管如此，却都不觉得情绪在工作中可以发挥什么重要作用。他们总是努力压抑自己的情绪，不愿承认情绪对自身决策会带来影响。

然而，业绩最好的交易员对情绪持有截然不同的态度。他们承认情绪对自己有影响，并且愿意反思自己受情绪驱动所采取的行动。他们懂得情绪和明智决策密不可分，认同情绪对决策表现无比重要，并"倾向于批判性地反思自己直觉的来源和情绪的作用"。他们接受情绪所发挥的关键积极作用，同时懂得当情绪过于激烈时要对其进行调节。对成功的交易员来说，问题的关键不在于如何压抑情绪，而在于如何调节和驾驭情绪。

芬顿·奥克雷维指出，在交易员所用的情绪调节方法中，最有效的一种就是重新评估。如果遭受了重大损失，他们可能会告诉自己胜败乃兵家常事，一次的成功不足以成就一个人，一次的失败也不足以毁掉一个人。其他交易员也都经历过起起落落，一次的损失并不意味着世界末日。

交易员的上司们也认识到了情绪及其有效监管的重要性。

一位管理人员说："我需要扮演情绪督导的角色。"但实际上，我们每个人都不需要老板对我们进行情绪督导，我们自己就可以管理自己的情绪。首先，我们要建立对情绪的自我意识，这是最为关键的一步。我们都能认识并监控自己的情绪，一旦专注于此，大多数人都会意识到其实自己在这方面的能力比预期中的要好很多。其次，一旦了解了自己的真实感受，我们就可以采用前面一直讨论的策略来实施情绪管理。要想培养和发展这方面的情商，我们完全可以把重新评估作为有效督导和调节情绪的关键武器。

9.4 情绪管理方法三：表达

凯伦是美国好莱坞一家中型制片公司的首席运营官。制片业是一个要求严格、竞争激烈的行业，凯伦的工作需要她与许多难缠的人打交道，即使客户不讲信用或对她不公，为了成功，她仍要与客户保持良好的关系。可是气愤有时还是会影响她的工作，后来她想到了一个补救办法：她会给冒犯她的人写一封电子邮件，详细描述她遭到的不公待遇，并公开表明自己的感受，毫不掩饰，实话实说。不过，她并不会发送这些邮件，而只是将其保存在邮箱的草稿箱中。她当时的想法是过几天再看一遍，然后再决定发不发，而实际上她再也没看过。她发现只要将自己的感受抒发出来，就能够解决情绪上的问题，愤怒就会逐渐减弱，直至烟消云散，而她，又可以轻装上阵，重新投入到工作中去。

通过谈话或书写的方式把情绪表达出来，是否真能帮助你克服情绪呢？大多数人都熟悉这种方法，但心理学家的调查显示，其实大多数人认为这种方法并没有什么作用。相反，大家都觉得这样做反而会放大情绪，尤其对男性来说，他们表达情绪的意愿特别低。尽管在婴儿时期，男孩比女孩更注重社交（比如，他们更愿意对母亲做出愤怒或喜悦的表情），但长到十五六岁时，很多男性就会囿于性别的刻板观念，不愿再继续表达自己的真实感受。

可是，研究得出的结果与公众的想法截然相反。实验证明，表达负面情绪非常有助于化解情绪。临床心理学家发现，当你的沟通对象非常值得信赖或对你来说非常重要时，尤其当他们也遇到过类似的问题时，谈话的效果出奇地好。当然，合适的谈话时机也很重要。如果时机不对，也可能影响效果。比方说，如果倾听者心不在焉或没有时间听你诉说，那么表达情绪的效果就会适得其反。

理论心理学家无法像临床医生那样获得切实的实践经验，但他们针对这种谈话的利弊及其原因进行了许多学术方面的研究。学术界甚至为谈论或书写内心感受的行为专门起了个名字，称之为"情绪标注"。

最近的研究表明，情绪标注有很多作用，比如可以减轻因观看照片和视频而产生的负面情绪，可以平息公开演讲者的紧张焦虑，可以降低创伤后应激障碍的严重程度。表达自己的感受会增加大脑前额皮层的活动，而同时减少杏仁体的活动，因此会产生与重新评估类似的效果。事实证明，像凯伦那样只是记录下不开心的经历就可以帮助她降低血压，减轻慢性疼痛的症状，并且有效提高免疫功能。

另外，表达负面情绪所带来的好处还有可能一直持续下去。最近我本人就有过这样的经历，那次是我开车在等红灯，结果被一辆全速行驶的出租车追尾了，不仅撞坏了我的车，还差点儿伤到我的身体。从那以后，我一开车就很没有安全感，每次都小心翼翼，生怕又在毫无防备的情况下被别的车撞到。在繁华路段等红灯时，我尤其感到焦虑。但是，自从我与朋友谈论过那次事故并分享了我的感受后，这种焦虑随即消失了。那一次的交流不只让我在那一刻平静下来，而且效果还维持了很长时间，真正帮我摆脱了那次创伤的困扰。

对于谈话的积极作用虽然已经有很多事例作为证据，也得到了临床医生的认同，但一直以来，证明情绪标注好处的科学研究都是在心理学实验室进行的，从未以现实生活中的人做过研究对象，更不是在家中或工作场所完成。2019 年，7 位科学家在著名的《自然》杂志上发表了一项令人兴奋的研究，研究地点是真实的环境，可以说真正改变了以往实验室研究的局限。

科学家研究的是推特用户在特定时间内所表达出来的情绪。以往实验室里的研究仅限于几十或几百个受试者，而这次研究人员却能抓取并保存 109 943 名推特用户在 12 小时内的全部推文，然后再对其中的情绪内容加以详尽分析。这些推文代表了用户对现实生活中发生在自己身边的各种事情的想法和反应。

该项研究意义重大。根据研究结果，推文流露的负面情绪最初大多会维持在某一基准水平，但半小时或一小时后就会迅速升级，成为主要的情绪表达（例如，"我很难过"）。研究人员推测，这种负面情绪的累积和爆发是对一些负面信息或事件的反应，在推文作者将其感受表达出来之后，后面推文的情绪强度就会迅速下降。这足以说明该推文已经化解了用户的不良情绪。

至于说积极情绪，这样的情绪显然不需要化解，所以其曲线要平缓得多。但即便如此，在表达积极情绪（例如，"我非常高兴"）之前仍会有一个积累的过程，只不过后续不会出现急剧的下降，只是会随着推文作者转向其他话题而逐渐缓和下来。

以前的研究结论都是基于对一些事例的调查，或是从实验室找到的证据，现在通过监测 10 万名推特用户的情绪变化，该结论再次得到了验证。莎士比亚在《麦克白》中写过这样的话："悲伤若不说出口，就会始终与不堪重负的心窃窃私语，直至让其变得支离破碎。" 莎士比亚与所有伟大的剧作家一样，也是一位伟大的心理学家，他知道，只要把悲伤的情绪表达出来，你的内心就能得到解脱。

9.5 致敬情绪

我小时候遇到过很多麻烦，有时确实是因为我做错了事，但有时我也的确很冤枉。"人们遇到事就责怪你，或许只是因为你的名声不好，"我母亲告诉我，"而且你一旦坏了自己的名声，之后再想改变别人的想法就难了。"我在研究情绪科学时，经常思考这个问题。千百年来，在人类思想和学术研究中，情绪的名声一直就不太好，而且的确很难改变。不过近些年来，由于神经科学的进步，学者们很大程度上改变了人们对情绪的看法。现在我们知道，情绪有时的确会起到反作用，但那些只是例外情况，而非真实的常态。

我希望通过我们这次情绪科学之旅，让你已经推翻了"情绪只会起到反作用"的谬论，明白情绪其实可以帮助我们充分利用自己的心理资源。情绪可以让我们根据自己的身体状态和环境情况做出灵活的反应，可以与"想要"和"喜欢"系统共同激发我们的每一个行动，帮助我们与人建立相互联系并团结合作，让我们在拓宽视野的同时还能提升高度。

情绪与理性思维共同塑造了我们的每一个想法，从外出前穿不穿外套到如何为退休理财，情绪每时每刻都在对我们大大小小的各种判断和决定做出贡献。如果没有情绪，我们必定会迷失自我。

每个物种都有属于自己的生态位置，都在某些特定的环境中为了生存和繁殖而不断地自我优化。在所有物种中，人类所处的生态系统最为纷繁复杂，我们生活在沙漠、雨林、冰冷的北极苔原甚至包括外太空的国际空间站。我们强大的韧性源于精神的灵活性，而精神的灵活性在很大程度上正是源于人类复杂的情绪。

无论我们生活在何处，一定都会面临各种挑战。为了克服它们，我们需要依靠感官探测周围的环境，并借助知识和经验思考如何处理相关的信息，情绪正是让我们将知识和经验融入思维的一个主要途径。每次在厨房烤肉时，你可能不会对发生火灾的可能性进行大量理性的分析，但对火的恐惧总会影响你在炉子周围的思考和行动，总会让你做出更安全的决定。

  情绪是人类心理工具包的一部分，但每个人都存在个体差异，有些人可能就是比其他人更容易产生恐惧、幸福或任何别的情绪。尽管情绪进化得非常合理，而且通常对人类来说大有裨益，但有些时候，特别是在现在安定的世界中，情绪也会起到反作用。而我在此想要强调的是，你应该感谢并珍惜自己的情绪，充分了解自己独有的情绪侧写，因为一旦有了自我意识，你就可以有效管理情绪，真正做到让其为你所用。

临别寄语

  我前面提到过,近几年,我的母亲除了必须坐轮椅以外,健康状况一直还不错,在养老院的生活也算如意。以前,我每周会去看望她一两次,带她散散步、喝个巧克力奶昔什么的。但是,2020年新冠肺炎疫情暴发后,养老院开始封闭管理,我便无法再去陪伴她了。母亲自从经历了大屠杀之后,一直担心出现新的世界性灾难,而这次全球新冠大流行真的验证了她的担忧,整个社会再次陷入突如其来的悲剧与混乱之中。

  没过多久,养老院里的许多工作人员和老人都感染了新冠病毒,养老院给我打电话说我母亲可能也感染了。希特勒都没能把她摧毁,20年的烟龄、3次癌症,加上85岁高龄时从餐厅楼梯上摔下来,所有这一切都没有能够把她击垮,可是这次小小的病毒让她倒了下去。

  几天后,母亲的医生打电话给我,说母亲病情恶化,已经病入膏肓。母亲已经98岁高龄,还患有轻微的老年痴呆症,必须由我决定是否送她去医院治疗。医生说,如果把她留在养老院,她肯定撑不过两天;如果立即送去医院,或许还有一丝转机。

  母亲一直觉得住院是一种折磨,医院里的一切都让她厌恶:环境陌生不说,病床也不舒服,还要输液、插导尿管,陌生人整天进进出出,看不见养老院照顾她的那些有爱心的护工。母亲上一次住院时就表现得十分焦躁,总想爬下床逃跑。我甚至不得不紧紧抱住她，安慰她，直到她的情绪平静下来。可是这一次情况不同，疫情原因，我根本无法陪在她身边。难道说我要把她送到医院，让她独自忍受漫长的折磨，最后孤独地离开人世吗？

母亲的生活并不如意，我认为她应该拥有一个好一点的归宿。如果她留在养老院，我至少可以透过窗户看到她，告诉她我很爱她；我可以让她知道，在她的临终时刻，即使我不在她身边，我的心也会与她同在，会替我抱紧她，跟她一起回忆我每次摔倒或在学校打架时她对我的安慰。我想让她感觉到我的心与她同在，仿佛我一直握着她的手，亲吻她的额头，直到她人生的最后一刻。然而，一旦我把她留在养老院，虽然我不必与她骨肉分离，虽然她能较为舒心地离开，但也就相当于给母亲"判了死刑"。可是，万一医院可以救她一命呢？

医生说她晚上6点要去医院查房，所以我必须在那之前做出决定，这也就是说我还有8分钟的时间。我哽咽了，眼里充满了泪水，浑身颤抖，几乎无法理性思考，其实根本就是无法思考。

我要让母亲去送死吗？我不能。我要让母亲受尽折磨吗？我也不能。花了这么多时间做了那么多研究，还写了这本书，我知道情绪可以指导我的想法、计算和决定，但此刻情绪似乎并没有指导我，而是在给我无尽的折磨。

我问医生我是否可以考虑一下再给她回话。她犹豫片刻，不过还是表示可以等我一会儿。但她提醒我说她去查房后就很难联系到她,所以我必须要在 6 点前给她回话,不然母亲就要在养老院等待死亡的结局了。

我的儿子尼古拉曾经说我是他认识的人中最平和、最沉稳的一位,对此我很是自豪,因为我早就学会了调节情绪的技巧,这些技巧的确帮了我很多忙,不论是在与孩子发生冲突时,还是在我工作中遇到了困难,抑或是投资出现了问题,我都能从所学的情绪技巧中受益。但是这一次,我无论如何也控制不住自己。想到要把母亲送进医院,我就不寒而栗。我哭了,我不想送她去医院。

我第一次感觉到力不从心,当时我正好写到如何调节情绪的章节,而面对危急时刻,我本人却早已泪流满面。现在是 5 点 58 分,我必须告诉医生我的决定。可是我的内心还没有决定,医生马上就走了,我必须当机立断。

我想起了那个针对证券交易员所做的研究,那些不成功或者没有经验的交易员都做不到用心感受,而那些成功有经验的交易员则懂得接受自己的情绪,也明白它们的益处。我需要接受现实,需要感受当前的境况,我需要停止与情绪对抗。相反,我要让它们引导我,让它们发挥主导作用。既然冷静的理性思考无法让我在短时间内做出如此复杂的决定,那它就不是一个适合仔细思考的问题,我必须要听从内心的决定。

我拨通了医生的电话,希望告诉她自己的答案,尽管我也不知道答案是什么。等待的铃声还在继续,我内心的决定逐渐清晰:我想让我母亲留在养老院安详地离去。终于,医生接起了电话,她问我希望她怎么做,我竟然开口说希望她把母亲送去医院。

这让我想起父亲看着战友开着卡车离开时所做的决定,我明明已经想好了,在最后关头却给出了相反的答案。这种反转完全超出了我的预料,但我并没有反抗。医生告诉我说她认为我的决定很正确,于是便安排养老院叫救护车把母亲转至常规医院。

母亲在医院恢复得很好,我可以通过视频通话(FaceTime)与她聊天。护士很忙,整个病房只有一部苹果手机,不过她还是愿意穿上防护服帮助母亲同我聊天,每隔几天我们就可以进行一次视频通话。护士说母亲的痛苦症状已有好转,治疗的效果非常好。我很感激自己没有剥夺母亲生存的机会。

10天后,医院准备把她送回养老院,医生对她的生命力感到十分惊叹,说她又能活蹦乱跳的了。

可是,母亲原先所住的养老院并没有做好再次接收她的准备,他们已经被新冠肺炎病例压得喘不过气来,每天只能接收一定数量的病人,其余的只能在候补名单中等待。母亲不得不在医院继续待着,时间过了一天又一天,养老院那边依然没有消息。不过至少母亲的身体状况很好,医院说她并没有什么痛苦的感觉。

谁能想到,就在母亲终于可以回养老院时,她的情况却突然恶化。医院临时改变主意,决定让她继续住院治疗。他们很担心她的状态,她需要长期输氧,因此无法再与我通话。

那段时间，我刚刚完成这本书的书稿。记得那是一个星期五的晚上，临近午夜时分，我把稿子通过电子邮件发给我的编辑，之后喝了一杯红酒便上床睡觉了。

凌晨3点多，我被电话吵醒，是医院打过来的，他们说母亲刚刚不幸离开了人世。如今，几个月过去了，我在临别寄语中修改了关于母亲的故事的结尾。一想到她临死时身边没有一个亲人，我依然十分难过，但我并不后悔当初送她去医院。我很欣慰自己听从了内心的想法，至少给了她一次与病魔战斗的机会，如果当初我剥夺了她的机会，恐怕我永远也不会原谅自己。

我们都应该学习了解思想和情绪的运作方式，并利用所学知识对情绪加以有效管理，这不仅是一门科学，更是一门艺术。我的朋友迪帕克·乔普拉（Deepak Chopra）非常善于冥想，他似乎总能够平心静气地面对任何情况。我想他的这种泰然自若或许正是得益于冥想。研究表明，冥想会使人的大脑产生变化，增强其执行功能，帮助我们应用各种技巧控制自己的情绪。我知道，要想自如地控制情绪，我依然有很长一段路要走。本书的写作于我而言也是一种学习，带给了我很多好处：过程中，我更好地了解了自己，在关注自身情绪的同时积累了很多经验教训。我希望你也能从这本书中获得帮助。有一点我们始终都要记得，"天上不会掉馅饼"，自我提升需要持之以恒，需要坚持不懈的努力。未来，你还是会遇到一些应对欠妥的情况，但你不要失望，对情绪的科学了解可以帮助你建立更好的自我认识，避免未来重蹈覆辙。不过，即使真的重蹈覆辙（这种事确实会发生）你也大可放宽心，毕竟人无完人，千万不要过于苛责自己。

致谢

本书是我第 11 部非虚构类作品,写作过程中我得到了很多人的帮助,有些朋友从前就一直帮我审稿,有些则刚刚成为我的顾问。我最最感谢的是我的挚友 ——加州理工学院的神经科学家拉尔夫·阿道夫(Ralph Adolphs),在我撰写本书的这些年,拉尔夫不仅帮我解释了许多概念,联系了相关专家,还帮我阅读了初稿,给了我巨大的鼓励。他的同事大卫·安德森(David Anderson)以及其他神经科学家或心理学家,包括詹姆斯·拉塞尔(James Russell)、詹姆斯·格罗斯(James Gross)和莉莎·费德曼·巴瑞特(Lisa Feldman Barrett)也给了我巨大的帮助。我同样有幸能与两位执业临床心理学家丽兹·冯·施莱格尔(Liz Von Schlegel)和金伯利·安德森(Kimberly Andersen)以及法医精神病学家格雷格·科恩(Greg Cohen)交流专业问题。

哲学家内森·金(Nathan King)对古希腊思想的深刻见解也给了我很多启发。

此外,我还要感谢我的朋友和家人,比如塞西莉亚·米兰(Cecilia Milan)、阿列克谢·蒙洛迪诺(Alexei Mlodinow)、尼古拉·蒙洛迪诺(Nicolai Mlodinow)、奥利维亚·蒙洛迪诺(Olivia Mlodinow)、桑福德·珀利斯(Sanford Perliss)、弗雷德·罗斯(Fred Rose),以及我的妻子唐娜·斯科特（Donna Scott），感谢你们反复帮我阅读书稿，并为我指出存在的问题。我的妻子不仅给了我情感支持，作为一位了不起的编辑，她还给我提出了很多宝贵意见。我也非常感谢万神殿出版社的安德鲁·韦伯（Andrew Weber）以及我的编辑爱德华·卡斯滕梅尔（Edward Kastenmeier），感谢爱德华以万神殿出版社一贯的高标准要求我，感谢他提出的很多建设性意见，能有机会受教于爱德华高超的文学技巧和丰富经验，我一直觉得是自己的莫大荣幸，本书同样得益于他们的指教。我也很感谢作家出版社的凯瑟琳·布拉德肖（Catherine Bradshaw）和苏珊·金斯伯格（Susan Ginsburg），从最初的撰文构思到最后的封面设计，感谢她们一直陪伴在我左右，给了我很多宝贵建议。我与苏珊初识于 2000 年，从此便建立了美好的友谊，并开启了一帆风顺的写作生涯。最后，我要向我挚爱的母亲告别，虽然她已经离我而去，但她教给我的一切我都会永久铭记，并且已将它们融会贯通，记录在了这本书的字里行间。

附录

引言

1. Some neural patterns don't even involve the amygdala. See Justin S. Feinstein et al., "Fear and Panic in Humans with Bilateral AmygdalaDamage," Nature Neuroscience 16 (2013): 270. For fear andanxiety, see Lisa Feldman Barrett, How Emotions Are Made (NewYork: Houghton Mifflin Harcourt, 2017).
2. Andrew T. Drysdale et al., "Resting-State Connectivity Biomarkers Define Neurophysiological Subtypes of Depression," Nature Medicine 23 (2017): 28–38.
3. James Gross and Lisa Feldman Barrett, "The Emerging Field of Affective Neuroscience," Emotion 13 (2013): 997–98.
4. James A. Russell, "Emotion, Core Affect, and Psychological Construction," Cognition and Emotion 23 (2009): 1259–83.
5. Ralph Adolphs and David J. Anderson, The Neuroscience of Emotion: A New Synthesis (Princeton, N.J.: Princeton University Press, 2018), 3.
6. Feldman Barrett, How Emotions Are Made, xv.

第 1 章
情绪是什么

1. Charlie Burton, "After the Crash: Inside Richard Branson's $600 Million Space Mission," GQ, July 2017.
2. Interview with a Scaled Composites employee, Mojave, Calif., Sept. 30, 2017. The interviewee wished to remain anonymous.
3. Melissa Bateson et al., "Agitated Honeybees Exhibit Pessimistic Cognitive Biases," Current Biology 21 (2011): 1070–73.

4. Thomas Dixon, " 'Emotion': The History of a Keyword in Crisis," Emotion Review 4 (Oct. 2012): 338–44; Tiffany Watt Smith, The Book of Human Emotions (New York: Little, Brown, 2016), 6–7.
5. Thomas Dixon, The History of Emotions Blog, April 2, 2020, emotionsblog.history.qmul.ac.uk.
6. Amy Maxmen, "Sexual Competition Among Ducks Wreaks Havoc on Penis Size," Nature 549 (2017): 443.
7. Kate Wong, "Why Humans Give Birth to Helpless Babies," Scientific American, Aug. 28, 2012.
8. Lisa Feldman Barrett, How Emotions Are Made (New York: Houghton Mifflin Harcourt, 2017), 167.
9. Ibid., 164–65.
10. See chapter 9 of Rand Swenson, Review of Clinical and Functional Neuroscience, Dartmouth Medical School, 2006, www .dartmouth .edu.
11. Peter Farley, "A Theory Abandoned but Still Compelling," Yale Medicine (Autumn 2008).
12. Michael R. Gordon, "Ex-Soviet Pilot Still Insists KAL 007 Was Spying," New York Times, Dec. 9, 1996.

第 2 章
情绪的目的

1. See, for example, Ellen Langer et al., "The Mindlessness of Ostensibly Thoughtful Action: The Role of 'Placebic' Information in Interpersonal Interaction," Journal of Personality and Social Psychology 36 (1978): 635–42.
2. "Black Headed Cardinal Feeds Goldfish," YouTube, July 25, 2010, www.youtube.com.
3. Yanfei Liu and K. M. Passino, "Biomimicry of Social Foraging Bacteria for Distributed Optimization: Models, Principles, and Emergent Behaviors," Journal of Optimization Theory and Applications 115 (2002): 603–28.
4. Paul B. Rainey, "Evolution of Cooperation and Conflict in Experimental Bacterial Populations," Nature 425 (2003): 72; R.Craig MacLean et al., "Evaluating Evolutionary Models of Stress-Induced Mutagenesis in Bacteria," Nature Reviews Genetics 14 (2013): 221; Ivan Erill et al., "Aeons

of Distress: An Evolutionary Perspective on the Bacterial SOS Response," FEMS Microbiology Reviews 31 (2007): 637–56.
5. Antonio Damasio, The Strange Order of Things: Life, Feeling, and the Making of Cultures (New York: Pantheon, 2018), 20.
6. Jerry M. Burger et al., "The Pique Technique: Overcoming Mindlessness or Shifting Heuristics?," Journal of Applied Social Psychology 37 (2007): 2086–96; Michael D. Santos et al., "Hey Buddy, Can You Spare Seventeen Cents? Mindful Persuasion and the Pique Technique," Journal of Applied Social Psychology 24, no. 9 (1994): 755–64.
7. Richard M. Young, "Production Systems in Cognitive Psychology," in International Encyclopedia of the Social and Behavioral Sciences (New York: Elsevier, 2001).
8. F. B. M. de Waal, Chimpanzee Politics: Power and Sex Among Apes (Baltimore: Johns Hopkins University Press, 1982).
9. Interview with Anderson, June 13, 2018.
10. Kaspar D. Mossman, "Profile of David J. Anderson," PNAS 106 (2009): 17623–25.
11. Yael Grosjean et al., "A Glial Amino-Acid Transporter Controls Synapse Strength and Homosexual Courtship in Drosophila," Nature Neuroscience 11, no. 1 (2008): 54–61.
12. G. Shohat-Ophir et al., "Sexual Deprivation Increases Ethanol Intake in Drosophila," Science 335 (2012): 1351–55.
13. Paul R. Kleinginna and Anne M. Kleinginna, "A Categorized List of Emotion Definitions, with Suggestions for a Consensual Definition," Motivation and Emotion 5 (1981): 345–79. See also Carroll E. Izard, "The Many Meanings/Aspects of Emotion: Definitions, Functions, Activation, and Regulation," Emotion Review 2 (2010): 363–70.
14. The correct technical term is "reinforcing."
15. Stephanie A. Shields and Beth A. Koster, "Emotional Stereotyping of Parents in Child Rearing Manuals, 1915–1980," Social Psychology Quarterly 52, no. 1 (1989): 44–55.

第 3 章
核心情绪

1. W. B. Cannon, The Wisdom of the Body (New York: W. W. Norton, 1932).
2. See, for example, James A. Russell, "Core Affect and the Psycho-logical Construction of Emotion," Psychological Review 110 (2003): 145–72; Michelle Yik, James A. Russell, and James H. Steiger, "A 12-Point Circumplex Structure of Core Affect," Emotion 11 (2011): 705. See also Antonio Damasio, The Strange Order of Things: Life, Feeling, and the Making of Cultures (New York: Pantheon, 2018). There, Damasio describes what is essentially the effect of core affect, which he calls homeostatic feeling.
3. Christine D. Wilson-Mendenhall et al., "Neural Evidence That Human Emotions Share Core Affective Properties," Psychological Science 24 (2013): 947–56.
4. Ibid.
5. Michael L. Platt and Scott A. Huettel, "Risky Business: The Neuroeconomics of Decision Making Under Uncertainty," Nature Neuroscience 11 (2008): 398–403; Thomas Caraco, "Energy Budgets, Risk, and Foraging Preferences in Dark-Eyed Juncos (Junco hyemalis)," Behavioral Ecology and Sociobiology 8 (1981): 213–17.
6. John Donne, Devotions upon Emergent Occasions (Cambridge, U.K.: Cambridge University Press, 2015), 98.
7. Damasio, Strange Order of Things, chap. 4.
8. Shadi S. Yarandi et al., "Modulatory Effects of Gut Microbiota on the Central Nervous System: How Gut Could Play a Role in Neuropsychiatric Health and Diseases," Journal of Neurogastroenterology and Motility 22 (2016): 201.
9. Tal Shomrat and Michael Levin, "An Automated Training Paradigm Reveals Long-Term Memory in Planarians and Its Persistence Through Head Regeneration," Journal of Experimental Biology 216 (2013): 3799–810.
10. Stephen M. Collins et al., "The Adoptive Transfer of Behavioral Phenotype via the Intestinal Microbiota: Experimental Evidence and Clinical Implications," Current Opinion in Microbiology 16, no. 3 (2013): 240–45.
11. Peter Andrey Smith, "Brain, Meet Gut," Nature 526, no. 7573 (2015): 312.
12. See, for example, Tyler Halverson and Kannayiram Alagiakrishnan, "Gut Microbes in Neurocognitive and Mental Health Disorders," Annals of

Medicine 52 (2020): 423–43.
13. Gale G. Whiteneck et al., Aging with Spinal Cord Injury (New York: Demos Medical Publishing, 1993), vii.
14. George W. Hohmann, "Some Effects of Spinal Cord Lesions on Experienced Emotional Feelings," Psychophysiology 3 (1966): 143–56.
15. See, for example, Francesca Pistoia et al., "Contribution of Interoceptive Information to Emotional Processing: Evidence from Individuals with Spinal Cord Injury," Journal of Neurotrauma 32 (2015): 1981–86.
16. Nayan Lamba et al., "The History of Head Transplantation: A Review," Acta Neurochirurgica 158 (2016): 2239–47.
17. Sergio Canavero, "HEAVEN: The Head Anastomosis Venture Project Outline for the First Human Head Transplantation with Spinal Linkage," Surgical Neurology International 4 (2013): S335–S342.
18. Paul Root Wolpe, "A Human Head Transplant Would Be Reckless and Ghastly. It's Time to Talk About It," Vox, June 12, 2018, www.vox.com.
19. Rainer Reisenzein et al., "The Cognitive-Evolutionary Model of Surprise: A Review of the Evidence," Topics in Cognitive Science 11 (2019): 50–74.
20. Shai Danziger et al., "Extraneous Factors in Judicial Decisions," Proceedings of the National Academy of Sciences 108 (2011): 6889–92.
21. Jeffrey A. Linder et al., "Time of Day and the Decision to Prescribe Antibiotics," JAMA Internal Medicine 174 (2014): 2029–31.
22. Shai Danziger et al., "Extraneous Factors in Judicial Decisions," Proceedings of the National Academy of Sciences 108 (2011): 6889–92.
23. Jing Chen et al., "Oh What a Beautiful Morning! Diurnal Influences on Executives and Analysts: Evidence from Conference Calls," Management Science (Jan. 2018).
24. Brad J. Bushman, "Low Glucose Relates to Greater Aggression in Married Couples," PNAS 111 (2014): 6254–57.
25. Christina Sagioglou and Tobias Greitemeyer, "Bitter Taste Causes Hostility," Personality and Social Psychology Bulletin 40 (2014): 1589–97.

第 4 章
情绪与思维

1. Most of the Dirac story is from Graham Farmelo, The Strangest Man: The Hidden Life of Paul Dirac, Mystic of the Atom (New York: Perseus, 2009), 252–63.
2. Ibid., 293.
3. Ibid., 438.
4. Barry Leibowitz, "Wis. Man Got Shot—Intentionally— in 'Phenomenally Stupid' Attempt to Win Back Ex-girlfriend," CBS News, July 28, 2011, www.cbsnews.com; Paul Thompson, " 'Phenomenally Stupid' Man Has His Friends Shoot Him Three Times to Win Ex-girlfriend's Pity," Daily Mail, July 28, 2011.
5. Interview with Perliss, Perliss Law Center, Dec. 9, 2020.
6. See John Tooby and Leda Cosmides, "The Evolutionary Psychology of the Emotions and Their Relationship to Internal Regulatory Variables," in Handbook of Emotions, 3rd ed., eds. Michael Lewis, Jeannette M. Haviland-Jones, and Lisa Feldman Barrett (New York: Guilford, 2008), 114–37.
7. Eric J. Johnson and Amos Tversky, "Affect, Generalization, and the Perception of Risk," Journal of Personality and Social Psychology 45 (1983): 20.
8. Aaron Sell et al., "Formidability and the Logic of Human Anger," Proceedings of the National Academy of Sciences 106 (2009): 15073–78.
9. Edward E. Smith et al., Atkinson and Hilgard's Introduction to Psychology (Belmont, Calif.: Wadsworth, 2003), 147; Elizabeth Loftus, Witness for the Defense: The Accused, the Eyewitness, and the Expert Who Puts Memory on Trial (New York: St. Martin's Press, 2015).
10. Michel Tuan Pham, "Emotion and Rationality: A Critical Review and Interpretation of Empirical Evidence," Review of General Psychology 11 (2007): 155.
11. Carmelo M. Vicario et al., "Core, Social, and Moral Disgust Are Bounded: A Review on Behavioral and Neural Bases of Repugnance in Clinical Disorders," Neuroscience and Biobehavioral Reviews 80 (2017): 185–200; Borg Schaich et al., "Infection, Incest, and Iniquity: Investigating the Neural Correlates of Disgust and Morality," Journal of Cognitive Neuroscience 20 (2008): 1529–46.
12. Simone Schnall et al., "Disgust as Embodied Moral Judgment," Personality

and Social Psychology Bulletin 34 (2008): 1096–109.
13. Kendall J. Eskine et al., "A Bad Taste in the Mouth: Gustatory Disgust Influences Moral Judgment," Psychological Science 22 (2011): 295–99.
14. Kendall J. Eskine et al., "The Bitter Truth About Morality: Virtue, Not Vice, Makes a Bland Beverage Taste Nice," PLoS One 7 (2012): e41159.
15. Mark Schaller and Justin H. Park, "The Behavioral Immune System (and Why It Matters)," Current Directions in Psychological Science 20 (2011): 99–103.
16. Dalvin Brown, " 'Fact Is I Had No Reason to Do It': Thousand Oaks Gunman Posted to Instagram During Massacre," USA Today, Nov. 10, 2018.
17. Pham, "Emotion and Rationality."
18. See, for example, Ralph Adolphs, "Emotion," Current Biology 13 (2010).
19. Alison Jing Xu et al., "Hunger Promotes Acquisition of Nonfood Objects," Proceedings of the National Academy of Sciences (2015): 201417712.
20. Seunghee Han et al., "Disgust Promotes Disposal: Souring the Status Quo" (Faculty Research Working Paper Series, RWP10- 021, John F. Kennedy School of Government, Harvard University, 2010); Jennifer S. Lerner et al., "Heart Strings and Purse Strings: Carryover Effects of Emotions on Economic Decisions," Psychological Science 15 (2004): 337–41.
21. Laith Al-Shawaf et al., "Human Emotions: An Evolutionary Psychological Perspective," Emotion Review 8 (2016): 173–86.
22. Dan Ariely and George Loewenstein, "The Heat of the Moment: The Effect of Sexual Arousal on Sexual Decision Making," Journal of Behavioral Decision Making 19 (2006): 87–98.
23. See, for instance, Martie G. Haselton and David M. Buss, "The Affective Shift Hypothesis: The Functions of Emotional Changes Following Sexual Intercourse," Personal Relationships 8 (2001): 357–69.
24. See, for example, B. Kyu Kim and Gal Zauberman, "Can Victoria's Secret Change the Future? A Subjective Time Perception Accountof Sexual-Cue Effects on Impatience," Journal of Experimental Psychology: General 142 (2013): 328.
25. Donald Symons, The Evolution of Human Sexuality (New York: Oxford University Press, 1979), 212–13.
26. Shayna Skakoon-Sparling et al., "The Impact of Sexual Arousal on Sexual Risk-Taking and Decision-Making in Men and Women," Archives of Sexual Behavior 45 (2016): 33–42.

27. Charmaine Borg and Peter J. de Jong, "Feelings of Disgust and Disgust-Induced Avoidance Weaken Following Induced Sexual Arousal in Women," PLoS One 7 (Sept. 2012): 1–7.
28. Hassan H. López et al., "Attractive Men Induce Testosterone and Cortisol Release in Women," Hormones and Behavior 56 (2009): 84–92.
29. Sir Ernest Shackleton, The Heart of the Antarctic (London: Wordsworth Editions, 2007), 574.
30. Michelle N. Shiota et al., "Beyond HAppiness: Building a Science of Discrete Positive Emotions," American Psychologist 72 (2017): 617–43.
31. Barbara L. Fredrickson and Christine Branigan, "Positive Emotions Broaden the Scope of Attention and Thought-Action Repertoires," Cognition and Emotion 19 (2005): 313–32.
32. Barbara L. Fredrickson, "The Role of Positive Emotions in Positive Psychology: The Broaden-and- Build Theory of Positive Emotions," American Psychologist 56 (2001): 218; Barbara L. Fredrickson, "What Good Are Positive Emotions?," Review of General Psychology 2 (1998): 300.
33. Paul Piff and Dachar Keltner, "Why Do We Experience Awe?," New York Times, May 22, 2015.
34. Samantha Dockray and Andrew Steptoe, "Positive Affect and Psychobiological Processes," Neuroscience and Biobehavioral Reviews 35 (2010): 69–75.
35. Andrew Steptoe et al., "Positive Affect and Health-Related Neuroendocrine, Cardiovascular, and Inflammatory Processes," Proceedings of the National Academy of Sciences 102 (2005): 6508–12.
36. Sheldon Cohen et al., "Emotional Style and Susceptibility to the Common Cold," Psychosomatic Medicine 65 (2003): 652–57.
37. B. Grinde, "HAppiness in the Perspective of Evolutionary Psychology," Journal of HAppiness Studies 3 (2002): 331–54.
38. Chris Tkach and Sonja Lyubomirsky, "How Do People Pursue HAppiness? Relating Personality, HAppiness-Increasing Strategies, and Well-Being," Journal of HAppiness Studies 7 (2006): 183–225.
39. Melissa M. Karnaze and Linda J. Levine, "Sadness, the Architect of Cognitive Change," in The Function of Emotions, ed. Heather C. Lench (New York: Springer, 2018).
40. Kevin Au et al., "Mood in Foreign Exchange Trading: Cognitive Processes and Performance," Organizational Behavior and Human Decision Processes

91 (2003): 322–38.

第 5 章
脑中的情绪之谜

1. Anton J. M. De Craen et al., "Placebos and Placebo Effects in Medicine: Historical Overview," Journal of the Royal Society of Medicine 92 (1999): 511–15.
2. Leonard A. Cobb et al., "An Evaluation of Internal-Mammary- Artery Ligation by a Double-Blind Technic," New England Journal of Medicine 260 (1959): 1115–18; E. Dimond et al., "Comparison of Internal Mammary Artery Ligation and Sham Operation for Angina Pectoris," American Journal of Cardiology 5 (1960): 483–86.
3. Rasha Al-Lamee et al., "Percutaneous Coronary Intervention in Stable Angina (ORBITA): A Double-Blind, Randomised Controlled Trial," Lancet 39 (2018): 31–40.
4. Gina Kolata, " 'Unbelievable': Heart Stents Fail to Ease Chest Pain," New York Times, Nov. 2, 2017.
5. Michael Boiger and Batja Mesquita, "A Socio-dynamic Perspective on the Construction of Emotion," in The Psychological Construction of Emotions, ed. Lisa Feldman Barrett and James A. Russell (New York: Guilford Press, 2015), 377–98.
6. Rainer Reisenstein, "The Schachter Theory of Emotion: Two Decades Later," Psychological Bulletin 94 (1983): 239–64; Randall L. Rose and Mandy Neidermeyer, "From Rudeness to Road Rage: The Antecedents and Consequences of Consumer Aggression," in Advances in Consumer Research, ed. Eric J. Arnould and Linda M. Scott (Provo, Utah: Association for Consumer Research, 1999), 12–17.
7. Richard M. Warren, "Perceptual Restoration of Missing Speech Sounds," Science, Jan. 23, 1970, 392–93; Richard M. Warren and Roselyn P. Warren, "Auditory Illusions and Confusions," Scientific American 223 (1970): 30–36.
8. Robin Goldstein et al., "Do More Expensive Wines Taste Better? Evidence from a Large Sample of Blind Tastings," Journal of Wine Economics 3, no. 1 (Spring 2008): 1–9.

9. William James, "The Physical Basis of Emotion," Psychological Review 1 (1894): 516–29.
10. J. S. Feinstein et al., "Fear and Panic in Humans with Bilateral Amygdala Damage," Nature Neuroscience 16 (2013): 270–72.
11. Lisa Feldman Barrett, "Variety Is the Spice of Life: A Psychological Construction Approach to Understanding Variability in Emotion," Cognition and Emotion 23 (2009): 1284–306.
12. Ibid.
13. Boiger and Mesquita, "Socio-dynamic Perspective on the Construction of Emotion."
14. R. I. Levy, Tahitians: Mind and Experience in the Society Islands (Chicago: University of Chicago Press, 1975).
15. James A. Russell, "Culture and the Categorization of Emotions," Psychological Bulletin 110 (1991): 426; James A. Russell, "Natural Language Concepts of Emotion," Perspectives in Personality 3 (1991): 119–37.
16. Ralph Adolphs et al., "What Is an Emotion?," Current Biology 29 (2019): R1060–R1064.
17. David Strege, "Elephant's Road Rage Results in Fatality," USA Today, Nov. 30, 2018.
18. Peter Salovey and John D. Mayer, "Emotional Intelligence," Imagination, Cognition, and Personality 9 (1990): 185–211.
19. Adam D. Galinsky et al., "Why It Pays to Get Inside the Head of Your Opponent: The Differential Effect of Perspective Taking and Empathy in Strategic Interactions," Psychological Science 19 (2008): 378–84.
20. Diana I. Tamir and Jason P. Mitchell, "Disclosing Information About the Self Is Intrinsically Rewarding," Proceedings of the National Academy of Sciences 109 (2012): 8038–43.

第 6 章
动机：想要还是喜欢

1. Sophie Roberts, "You Can't Eat It," Sun, May 16, 2017, www.thesun.co.uk.
2. Ella P. Lacey, "Broadening the Perspective of Pica: Literature Review," Public Health Reports 105, no. 1 (1990): 29.

3. Tom Lorenzo, "Michel Lotito: The Man Who Ate Everything," CBS Local, Oct. 1, 2012, tailgatefan.cbslocal.com.
4. Junko Hara et al., "Genetic Ablation of Orexin Neurons in Mice Results in Narcolepsy, Hypophagia, and Obesity," Neuron 30 (2001): 345–54.
5. Robert G. Heath, "Pleasure and Brain Activity in Man," Journal of Nervous and Mental Disease 154 (1972): 3–17.
6. For Heath's story, see Robert Colville, "The 'Gay Cure' Experiments That Were Written out of Scientific History," Mosaic, July 4, 2016, mosaicscience.com; Judith Hooper and Dick Teresi, The Three-Pound Universe (New York: Tarcher, 1991), 152–61; Christen O'Neal et al., "Dr. Robert G. Heath: A Controversial Figure in the History of Deep Brain Stimulation," Neurosurgery Focus 43 (2017): 1–8; John Gardner, "A History of Deep Brain Stimulation: Technological Innovation and the Role of Clinical Assessment Tools," Social Studies of Science 43 (2013): 707–28.
7. Dominik Gross and Gereon Schäfer, "Egas Moniz (1874–1955) and the 'Invention' of Modern Psychosurgery: A Historical and Ethical Reanalysis Under Special Consideration of Portuguese Original Sources," Neurosurgical Focus 30, no. 2 (2011): E8.
8. Elizabeth Johnston and Leah Olsson, The Feeling Brain: The Biology and Psychology of Emotions (New York: W. W. Norton, 2015), 125; Bryan Kolb and Ian Q. Whishaw, An Introducton to Brain and Behavior, 2nd ed. (New York: Worth Publishers, 2004), 392–94; Patrick Anselme and Mike J. F. Robinson, " 'Wanting,' 'Liking,' and Their Relation to Consciousness," Journal of Experimental Psychology: Animal Learning and Cognition 42 (2016): 123–40.
9. Johnston and Olsson, Feeling Brain, 125.
10. Daniel H. Geschwind and Jonathan Flint, "Genetics and Genomics of Psychiatric Disease," Science 349 (2015): 1489–94; T. D. Cannon, "How Schizophrenia Develops: Cognitive and Brain Mechanisms Underlying Onset of Psychosis," Trends in Cognitive Science 19 (2015): 744–56.
11. Peter Milner, "Peter M. Milner," Society for Neuroscience, www .sfn .org.
12. Lauren A. O'Connell and Hans A. Hofmann, "The Vertebrate Mesolimbic Reward System and Social Behavior Network: A Comparative Synthesis," Journal of Comparative Neurology 519 (2011): 3599–639.
13. Anselme and Robinson, " 'Wanting,' 'Liking,' and Their Relation to Consciousness," 123–40.

14. Amy Fleming, "The Science of Craving," Economist, May 7, 2015; Anselme and Robinson, " 'Wanting,' 'Liking,' and Their Relation to Consciousness."

15. Kent C. Berridge, "Measuring Hedonic Impact in Animals and Infants: Microstructure of Affective Taste Reactivity Patterns," Neuroscience and Biobehavioral Reviews 24 (2000): 173–98.

16. For a summary of Berridge's early work and ideas, see Terry E. Robinson and Kent C. Berridge, "The Neural Basis of Drug Craving: An Incentive-Sensitization Theory of Addiction," Brain Research Reviews 18 (1993): 247–91.

17. Kent C. Berridge and Elliot S. Valenstein, "What Psychological Process Mediates Feeding Evoked by Electrical Stimulation of the Lateral Hypothalamus?," Behavioral Neuroscience 105 (1991).

18. Anselme and Robinson, " 'Wanting,' 'Liking,' and Their Relation to Consciousness," 123–140; see also Berridge website, and Johnston and Olsson, Feeling Brain, 123–43.

19. For a review, see Kent C. Berridge and Morten L. Kringelbach, "Neuroscience of Affect: Brain Mechanisms of Pleasure and Displeasure," Current Opinion in Neurobiology 23 (2013): 294–303; Anselme and Robinson, " 'Wanting,' 'Liking,' and Their Relation to Consciousness," 123–40.

20. Ab Litt, Uzma Khan, and Baba Shiv, "Lusting While Loathing: Par-allel Counterdriving of Wanting and Liking," Psychological Science 21, no. 1 (2010): 118–25, dx .doi .org/ 10 .1177/ 0956797609355633.

21. M. J. F. Robinson et al., "Roles of 'Wanting' and 'Liking' in Motivating Behavior: Gambling, Food, and Drug Addictions," in Behavioral Neuroscience of Motivation, eds. Eleanor H. Simpson and Peter D. Balsam (New York: Springer, 2016), 105–36.

22. Xianchi Dai, Ping Dong, and Jayson S. Jia, "When Does Playing Hard to Get Increase Romantic Attraction?," Journal of Experimental Psychology: General 143 (2014): 521.

23. The History of Xenophon, trans. Henry Graham Dakyns (New York: Tandy-Thomas, 1909), 4:64–71.

24. Fleming, "Science of Craving."

25. Anselme and Robinson, " 'Wanting,' 'Liking,' and Their Relation to Consciousness," 123–40.

26. Wilhelm Hofmann et al., "Desire and Desire Regulation," in The Psychology

of Desire, ed. Wilhelm Hofmann and Loran F. Nordgren (New York: Guilford Press, 2015).

27. Anselme and Robinson, " 'Wanting,' 'Liking,' and Their Relation to Consciousness," 123–40; Todd Love et al., "Neuroscience of Internet Pornography Addiction: A Review and Update," Behavioral Sciences 5, no. 3 (2015): 388–433. The nucleus accumbens receives the dopamine signal from the ventral tegmental area. All drugs of abuse affect that "mesolimbic dopamine (DA) pathway," from the ventral tegmental area into the nucleus accumbens.
28. Morton Kringelbach and Kent Berridge, "Motivation and Pleasure in the Brain," in Hofmann and Nordgren, Psychology of Desire.
29. Wendy Foulds Mathes et al., "The Biology of Binge Eating," Appetite 52 (2009): 545–53.
30. "Sara Lee Corp.," Advertising Age, Sept. 2003, adage.com.
31. Paul M. Johnson and Paul J. Kenny, "Addiction-Like Reward Dysfunction and Compulsive Eating in Obese Rats: Role for Dopamine D2 Receptors," Nature Neuroscience 13 (2010): 635.
32. For the record, Sara Lee's Classic New York Style Cheesecake contains cream cheese, sugar, eggs, enriched flour, high fructose corn syrup, partially hydrogenated vegetable oil (soybean and/or cottonseed oils), dextrose, maltodextrin, whole wheat flour, water, cultured skim milk, cream, corn starch, skim milk, salt, leavening (sodium acid pyrophosphate, baking soda, monocalcium phosphate, calcium sulfate), modified corn and tapioca starch, gums (xanthan, carob bean, guar), vanillin, molasses, cinnamon, carrageenan, potassium chloride, soy flour.
33. Michael Moss, "The Extraordinary Science of Addictive Junk Food," New York Times, Feb. 20, 2013.
34. Ashley N. Gearhardt et al., "The Addiction Potential of Hyperpalatable Foods," Current Drug Abuse Reviews 4 (2011): 140–45.
35. Robinson et al., "Roles of 'Wanting' and 'Liking' in Motivating Behavior."
36. Bernard Le Foll et al., "Genetics of Dopamine Receptors and Drug Addiction: A Comprehensive Review," Behavioural Pharmacology 20 (2009): 1–17.
37. Nikolaas Tinbergen, The Study of Instinct (New York: Oxford University Press, 1951); Deirdre Barrett, Supernormal Stimuli: How Primal Urges Overran Their Evolutionary Purpose (New York: W. W. Norton, 2010).

38. Gearhardt et al., "Addiction Potential of Hyperpalatable Foods."
39. Moss, "Extraordinary Science of Addictive Junk Food."
40. K. M. Flegal et al., "Estimating Deaths Attributable to Obesity in the United States," American Journal of Public Health 94 (2004): 1486–89.

第7章
决心：无坚不摧的意志

1. The account is from John Johnson and Bill Long, Tyson-Douglas: The Inside Story of the Upset of the Century (Lincoln, Neb.: Potomac Books, 2008), and Joe Layden, The Last Great Fight: The Extraordinary Tale of Two Men and How One Fight Changed Their Lives Forever (New York: Macmillan, 2008); Martin Domin, "Buster Douglas Reveals His Mum Was the Motivation for Mike Tyson Upset as Former World Champion Recalls Fight 25 Years On," Mail Online, Feb. 11, 2015, www .dailymail .co .uk.
2. Muhammad Ali, The Greatest: My Own Story, with Richard Durham (New York: Random House, 1975).
3. Martin Fritz Huber, "A Brief History of the Sub-4- Minute Mile," Outside, June 9, 2017, www .outsideonline .com.
4. William Shakespeare, The Tragedy of Hamlet, Prince of Denmark, act 3, scene 1.
5. David D. Daly and J. Grafton Love, "Akinetic Mutism," Neurology 8 (1958).
6. William W. Seeley et al., "Dissociable Intrinsic Connectivity Networks for Salience Processing and Executive Control," Journal of Neuroscience 27 (2007): 2349–56.
7. Emily Singer, "Inside a Brain Circuit, the Will to Press On," Quanta Magazine, Dec. 5, 2013,www.quantamagazine.org.
8. Josef Parvizi et al., "The Will to Persevere Induced by Electrical Stimulation of the Human Cingulate Gyrus," Neuron 80 (2013): 1259–367.
9. Singer, "Inside a Brain Circuit, the Will to Press On."
10. Erno J. Hermans et al., "Stress-Related Noradrenergic Activity Prompts Large-Scale Neural Network Reconfiguration," Science 334 (2011): 1151–53; Andrea N. Goldstein and Matthew P. Walker, "The Role of Sleep in Emotional Brain Function," Annual Review of Clinical Psychology 10 (2014): 679–708.

11. Tingting Zhou et al., "History of Winning Remodels Thalamo-PFC Circuit to Reinforce Social Dominance," Science 357 (2017): 162–68.
12. See, for example, M. C. Pensel et al., "Executive Control Processes Are Associated with Individual Fitness Outcomes Following Regular Exercise Training: Blood Lactate Profile Curves and Neuroimaging Findings," Science Reports 8 (2018): 4893; S. F. Sleiman et al., "Exercise Promotes the Expression of Brain Derived Neurotrophic Factor (BDNF) Through the Action of the Ketone Body β-hydroxybutyrate," eLife 5 (2016): e15092.
13. Y. Y. Tang et al., "Brief Meditation Training Induces Smoking Reduction," Proceedings of the National Academy of Sciences, USA 110 (2013): 13971–75.
14. Robert S. Marin, Ruth C. Biedrzcki, and Sekip Firinciogullari, "Reliability and Validity of the Apathy Evaluation Scale," Psychiatry Research 38 (1991): 143–62; Robert S. Marin and Patricia A. Wilkosz, "Disorders of Diminished Motivation," Journal of Head Trauma Rehabilitation 20 (2005): 377–88; Brendan J. Guercio, "The Apathy Evaluation Scale: A Comparison of Subject, Informant, and Clinician Report in Cognitively Normal Elderly and Mild Cognitive Impairment," Journal of Alzheimer's Disease 47 (2015): 421–32; Richard Levy and Bruno Dubois, "Apathy and the Functional Anatomy of the Prefrontal Cortex–Basal Ganglia Circuits," Cerebral Cortex 16 (2006): 916–28.
15. Goldstein and Walker, "Role of Sleep in Emotional Brain Function."
16. Ibid.
17. Matthew Walker, Why We Sleep: Unlocking the Power of Sleep and Dreams (New York: Scribner, 2017), 204.

第 8 章
情绪侧写

1. See, for example, Richard J. Davidson, "Well-Being and Affective Style: Neural Substrates and Biobehavioural Correlates," Philosophical Transactions of the Royal Society of London, Series B: Biological Sciences 359 (2004): 1395–411.
2. Mary K. Rothbart, "Temperament, Development, and Personality," Current Directions in Psychological Science 16 (2007): 207–12.
3. Richard J. Davidson and Sharon Begley, The Emotional Life of Your Brain

(New York: Plume, 2012), 97–102.

4. Greg Miller, "The Seductive Allure of Behavioral Epigenetics," Science 329 (2010): 24–29.

5. June Price Tangney and Ronda L. Dearing, Shame and Guilt (New York: Guilford Press, 2002), 207–14.

6. See, for example, the control group results in Giorgio Coricelli, Elena Rusconi, and Marie Claire Villeval, "Tax Evasion and Emotions: An Empirical Test of Re-integrative Shaming Theory," Journal of Economic Psychology 40 (2014): 49–61; Jessica R. Peters and Paul J. Geiger, "Borderline Personality Disorder and Self-Conscious Affect: Too Much Shame but Not Enough Guilt?," Personality Disorders: Theory, Research, and Treatment 7, no. 3 (2016): 303; Kristian L. Alton, "Exploring the Guilt-Proneness of Non-traditional Students" (master's thesis, Southern Illinois University at Carbondale, 2012); Nicolas Rüsch et al., "Measuring Shame and Guilt by Self-Report Questionnaires: A Validation Study," Psychiatry Research 150, no. 3 (2007): 313–25.

7. Tangney and Dearing, Shame and Guilt.

8. See, for example, Souheil Hallit et al., "Validation of the Hamilton Anxiety Rating Scale and State Trait Anxiety Inventory A and B in Arabic Among the Lebanese Population," Clinical Epidemiology and Global Health 7 (2019): 464–70; Ana Carolina Monnerat Fioravanti-Bastos, Elie Cheniaux, and J. Landeira-Fernandez, "Development and Validation of a Short-Form Version of the Brazilian State-Trait Anxiety Inventory," Psicologia: Reflexão e Crítica 24 (2011): 485–94.

9. Konstantinos N. Fountoulakis et al., "Reliability and Psychometric Properties of the Greek Translation of the State-Trait Anxiety Inventory Form Y: Preliminary Data," Annals of General Psychiatry 5, no. 2 (2006): 6.

10. See, for example, ibid.; Tracy A. Dennis, "Interactions Between Emotion Regulation Strategies and Affective Style: Implications for Trait Anxiety Versus Depressed Mood," Motivation and Emotion 31 (2007): 203.

11. Arnold H. Buss and Mark Perry, "The Aggression Questionnaire," Journal of Personality and Social Psychology 63 (1992): 452–59.

12. Judith Orloff, Emotional Freedom (New York: Three Rivers Press, 2009), 346.

13. Peter Hills and Michael Argyle, "The Oxford HAppiness Questionnaire: Compact Scale for the Measurement of Psychological Well-Being," Personality and Individual Differences 33 (2002): 1073–82.

14. Mean scores on the Oxford HAppiness Questionnaire were surprisingly similar in studies across different professions and the globe. See, for example, Ellen Chung, Vloreen Nity Mathew, and Geetha Subramaniam, "In the Pursuit of HAppiness: The Role of Personality," International Journal of Academic Research in Business and Social Sciences 9 (2019): 10–19; Nicole Hadjiloucas and Julie M. Fagan, "Measuring HAppiness and Its Effect on Health in Individuals That Share Their Time and Talent While Participating in 'Time Banking' " (2014); Madeline Romaniuk, Justine Evans, and Chloe Kidd, "Evaluation of an Equine-Assisted Therapy Program for Veterans Who Identify as 'Wounded, Injured, or Ill' and Their Partners,"PLoS One 13 (2018); Leslie J. Francis and Giuseppe Crea, "HAppiness Matters: Exploring the Linkages Between Personality, Personal HAppiness, and Work-Related Psychological Health Among Priests and Sisters in Italy," Pastoral Psychology 67 (2018): 17–32; Mandy Robbins, Leslie J. Francis, and Bethan Edwards, "Prayer, Personality, and HAppiness: A Study Among Undergraduate Students in Wales," Mental Health, Religion, and Culture 11 (2008): 93–99.
15. Ed Diener et al., "HAppiness of the Very Wealthy," Social Indicators Research 16 (1985): 263–74.
16. Kennon M. Sheldon and Sonja Lyubomirsky, "Revisiting the Sustainable HAppiness Model and Pie Chart: Can HAppiness Be Successfully Pursued?," Journal of Positive Psychology (2019): 1–10.
17. Sonja Lyubomirsky, The How of HAppiness: A Scientific Approach to Getting the Life You Want (New York: Penguin Press, 2008).
18. R. Chris Fraley, "Information on the Experiences in Close Relationships-Revised (ECR-R) Adult Attachment Questionnaire," labs .psychology. illinois.edu.
19. Semir Zeki, "The Neurobiology of Love," FEBS Letters 581 (2007): 2575–79.
20. T. Joel Wade, Gretchen Auer, and Tanya M. Roth, "What Is Love: Further Investigation of Love Acts," Journal of Social, Evolutionary, and Cultural Psychology 3 (2009): 290.
21. Piotr Sorokowski et al., "Love Influences Reproductive Success in Humans," Frontiers in Psychology 8 (2017): 1922.
22. Jeremy Axelrod, "Philip Larkin: 'An Arundel Tomb,' " www.poetryfoundation.org.

第9章
情绪管理

1. Robert E. Bartholomew et al., "Mass Psychogenic Illness and the Social Network: Is It Changing the Pattern of Outbreaks?," Journal of the Royal Society of Medicine 105 (2012): 509–12; Donna M. Goldstein and Kira Hall, "Mass Hysteria in Le Roy, New York," American Ethologist 42 (2015): 640–57; Susan Dominus, "What HAppened to the Girls in Le Roy," New York Times, March 7, 2012.
2. L. L. Langness, "Hysterical Psychosis: The Cross-Cultural Evidence," American Journal of Psychiatry 124 (Aug. 1967): 143–52.
3. Adam Smith, The Theory of Moral Sentiments (1759; New York: Augustus M. Kelley, 1966).
4. Frederique de Vignemont and Tania Singer, "The Empathic Brain: How, When, and Why?," Trends in Cognitive Sciences 10 (2006): 435–41.
5. Elaine Hatfield et al., "Primitive Emotional Contagion," Review of Personality and Social Psychology 14 (1992): 151–77.
6. W. S. Condon and W. D. Ogston, "Sound Film Analysis of Normal and Pathological Behavior Patterns," Journal of Nervous Mental Disorders 143 (1966): 338–47.
7. James H. Fowler and Nicholas A. Christakis, "Dynamic Spread of HAppiness in a Large Social Network: Longitudinal Analysis over 20 Years in the Framingham Heart Study," BMJ 337 (2008): a2338.
8. Adam D. I. Kramer, Jamie E. Guillory, and Jeffrey T. Hancock, "Experimental Evidence of Massive-Scale Emotional Contagion Through Social Networks," Proceedings of the National Academy of Sciences 111 (2014): 8788–90.
9. Emilio Ferrara and Zeyao Yang, "Measuring Emotional Contagion in Social Media," PLoS One 10 (2015): e0142390.
10. Allison A. Appleton and Laura D. Kubzansky, "Emotion Regulation and Cardiovascular Disease Risk," in Handbook of Emotion Regulation, ed. J. J. Gross (New York: Guilford Press, 2014), 596–612.
11. James Stockdale, "Tranquility, Fearlessness, and Freedom" (a lecture given to the Marine Amphibious Warfare School, Quantico, Va., April 18, 1995); "Vice Admiral James Stockdale," obituary, Guardian, July 7, 2005.
12. Epictetus, The Enchiridion (New York: Dover, 2004), 6.

13. Ibid., 1; note that "control" is translated here as "power."
14. J. McMullen et al., "Acceptance Versus Distraction: Brief Instructions, Metaphors, and Exercises in Increasing Tolerance for Self-Delivered Electric Shocks," Behavior Research and Therapy 46 (2008): 122–29.
15. Amit Etkin et al., "The Neural Bases of Emotion Regulation," Nature Reviews Neuroscience 16 (2015): 693–700.
16. Grace E. Giles et al., "Cognitive ReAppraisal Reduces Perceived Exertion During Endurance Exercise," Motivation and Emotion 42 (2018): 482–96.
17. Mark Fenton-O'Creevy et al., "Thinking, Feeling, and Deciding: The Influence of Emotions on the Decision Making and Performance of Traders," Journal of Organizational Behavior 32 (2010): 1044–61.
18. Daniel Kahneman, Thinking, Fast and Slow (New York: Farrar, Straus and Giroux, 2011).
19. Matthew D. Lieberman et al., "Subjective Responses to Emotional Stimuli During Labeling, ReAppraisal, and Distraction," Emotion 11 (2011): 468–80.
20. Andrew Reiner, "Teaching Men to Be Emotionally Honest," New York Times, April 4, 2016.
21. Matthew D. Lieberman et al., "Putting Feelings into Words," Psychological Science 18 (2007): 421–28.
22. Rui Fan et al., "The Minute-Scale Dynamics of Online Emotions Reveal the Effects of Affect Labeling," Nature Human Behaviour 3 (2019): 92.
23. William Shakespeare, Macbeth, act 4, scene 3.